D0814071

HISTORIAS INSÓLITAS DEL FUTBOL

Luciano Wernicke

Historias insólitas del futbol

Curiosidades y casos increíbles del futbol mundial

Planeta

Obra editada en colaboración con Grupo Editorial Planeta S.A.I.C. –
Argentina

Diseño de la portada: Departamento de Arte de Grupo Editorial Planeta S.A.I.C.

Bajo el sello editorial PLANETA M.R.
Avenida Presidente Masarik núm. 111, 2o. piso
Colonia Chapultepec Morales
C.P. 11570, México, D.F.
www.editorialplaneta.com.mx

Primera edición impresa en Argentina: septiembre de 2013
ISBN: 978-950-49-3554-4

Primera edición impresa en México: agosto de 2014
ISBN: 978-607-07-2314-8

Impreso en los talleres de Diversidad Gráfica, S.A. de C.V.
Priv. de Av. 11 # 4-5, colonia El Vergel, México, D.F.
Impreso en México – *Printed in Mexico*

A Norberto Fernández Villafranca

Algunos piensan que el futbol es una cuestión de vida o muerte. Están equivocados. Es mucho más importante que eso.

BILL SHANKLY

No hay un sitio en el mundo en el que un hombre sea más feliz que en una cancha de futbol.

ALBERT CAMUS

El futbol es una droga social.

PAUL PRESTON

Mi ideal del paraíso es una línea recta que lleve al gol.

FRIEDRICH NIETZSCHE

Decir que el futbol es pagar para ver a 22 mercenarios patear una pelota es como decir que un violín es madera y tripa o que Hamlet es mucho papel y tinta.

JOHN PRIESTLEY

No se sabe exactamente el origen del futbol. Existieron, al menos, media docena de juegos de pelota que son señalados como los antecesores de aquél. Algunos investigadores afirman que las raíces de su árbol genealógico germinaron en la antigua China, durante la Dinastía Han (entre los siglos III y I a.C.). Para la Federación Internacional del Futbol Asociado (FIFA), la historia moderna comenzó en Gran Bretaña, en 1863, «cuando en Inglaterra se separaron los caminos del "rugby-football" (rugby) y del "association-football" (futbol), fundándose la asociación más antigua del mundo: la «Football Association» (conocida como F.A., la Asociación de Futbol de Inglaterra), el primer órgano gubernativo del deporte.

Cuando este trabajo llegue a las librerías, el futbol estará de cumpleaños. El 26 de octubre de 2013, el deporte más popular y apasionante del mundo celebrará un siglo y medio de vida, desde que un grupo de dirigentes se reuniera en el pub londinense Freemason's para crear la F.A. y redactar el primer reglamento para un nuevo juego que comenzaba a recorrer un sendero prestigioso. Desde entonces, la pelota ha rodado por un camino vasto y profuso. Este libro no pretende instalarse como «la historia» del futbol, pero sí como «una historia» de este fabuloso deporte. Un repaso de acontecimientos que tal vez no sean los más trascendentales, pero que de todos modos han alcanzado un nivel de interés para no quedar sepultados por las arenas del tiempo. El trabajo no pretende poner la lupa sobre grandes campeones (equipos ni deportistas) por el solo hecho de haber levantado copas o tenido valiosas actuaciones. Sin embargo, muchos de ellos son citados porque, de camino a la cima, han tropezado con algún episodio curioso, gracioso, placentero de ser recordado. Por ejemplo, un futbolista marcó los cuatro goles de un partido que finalizó 2 a 2. Otro, más desventurado, anotó siete en un encuentro que su equipo perdió... ¡8 a 7! Un árbitro detuvo un partido para buscar la dentadura postiza que había perdido, otro echó a un futbolista porque se le había desprendido el número de la espalda y un tercero se autoexpulsó tras aplicarle un puñetazo a un jugador que protestaba. ¡Un gol fue anotado por un perro y otro por una gaviota! Un equipo fue goleado por incluir un arquero manco y otro porque sus futbolistas habían llegado con varias copas de más del casamiento de un compañero. Un defensor fue suspendido por una fecha a pesar de que, al momento del fallo, llevaba muerto más de una semana; otro se lesionó al ser atropellado por el triciclo que conducía su hija de tres años. Un partido debió suspenderse por la aparición de un iceberg y un equipo descendió porque sus jugadores se habían olvidado los botines.

Estos son apenas algunos de los más de quinientos relatos sorprendentes incluidos en *Historias insólitas del futbol*. Ante la infinidad de anécdotas y sucesos increíbles, he optado por clasificar cada narración en un capítulo temático contenedor (celebraciones, árbitros, ascensos y descensos, goles en contra, sexo). Hay un apartado dedicado a penales insólitos, aunque allí no se incluyen las «definiciones por penales», porque merecen su propio espacio que estará en un segundo tomo. Del mismo modo, se narran aquí expulsiones extraordinarias, pero para conocer las amonestaciones más sorprendentes se deberá esperar a un segundo volumen. Nada de protestas, ¡o le sacaré la tarjeta amarilla!

Quiero destacar dos detalles: primero, que en este trabajo se encontrarán muy pocas historias relacionadas con los Mundiales o los Juegos Olímpicos, ya que éstas tienen su privilegiado espacio en mis libros precedentes, *Historias insólitas de los Mundiales de futbol* e *Historias insólitas de los Juegos Olímpicos*. Algunas pocas fueron citadas por tratarse de casos muy destacados; otras, como contexto de otras curiosidades. Segundo, he intentado respetar los nombres completos y sin traducción al español de los distintos clubes, en especial los europeos. Desde luego, esta norma debió ajustarse con los equipos de países que utilizan otro alfabeto, como Rusia, Japón o las naciones árabes. Por ello, no se sorprendan al leer A.S. Roma, Real Madrid C.F. o C.A. Boca Juniors.

Aclarado esto, «siga, siga» leyendo. ¡Que disfrute de las mejores *Historias insólitas del futbol*!

Once metros

No pude pegar un ojo en toda la noche. Noche de domingo, larga y triste.

MARTÍN PALERMO y sus sensaciones, horas después de desperdiciar tres penales en un solo partido.

Estadio Trent Bridge, Nottingham, Inglaterra, 14 de febrero de 1891. Con un ojo, Lewis Ballham midió la parábola de la pelota que volaba hacia su pie derecho y preparó el remate; con el otro, advirtió que el arquero de Notts County F.C., James Thraves, estaba caído. La situación era inmejorable para Stoke City F.C.: Ballham tenía servida en bandeja la posibilidad de igualar el choque de cuartos de final de la Football Association Cup —o F.A. Cup, el torneo más antiguo del mundo—, que su equipo perdía 1-0. El delantero disparó y el esférico salió derechito hacia la red, un flamante invento incorporado ese mismo año a los arcos. Sin embargo, cuando el balón estaba a punto de cruzar la línea de cal, la mano derecha del escocés volador John Hendry, defensor izquierdo de Notts, lo rechazó hacia el lateral. Ante la evidente falta cometida por Hendry, los once futbolistas visitantes reclamaron al árbitro que se les otorgara la ansiada conquista. Porque, sin la aparición de esa mano maldita, hubiera sido gol, sin dudas. A pesar de las vehementes quejas, el juez se ajustó a lo que determinaban las reglas y señaló un tiro libre «común», a centímetros de la meta, que fue «pan comido» para Thraves, arrodillado ante la pelota y con sus espaldas bien protegidas por los diez compañeros, ordenados hombro con hombro bajo el travesaño. El juego llegó a su fin y el marcador no se modificó. Notts County pasó a la semi —alcanzaría la final, que perdería 3 a 1 ante Blackburn Rovers F.C. en el estadio The Oval del barrio londinense de Kennington— y los dirigentes de Stoke City, derechito a la sede de la F.A. para quejarse por lo que consideraban una injusticia. Planteada la protesta, los representantes del organismo reconocieron que en Nottingham había ocurrido un evidente ultraje, amparado por las normas, y coincidieron en que algo había que hacer para evitar que un atropello semejante se repitiera. Tras mucho cavilar, el cuerpo decidió incorporar al reglamento una propuesta de un delegado irlandés —llamado William McCrum, quien jugaba como arquero— que creaba el «penal», un tiro libre directo desde una distancia de 12 yardas (10 metros 97 centímetros, luego «redondeados» en 11 metros) del arco. Así, se fijó la «pena máxima» para castigar al equipo que cometiera una de las infracciones que originan un tiro libre directo en las inmediaciones de su meta (todavía no existían las «áreas», que se incorporarían en 1902), mientras el balón estuviera en acción. Los directivos de Stoke hincharon sus pechos, orgullosos de haber aportado un justo cambio en el código del deporte. No sabían, empero, que la labor no había concluido.

El 21 de noviembre de ese mismo año, en Villa Park, Stoke City volvió a tropezar con la misma piedra: el novel reglamento. A sólo segundos del final de un duelo válido por la liga, el referí sancionó un penal para Stoke, el primero para el equipo del centro de Inglaterra, que caía 2 a 1 como visitante ante uno de sus clásicos rivales, Aston Villa F.C. (el primero de la historia ya había sido ejecutado y convertido por William Heath, de Wolverhampton Wanderers F.C., contra Accrington F.C. en el estadio Molineux, el 14 de septiembre). Ballham volvía al centro de la escena con una oportunidad de oro para recuperarse del golpe copero. Pero el arquero local, Jimmy Warner, decidió forjar sus propias reglas y pasar sobre la autoridad del árbitro: tomó la pelota y, con un violento zapatazo, la mandó fuera del estadio. El juez no sólo no castigó a Warner por su descortés conducta, sino que, como en Villa Park no había otro balón, dio por terminado el duelo. Todavía no se había añadido la norma que concede tiempo adicional para la ejecución de un penal al final de cada tiempo o de los períodos suplementarios. Stoke volvió a casa, otra vez, desahuciado. En un puñadito de meses, había caído dos veces en la misma trampa.

Desde entonces, a lo largo de 120 años, el «disparo de los 11 metros» provocó cientos de situaciones insólitas en todas las canchas, de las cuales aquí presentamos algunas de las más curiosas.

El silbato

A.A. Argentinos Juniors derrotaba a Quilmes A.C. 1-0 la tarde del 12 de mayo de 1929, en su viejo estadio porteño de avenida San Martín y Punta Arenas, por el torneo de Primera División argentino que, en esa época, era «amateur». Con el tiempo casi agotado, el referí sancionó un penal a favor de los visitantes y Emilio Quadrio asumió la responsabilidad de ejecutarlo. El delantero cervecero tomó carrera y, en cuanto escuchó el silbato, sacó un violento disparo que superó la estirada del portero Domingo Fossatti. Sin embargo, la conquista fue rápidamente anulada por el árbitro, quien le explicó al goleador que había disparado sin que él hubiera dado la orden. El jugador quilmeño, que en efecto había oído un pitazo, creyó que el juez actuaba de mala fe y trataba de perjudicar a su equipo. Por ello, volvió a colocar la pelota en el punto marcado con cal y, muy enojado, la mandó, a propósito, a la tribuna. Segundos después, el encuentro finalizó sin que se modificara el marcador a favor del conjunto local y los protagonistas se retiraron a los vestuarios. Allí, el técnico visitante calmó al fastidiado Quadrio y le indicó que, en efecto, el silbatazo había sonado, pero emitido por algún «vivo» de la cabecera de los «bichitos colorados» para confundirlo, y que el árbitro había procedido con corrección. El atacante, semidesnudo y volando de rabia, volvió a la carrera al campo de juego y se dirigió hacia la tribuna local para tratar de dar con el chistoso que lo había engatusado. Llegó tarde: todos los hinchas de Argentinos ya se habían retirado a festejar «su» victoria.

Un yerro magistral

La estadística es terminante. Si se patea un penal y la pelota no ingresa al arco, al jugador se le computa el tiro como «errado». No importa si el balón pega en el arquero y, de rebote, el ejecutante lo manda a la red: el disparo de los 11 metros se juzga ineficaz. Mas los verdaderos apasionados del futbol saben que la matemática puede ofrecer mucho en cuanto a números y cálculos, pero no entiende nada sobre belleza. El 5 de diciembre de 1982, Amsterdamsche F.C. Ajax derrotaba 1-0 en su estadio, Amsterdam Arena, a Helmond Sport por la Premier League holandesa. Hacia el final del primer tiempo, el danés Soren Lerby fue derribado dentro del área por el volante visitante Harry Lubse y el árbitro Jan Manuel otorgó la pena máxima para Ajax. El genial Hendrik Johannes Cruijff (Johan Cruyff, para los amigos) colocó la pelota en el punto marcado con cal para ejecutar el tiro libre directo. Sin embargo, en lugar de disparar hacia el arco defendido por Otto Versfeld, tocó con suavidad hacia la izquierda para la entrada a toda velocidad de otro dinamarqués, Jesper Olsen. Olsen amagó con sacar un zurdazo fulminante mas, con sutileza, devolvió el balón a Cruyff, quien marcó a puerta vacía mientras Versfeld, desconcertado, se despatarraba junto a un palo. «Yo no estaba seguro de que fuera a funcionar —recordó Olsen años más tarde, durante una entrevista—. Fue algo completamente diferente. El árbitro dudó porque, obviamente, nunca había visto algo así. Pero convalidó el gol». La hermosa jugada (muy popular en Youtube) ocupa el podio de todas las listas de los mejores penales de la historia, ¡aunque no fue convertido!

A Cruyff poco debe importarle que los ortodoxos estadistas le computen esa maravilla como un disparo errado. Sí es justo destacar que el holandés no fue su inventor. El primer registro oficial para este tipo de maniobra corresponde a un partido de eliminatoria para el Mundial de Suecia 1958, entre Bélgica e Islandia. El 5 de junio de 1957, en Bruselas, mientras el seleccionado local derrotaba 6-1 a la escuadra nórdica, el árbitro luxemburgués Léon Blitgen marcó un penal para Bélgica. El goleador Rik Coppens tomó carrera y se perfiló para rematar, pero tocó hacia su derecha para su compañero André Piters, quien devolvió la pared para que el «9» convirtiera el séptimo gol.

En Inglaterra, una treta parecida fue ensayada el 6 de febrero de 1961 por Plymouth Argyle F.C. en su estadio Home Park ante Aston Villa F.C., en un choque por la League Cup. Argyle perdió 3-5, pero al menos patentó esta artimaña en Gran Bretaña con una variante: Wilf Carter tocó hacia Johnny Newman, quien marcó cuando el portero Nigel Sims se revolcaba por el suelo. Newman repitió con éxito la jugarreta ante Manchester City F.C., el 21 de noviembre de 1964, en un duelo de la segunda división. Argyle ganó 3-2 y fue justamente esta martingala la que permitió anotar el tanto de la victoria. En esta oportunidad, Newman doblegó al arquero Harry Dowd tras un toque de Mike Trebilcock.

Muchos años más tarde, el 22 de octubre 2005, Manchester City debió enfrentar de nuevo un penal con toques, aunque esta vez el resultado fue diametralmente opuesto. En el estadio londinense Highbury, dos franceses de Arsenal F.C., Robert Pires y Tierry Henry, intentaron cristalizar en la red la jugada que tanto habían ensayado esa semana. Mas Pires, tal vez nervioso, sólo rozó la pelota, que casi no se movió del punto de cal mientras Henry corría en vano hacia adelante. Para empeorar la cosa, cuando la defensa visitante ya se le había lanzado encima, Pires repitió el toque: no acertó a su compañero y, encima, obligó al referí Mike Riley a sancionar un indirecto para Manchester City porque el torpe ejecutante había pateado dos veces un tiro libre sin que la pelota fuera tocada por otro jugador. Muy enojado, el técnico de Arsenal, el también galo Arsène Wenger, rezongó minutos después del partido, durante la conferencia de prensa, que «Robert cometió un gran error, tuvo una decisión equivocada». El enfado del entrenador estaba harto justificado: su equipo acababa de perder 0-1.

Doblete insólito

Pocas veces se ha visto un «blooper» semejante en un encuentro oficial como el sucedido el 24 de febrero de 1996, durante el Preolímpico jugado en la ciudad argentina de Mar del Plata. A los 27 minutos del segundo tiempo, con la pizarra 3-2 para Venezuela, el referí paraguayo Epifanio González dio un penal a Ecuador que le abría al equipo de camiseta amarilla la esperanza de igualar el match. El defensor Segundo Matamba, a cargo del tiro, colocó la pelota en su lugar, tomó carrera y con un zurdazo cruzado venció al guardameta «vinotinto» Rafael Dudamel. El árbitro, en lugar de marcar el centro de la cancha, ordenó la repetición de la «pena máxima» porque, al patear, a Matamba se le había salido el botín, que siguió la trayectoria de la pelota hasta el fondo del arco —algo que, en los potreros, los chicos suelen calificar, en broma, como un «vale doble»—. Matamba volvió a disparar y, aunque usted no lo crea, el zapato salió otra vez detrás del esférico, con una pequeña diferencia de trayectoria: el balón rebotó en el travesaño y fue rechazado por la defensa; el calzado, por su parte, pegó en el poste izquierdo de la valla venezolana. El referí, en este caso, dio por válida la ejecución —correspondía porque la incorrección no había sido provocada por el arquero ni por su defensa— y el encuentro siguió su marcha. El choque dejó margen para un doblete más: dos goles dentro del arco ecuatoriano, que redondearon un notable triunfo por 5 a 2 de la selección de Venezuela.

Arquero a tu zapato

El libro *Curiosities of Football*, del periodista inglés Jonathan Rice, rescata una jugosa anécdota de Robert Kelly, delantero del club Burnley F.C. en la década de 1920. Por ser dueño de una fortísima patada, Kelly era el encargado de ejecutar los penales. En una oportunidad, al cobrar un disparo de 11 metros, el atacante tomó carrera, pateó y lanzó a toda velocidad el balón y también su zapato, que había escapado del pie. El arquero rival se tiró y atrapó... ¡el botín! La pelota, en tanto, pasó derechito a la red, ayudada por la confusión del portero entre los dos cueros. Al revés de lo que ocurrió en Mar del Plata, en la historia precedente, aquí el juez se equivocó y avaló la conquista.

Festejo desmedido

Posiblemente, ver tantas imágenes de arqueros sudamericanos como Rogério Ceni, René Higuita y José Luis Chilavert nubló el empeño del «1» de TSV Bayer 04 Leverkusen, Hans-Jörg Butt. El 17 de abril de 2004, en el estadio Veltins Arena de Gelsenkirchen, Leverkusen vencía 1-2 al dueño de casa, Fußball-Club Gelsenkirchen-Schalke 04, en una nueva fecha de la Fußball-Bundesliga, la máxima categoría alemana. A los 75 minutos, el referí Jörg Kessler otorgó un penal a la escuadra visitante y hacia el área rival salió disparado Butt, con la cabeza bien alta, para hacerse cargo de la falta. Con un derechazo alto y cruzado, el portero doblegó a su colega Christofer Heimeroth y salió eufórico a abrazarse con todos sus compañeros para festejar el 1-3. El «bobi» de Butt no sólo perdió mucho tiempo con su celebración, sino que la efectuó en su propio terreno, lo que habilitó al delantero local Mike Hanke a reiniciar el juego con un pelotazo directo desde el punto central, que se clavó en la desguarnecida red visitante. El marmota de Butt pudo festejar, al menos, que el encuentro se cerró sin nuevas conquistas y con la victoria de su equipo.

Goleador inesperado

Cuando el arquero argentino Carlos Fenoy llegó a Real Club Celta de Vigo a mediados de 1976, le explicó a su entrenador, Carmelo Cedrún, que tenía buena técnica para las ejecuciones de penales y le solicitó ser el encargado de patearlos. Cedrún prestó atención a la sugerencia del recién llegado y, antes del comienzo del torneo, lo hizo practicar disparos desde los 11 metros junto a varios jugadores. En efecto, el más certero resultó Fenoy, de modo que el técnico lo designó como artillero principal. El primer remate oficial del guardameta se produjo en la tercera fecha, ante Real Sociedad de Futbol, el 19 de septiembre de 1976, en un encuentro que tuvo muchos condimentos: durante la etapa inicial, con el marcador en blanco, el árbitro Acebal Pezón otorgó un penal para los visitantes. Lo lanzó Ricardo Muruzábal y Fenoy lo desvió tras adivinar la dirección del disparo. En la segunda mitad, a los 57, Pezón volvió a marcar una falta dentro del área, en este caso para el equipo local. Fenoy cruzó la cancha y, con un derechazo, doblegó al vasco Luis Arconada, legendario portero de la selección ibérica. El juego finalizó 1-0 y el arquero sudamericano, como el héroe de la jornada: «Fue una locura, la gente me aclamaba», recordó. Fenoy volvió a marcar otros cuatro tantos, siempre desde los 11 metros: dos a Unión Deportiva Las Palmas (uno en cada duelo de la temporada), uno a Elche Club de Futbol y el restante a Real Madrid Club de Futbol. De esta forma, el «1» argentino terminó la temporada 1976/77 como el máximo anotador del equipo gallego (hito que el alemán Butt, el pavote de la historia anterior, repetiría en la temporada 1999/2000 en Hamburger SV, con nueve tantos, aunque compartido con su compañero ghanés Anthony Yeboah). Lamentablemente, la hazaña de Fenoy se destacó por la sequía de quienes sí debían marcar. Así, lo que comenzó con una epopeya se fue desdibujando y, al finalizar la campaña, Celta sólo había conseguido 22 goles en 34 partidos. Penúltimo en la tabla —inclusive, había sumado cinco tantos menos que Málaga Club de Futbol, el peor del año— el equipo del arquero-goleador se fue al descenso.

Al revés

A la hora de protestar la sanción de un penal, los referís deben sufrir rabiosas quejas de los futbolistas en sus propias narices. Esta escena es tan común en los campos, que el proceder del rumano Remus Danalache dio la vuelta al mundo por su originalidad. El 16 de octubre de 2011, durante un caldeado F.C. Petrolul Ploiești- Clubul

Sportiv Universitar Voinţa Sibiu, por la Primera División rumana, los jugadores visitantes querían asar a la parrilla al árbitro Andrei Chivulete, al que responsabilizaban por su derrota parcial 3-1. Además, lo acusaban de haber echado injustamente al volante Claudiu Bunea, a los 30 minutos, y al arquero Bogdan Miron, a los 48. La gota que colmó la paciencia de los muchachos de Vointa llegó a los 90 minutos, cuando Chivulete sancionó un inexistente penal para Petrolul. Ocho de los damnificados proclamaron ácidas protestas sobre el rostro del referí. En cambio, Danalache, el noveno que quedaba en cancha, optó por dar la espalda a la situación, literalmente. El portero, que había ingresado en reemplazo de Rares Forika tras la expulsión de Miron, decidió quejarse de la actuación del juez de un modo muy original: afrontó el tiro de 11 metros... ¡de espaldas al pateador! Así, Daniel Oprita, quien ya había anotado dos veces esa tarde, mandó el balón a la red mientras el arquero permanecía inmóvil. Chivulete, de manera inexplicable porque el portero estaba correctamente parado sobre la línea de meta, anuló la conquista, ordenó que el disparo se repitiera y amonestó a Danalache. Oprita volvió a convertir el 4-1 porque el guardameta mantuvo estática su protesta, aunque esta vez de cara al ejecutante. Al finalizar el encuentro, Danalache explicó a la prensa que su original postura había sido acordada con sus compañeros y con el entrenador, Alexandru Pelici. Impresionados por el sorpresivo proceder del portero, los hinchas de Petrolul despidieron a los jugadores rivales con aplausos y vítores. Quien no recibió ninguna salutación fue Chivulete: según el diario deportivo *Gazeta Sporturilor*, el referí fue suspendido por seis meses debido a varios graves errores, entre ellos haber ordenado la reiteración del penal «de espaldas».

Los penales más largos del mundo

El descomunal novelista argentino Osvaldo Soriano soñó y volcó al papel el «penal más largo del mundo», un disparo que fue pitado un domingo y rematado una semana después a causa de violentos incidentes desencadenados por su sanción. Es muy llamativo que, en el propio país del escritor, la historia pasó de la fantasía a la realidad al menos en tres oportunidades, siempre con la pena máxima postergada a causa de escándalos nacidos en las tribunas. La primera se produjo en Santiago del Estero, el 3 de mayo de 1997, durante un tenso duelo de la liga local entre C.A. Estudiantes y C.A. Güemes; la segunda, el 5 de abril de 2003, en el partido bonaerense de Ensenada, en medio de un tormentoso Defensores de Cambaceres-C.A. Atlanta; la tercera, durante la final de la Primera B Metropolitana de 2007 que enfrentó a C.A. Estudiantes de Buenos Aires y a Almirante Brown. Este último fue, quizás, el caso más incomprensible, porque la suspensión fue motivada por un potente petardo arrojado por la parcialidad de Almirante, el equipo beneficiado con el penal, contra el arquero rival Walter Cáceres. Soriano imaginó que el disparo de 11 metros era atajado por el arquero. En la «vida real», Estudiantes y Almirante repitieron la historia al pie de la letra. Sólo Lucas Ferreiro, de Atlanta, se atrevió a convertir y contradecir al genial novelista marplatense, fallecido en 1997.

El récord de Palermo

La titánica carrera de Martín Palermo está repleta de gestas antológicas. Goles de todo tipo y en cualquier circunstancia hilvanaron una gigantesca galería de éxitos. No obstante, la tarde del 4 de julio de 1999 será siempre recordada por su récord mundial... negativo. Ese día, cuando las selecciones de Argentina y Colombia chocaron por la Copa América de Paraguay, los arcos que debió enfrentar Palermo en el estadio Feliciano Cáceres de la ciudad de Luque parecían tener mucho menos de 2,44 metros de alto, porque el rubio delantero desvió dos penales sobre el travesaño, a los 5 y 76 minutos. A los 90, el árbitro paraguayo Ubaldo Aquino marcó una tercera «pena máxima» para Argentina. «Tomé la pelota, miré al banco y no vi ninguna indicación. El "Ratón" (Roberto) Ayala me preguntó si estaba bien y le dije que sí. Nadie se ofreció. Si lo hubiese hecho, no me habría opuesto. No estaba encaprichado en patearlo yo sino que consideré que, al no haber otro candidato, me correspondía a mí, que era el encargado de los penales... Para que no se me fuera alta, esta vez lo tiré a media altura, sobre la izquierda de (Miguel) Calero, pero otra vez sopa: me lo atajó», relató el mismo Palermo. En ese mismo encuentro, el referí Aquino concedió otros penales al equipo «cafetero»: el arquero Germán Burgos le paró uno a Hamilton Ricard e Iván Córdoba anotó el restante. Palermo admitiría tiempo después que esa aciaga tarde había quedado marcada a fuego: «En la final por la Libertadores contra el Palmeiras (el 21 de junio de 2000, casi un año después), rezaba para que no llegáramos a una definición por penales». De todos modos, el goleador no se achicó y fue uno de los encargados de tirar: su exitosa conquista, por fin, contribuyó para que Boca se quedara con la Copa en el estadio paulista Cícero Pompeu de Toledo, conocido como Morumbi.

Otra rareza en la prolífica carrera de Palermo se dio ante C.A. Platense el 24 de abril de 1999 (hecho que repetiría Juan Antonio Pizzi en C.A. Rosario Central, ante C.A. Vélez Sársfield, dos años más tarde): marcó de penal tras resbalar y tocar dos veces la pelota, una con cada pie. El árbitro Fabián Madorrán convalidó el tanto (al igual que su colega Rafael Furchi después) a pesar de que las reglas precisan que el jugador que ejecuta un tiro libre no puede volver a tomar contacto con el balón si antes no lo hace otro futbolista (como ocurrió con Pires en una historia anterior). La FIFA analizó estos dos casos y consideró válidas ambas jugadas, porque «el hecho de haber tocado la pelota por segunda vez no puede considerarse como un acto voluntario».

Negro el dos

No fue tan tremendo como el récord «palermitano», pero sí muy llamativo lo que le ocurrió al mediocampista de Santos F.C. de Brasil Narciso Dos Santos (de entrada, una curiosidad onomástica). El 28 de octubre de 1998, el moreno nacido en São Bernardo do Campo se ganó un lugar en *El libro guinness de los récords* al errar dos penales en dos minutos ante América F.C. de la ciudad de Natal, por el campeonato Brasileirão. «Fue lamentable, pues podríamos haber ganado», admitió el volante. ¿Cómo finalizó el duelo Santos-América? Como para salir corriendo a jugar a la quiniela: 2-2.

Los cinco del «Diez»

Diego Maradona, considerado por numerosos hinchas y especialistas como el mejor futbolista de la historia, ha tenido una relación agridulce con los penales. Su zurda mágica le jugó una mala pasada desde los 11 metros durante el torneo argentino Clausura 1996, que disputó con la camiseta de C.A. Boca Juniors. En ese breve certamen, Maradona dilapidó cinco disparos de manera consecutiva, en una cadena tan nefasta como increíble para su calidad. La serie «maldita» arrancó en la sexta fecha del campeonato: Boca cayó con C.A. Newell's Old Boys en Rosario, 1-0, y ese día el «10» lanzó un tiro de 11 metros al palo. En la fecha 12, Boca venció en casa a C.A. Belgrano de la ciudad de Córdoba, mas Diego volvió a desperdiciar un penal, atajado por César Labarre. En la 15, el equipo xeneize derrotó como visitante a C.A. Rosario Central, pero Maradona prolongó su racha negra ante Hernán Castellanos. Una semana después, Boca fue un carnaval ante su tradicional rival, C.A. River Plate: ganó 4-1 con tres tantos de un ex millonario, Claudio Caniggia. Diego, no obstante, llegó a cuatro amarguras cuando su «pena máxima» rebotó en el poste izquierdo de Germán Burgos. La fecha siguiente, Boca perdió con Racing Club en Avellaneda, 1-0. Ignacio González, el arquero albiceleste, alargó con un manotazo la amarga serie. Maradona volvió a disparar un penal recién el 24 de agosto de 1997, ante Argentinos Juniors. El «10» convirtió y, por fin, puso punto final a la inoportuna seguidilla.

Eficaz

Entre 1957 y 1972, el húngaro Yozhef Sabo actuó en más de cuatrocientos partidos con las camisetas de F.C. Hoverla Uzhhorod, F.C. Dinamo Kiev, F.C. Zorya Luhansk (todos de Ucrania), F.C. Dinamo Moscú de Rusia y la selección de la ex Unión Soviética. Según los historiadores del futbol de Europa del Este, en ese período, Sabo pateó 73 penales y convirtió... ¡73!

El penal del sombrero

La primera final de la F.A. Cup televisada en directo fue la de 1938. Ese día, 3 de abril, en un estadio de Wembley abarrotado por 94.000 personas, Preston North End F.C. enfrentó a Huddersfield Town F.C. en un match muy duro y de pocas jugadas de riesgo, cuyos primeros 90 minutos se evaporaron sin goles. Durante el tiempo extra, las emociones también fueron escasas. Tan aburrido estaba el encuentro que, en el minuto 14 de la segunda mitad del alargue, el comentarista de la transmisión de la BBC, Thomas Woodrooffe, aseguró: «Si hay un gol ahora, me comeré mi sombrero». Apenas terminó su frase, George Mutch, uno de los delanteros escoceses de Preston North End, fue derribado dentro del área rival. El árbitro Arthur Jewell marcó el punto del penal que el mismo Mutch disparó: la pelota pegó en la parte inferior del travesaño, rebotó en el interior del arco de Huddersfield Town y se enredó en la malla. Este único gol le dio la victoria a Preston North End y puso en un aprieto a Woodrooffe, quien cumplió su promesa frente a la cámara de un reportero gráfico unos días más tarde. No obstante, se dice que el periodista contó con la valiosa ayuda de un pastelero amigo, que con su talento y gran pericia reprodujo un hermoso sombrero… ¡de masa y glaseado de azúcar!

Los máximos

En partidos oficiales de Primera División, tres jugadores han alcanzado un récord notable. El croata Alen Peternac y el brasileño Alexsandro de Souza, más conocido como Alex, comparten una marca difícil de superar: marcaron cuatro goles desde los 11 metros en un solo encuentro y sin definición por penales mediante. Peternac completó su hazaña el 19 de mayo de 1996, cuando vistió la camiseta de Real Valladolid C.F. para disputar un partido de Primera División de España. Ese día, el conjunto castellano apabulló como visitante a Real Oviedo en el antiguo estadio Carlos Tartiere por 3 a 8, y Peternac anotó cinco tantos, cuatro de ellos de penal. Pero hubo más: el árbitro José Japón Sevilla concedió otras dos «penas máximas» a Oviedo, que también fueron convertidas por el dinamarqués Thomas Christiansen. De esta forma, en un solo encuentro se marcaron seis penales y todos fueron pateados con éxito.

Alex, en tanto, marcó cinco goles a Esporte Clube Bahia el 14 de diciembre de 2003 por el Campeonato Brasileño de Primera División. Esa jornada, Cruzeiro Esporte Clube se impuso por 0-7, como visitante, y Alex anotó cuatro tiros desde los 11 metros, sancionados por el referí Evandro Rogério Roman.

Aunque no llegó a cuatro, es asimismo muy destacable la proeza del arquero paraguayo José Luis Chilavert. El 28 de noviembre de 1999, mientras defendía el arco del club argentino Vélez Sarsfield, Chilavert marcó tres goles de penal a Ferro Carril Oeste para redondear una victoria 6-1 a favor de la escuadra del barrio de Liniers. De esta forma, el guaraní se convirtió en el único portero del mundo en alcanzar una tripleta en un juego de Primera División.

Queja acelerada

No debe haber registro de penales que no hayan sido protestados. Si no se quejan los jugadores, lo hace el técnico. Los hinchas, por supuesto, rezongan siempre. Lo que sin dudas no tiene parangón es la original venganza que, en 1965, tomó un futbolista de la liga yugoslava contra el juez Platon Rejinac, quien se había atrevido a sancionar la pena máxima en contra de Fudbalski Klub Crvena Zvezda Beograd (Estrella Roja de Belgrado) a sólo un minuto del final y con el marcador igualado. Mientras diez de los jugadores rodeaban a Rejinac para defenestrar el honor de toda su familia, el onceavo integrante del equipo damnificado abandonó el terreno por una puerta lateral en aparente calma. Sin embargo, lo que pareció un frío descontento pronto se transformó en locura: al volante de su automóvil, el futbolista irrumpió en el estadio, destruyó el alambrado y comenzó a perseguir al árbitro por toda la cancha para atropellarlo. Después de algunos minutos de asombrosa tensión, el desequilibrado jugador pudo ser controlado por la policía y condenado días después a dos años de cárcel por «intento de homicidio». La nota cómica la dio la asociación de futbol de Yugoslavia, que suspendió al enajenado deportista por solamente dos años.

Doce pasos hacia la cárcel

En julio de 2000, Washington Legelén, Aníbal Sosa y Miguel Guatini viajaron casi 70 kilómetros desde la ciudad de Maldonado a la de Minas para arbitrar un partido caliente del torneo de la Confederación del Este de Uruguay entre los seleccionados sub-18 de los departamentos de Lavalleja y Treinta y Tres. El duelo, duro, áspero, acababa sin goles hasta que, en tiempo agregado, Legelén otorgó un penal a la escuadra visitante luego de una patada tan grosera como indiscutible. La falta fue cambiada por gol y el match terminó instantes después sin que se modificara el marcador y en absoluta paz. Los árbitros se ducharon, se cambiaron y subieron a un automóvil para retornar a Maldonado. Sin embargo, el viaje duró apenas unas cuadras. Cerca de las dos de la madrugada, el vehículo fue detenido por una patrulla policial. Cuando los ocupantes del rodado se identificaron como los jueces del partido, un cabo les ordenó descender, los subió a un vehículo oficial y los llevó al destacamento de Pirarajá para «conversar» con su jefe, el comisario Juan Garay. El propio Legelén relató su odisea: «Garay nos hizo ingresar a la comisaría y nos pidió que le mostráramos los documentos. Ahí me empecé a dar cuenta de que la cosa era rara: anotaba nuestros datos en un cuaderno medio improvisado, todo muy desprolijo. Al rato levantó la cabeza y nos dijo algo así como "a mí me pareció que no fue penal, ¿usted qué dice?". Nos miramos con mis colegas y no lo podíamos creer». Garay, quien además de comisario era presidente de una liga de futbol local, tuvo «detenida» a la terna arbitral más de una hora sin haberle anunciado el motivo. Legelén recordó que, cuando finalmente fue liberado, el oficial «me recomendó que consultara el penal con la almohada». Al día siguiente, el referí presentó una denuncia. Garay fue destituido y procesado por «abuso de funciones», aunque no fue preso. Se salvó de sufrir otro penal.

El punto

La zurda del talentoso escocés Archie Gemmill pintaba una tarde perfecta en la antigua casa de Derby County F.C., el desaparecido The Baseball Ground. Esa tarde lluviosa del 30 de abril de 1977, el club del «corazón» de Inglaterra vencía a Manchester City F.C. 3-0 y ninguno de los jugadores visitantes podía detener al habilidoso Gemmill. Al menos de manera legal, porque, a cuatro minutos del final, el mediocampista Gary Owen lo taló dentro del área, a la salida de un córner. Penal. El volante local Gerry Daly tomó la pelota y buscó el punto para colocarla, pero la marca de cal había desaparecido en el barro. El vivaz arquero «citadino» Joe Corrigan intentó convencer al árbitro para que colocara el balón casi al borde del área grande, mas su pillería sólo recibió como premio una tarjeta amarilla. Como la búsqueda resultó infructuosa, el referí llamó al intendente del estadio, Bob Smith, quien se presentó con una cinta métrica, un pincel y un tacho con pintura blanca. Luego de estirar el listón hasta los 11 metros (en realidad, doce yardas, su equivalente según el sistema de medidas utilizado en Inglaterra), Smith tomó la brocha y dibujó un círculo sobre la tierra mojada. Daly colocó la pelota sobre la pintura húmeda, tomó carrera y sacó un derechazo cruzado imposible de detener para Corrigan. Un gol «a medida» para cerrar la victoria 4-0.

Enemigos íntimos

C.A. Nueva Chicago se perfilaba como uno de los favoritos para ganar el torneo de Primera B argentino de 1946. La tarde del 27 de abril lo demostraba en su cancha de Mataderos con el baile que le estaba propinando a C.A. Barracas Central, al que vencía con comodidad 6 a 1. A los 30 minutos del segundo tiempo, el árbitro Carlos Mauri marcó un penal para los dueños de casa. Oscar Meloni colocó la pelota en el punto blanco y midió la distancia para patear, pero antes de iniciar su envión se interpuso en su trayectoria el fornido zaguero Raúl Cocherari. «Vos ya metiste dos, dejame patear a mí», le exigió el defensor. Meloni no se «achicó» y le reclamó a su compañero que se corriera de su camino: «El encargado soy yo». La disputa continuó primero con insultos y luego con golpes de puño, lo que obligó al resto de los jugadores del «Torito» a separar a los contendientes y a Mauri a expulsarlos por agresión recíproca. La ejecución, entonces, no fue para Meloni ni para Cocherari, sino para Manuel Malachane, quien desde los doce pasos anotó el séptimo de Chicago esa jornada. Con dos de sus titulares suspendidos por el fantástico incidente, el club verdinegro perdió el partido siguiente ante C.A. Los Andes, quebró su ritmo victorioso y se quedó sin el ascenso de la temporada, que le arrebató C.A. Banfield.

Atajadores

Muchos arqueros se han lucido en definiciones desde los 11 metros convocadas para resolver una igualdad en una copa o un torneo de eliminación directa. Algunos, como ya se verá en un segundo tomo de *Historias insólitas del futbol*, han atajado tres, cuatro y hasta cinco disparos. Sin embargo, porteros que hayan parado más de dos penales durante los 90 minutos hay menos que pocos. Uno de ellos fue el «1» de Manchester United F.C. Gary Bailey, quien rechazó tres tiros el 2 marzo de 1980, ante Ipswich Town F.C., por la Primera División inglesa. Esa tarde, en el estadio Portman Road de

Ipswich, Bailey anuló los penales que ejecutaron el holandés Frans Thijssen y Kevin Beattie, este último en dos oportunidades. La jornada no pudo resultar más curiosa, porque el partido terminó con un triunfo local... ¡6 a 0!

Otro arquero que sufrió una faena agridulce fue Matt Glennon, de Huddersfield Town F.C., ante Crewe Alexandra F.C., en un choque por la Football League One (Tercera División inglesa) disputado el 24 de febrero de 2007. Glennon fue el héroe del día en Galpharm Stadium, al rechazar los penales ejecutados por Ryan Lowe, Gary Roberts y Julien Baudet. Sin embargo, tras tan espléndida actuación, el guardameta sufrió un gol en contra de su fullback Aaron Hardy que le dio la victoria 1-2 a la escuadra visitante. Glennon ganó, al menos, una excelente reputación como atajador: en septiembre de 2011 fue invitado a participar en un evento de caridad en el que se ofrecía a los niños patearle tres penales por sólo una libra esterlina.

El primer gran héroe británico desde los 11 metros fue el arquero de Grimsby Town F.C., Walter Scott. El 13 de febrero de 1909, en su visita a Burnley por la F.A. Cup, Scott sufrió en 90 minutos cuatro penales en contra, de los cuales salvó tres. El portero se los atajó a Walter Abbott, Robert Henderson y Dick Smith. Abbot marcó el cuarto y anotó otro gol para el triunfo de Burnley F.C., por 2 a 0. Mas la leyenda de Scott no se diluyó allí: en apenas dos meses, al arquero de Grimsby le patearon ocho penales y solamente le convirtieron uno, el tiro de Abbot.

Tres al precio de uno

¿Pueden tres jugadores errar el mismo penal? ¡Por supuesto! A lo largo de este libro se descubrirá que parece no haber límites en materia de curiosidades futboleras. El 22 de septiembre de 1973, Portsmouth F.C. recibió en Fratton Park a Notts County F.C. por el campeonato de Segunda División inglesa. El club visitante tuvo la oportunidad de abrir el marcador mediante un tiro de los 11 metros, pero el tanteador se mantuvo en blanco porque el disparo fue desperdiciado por Kevin Randall, Don Masson y Brian Stubbs. ¿Cómo fue esto posible? El tiro de Randall fue atajado por el arquero local John Milkins, mas el referí ordenó que se repitiera porque el portero se había adelantado. Randall no quiso afrontar de nuevo la ejecución y dejó su lugar a Masson, quien anotó, aunque la conquista fue invalidada porque el árbitro no había dado la orden de lanzar. Angustiado, Masson cedió su chance a Stubbs, quien aguardó el silbatazo, tomó carrera, pateó y... erró al arco. El infructuoso trío quedó inmortalizado por su impericia aunque, al menos esa tarde, se fue victorioso a su casa de Nottingham por 1-2, gracias a las conquistas de dos de sus avispados compañeros, Arthur Mann y Les Bradd.

Los cobardes y el herido

El 26 de diciembre de 1924, Nottingham Forest F.C. perdía en su terreno 0-1 con Bolton Wanderers F.C. un encuentro de Primera División. A instantes del final del juego, el árbitro otorgó un penal para los locales. El famoso arquero visitante, Dick Pym, héroe de la final de la F.A. Cup de ese año, se colocó serenamente sobre la línea de cal, pero ninguno de los diez jugadores locales se animaba a hacerle frente. ¿Por qué diez? Porque el habitual encargado de los disparos desde los 11 metros de Nottingham, Harry Martin, había salido en camilla tras recibir un durísimo golpe. Como la búsqueda de un valiente se mantenía infructuosa, el capitán de la escuadra local, Bob Wallace, fue hasta el vestuario y convenció a Martin para que, a pesar de su dolencia, se hiciera cargo de cobrar la falta. Con un tobillo a la miseria y sostenido por el propio Wallace, puesto que no podía caminar con normalidad, el valeroso Martin llegó hasta el área rival, ejecutó con maestría el penal que le dio la igualdad a Forest y fue sacado de la cancha en camilla, por segunda vez. En los minutos de juego restantes, sus cobardes compañeros le rindieron sus respetos conservando el valioso empate. Bueno, no tan valioso, porque Nottingham y sus timoratos futbolistas finalizaron la temporada en el último lugar y se fueron al descenso.

Cien partidos y ningún penal

Entre abril de 1964 y marzo de 1967, F.C. Internazionale Milano jugó cien partidos sin que le cobraran un penal en contra. La serie —cubierta por una sospecha de corrupción entre los dirigentes milaneses y los árbitros— comenzó el 5 de abril, cuando la escuadra «neroazzurra» derrotó en su casa a ACR Messina por 4-0. La jornada anterior, el 29 de marzo, Inter había viajado al estadio Renato Dall'Ara para enfrentar a Bologna F.C. 1909. La escuadra visitante ganó 1-2 gracias a que su arquero, Giuliano Sarti —nacido en Bolonia, vaya paradoja—, había atajado un derechazo del alemán Helmut Haller desde los 11 metros. A partir de esa jornada, el club milanés —conducido por el argentino Helenio Herrera— disfrutó de un centenar de duelos sin sufrir la «pena máxima», hecho que contribuyó a que ganara las ligas de las temporadas 1964/65 y 1965/66. La racha de «tres cifras» se cortó el 19 de marzo de 1967, frente a A.S. Roma en el Estadio Olímpico, con una curiosidad: como en Bolonia, la ejecución recayó sobre un alemán, Jürgen Schultz; como en Bolonia, el disparo no fue gol: salió desviado sobre el travesaño. El match terminó 0-0.

Para el otro lado

El periodista estadounidense Donn Risolo afirma en su libro *Soccer stories* que, en marzo de 1998, la ciudad inglesa de Scarborough fue escenario de uno de los penales más excepcionales de todos los tiempos. Mientras Tap and Spile F.C. y Rangers Reserves F.C. se enfrentaban por una liga local en un match muy parejo, el referí Steve Ripley señaló un disparo de 11 metros para la escuadra visitante. Antes de que uno de los muchachos de Rangers disparara, el capitán de Tap and Spile, Paul Flack, enfurecido por considerar injusto el castigo, descargó su bronca de un modo muy particular: se metió en su propia área y, tras una corta carrera, mandó el penal a la red en medio de un estupor generalizado. Ripley debió haber invalidado la irregular conquista porque, según el reglamento, el ejecutor deberá ser debidamente identificado; los jugadores del equipo defensor, excepto el arquero, deben permanecer fuera del área, detrás del punto de ejecución y al menos a 9,15 metros del balón; si se infringe alguna de estas reglas, debe repetirse el tiro. Empero, el árbitro, enfadado por la conducta improcedente de Flack, decidió hacer honor a su apellido y aprobar el gol. Un castigo durísimo para el capitán transgresor: esa tarde, ¡su equipo cayó por 5 a 4!

Dios misericordioso

Fluminense F.C. derrotaba 0-1 al flojito Americano F.C. en el coliseo Godofredo Cruz, por la Taça Guanabara, el 12 de febrero de 2009. Si bien el marcador registraba la «mínima diferencia», el trámite del juego estaba controlado completamente por el visitante (uno de los equipos más fuertes de la Primera División de Brasil) que, como suelen decir los relatores, estaba más cerca del segundo tanto que el local (un conjunto de tercera categoría) de la igualdad. No obstante, a los 82 minutos, el arquero de «Flu», Fernando Henrique, se movió con extrema torpeza y derribó al delantero rival Siller en una jugada que no parecía llevar peligro para su valla. El portero intentó enmendar su error al ejecutarse la «pena máxima», pero nada pudo hacer ante el preciso remate de Éberson, que igualó el juego. Movilizado por la vergüenza y por los hirientes reproches de sus propios hinchas, Fernando Henrique aprovechó un tiro de esquina en el último minuto para cruzar la cancha en pos de un cabezazo victorioso que limpiara su honra. Llegó el centro, el intrépido arquero saltó pero no cabeceó, aunque de todos modos consiguió su vendetta: el árbitro Lenilton Rodrigues Gomes Júnior pitó un nuevo penal, esta vez para el visitante, por un empujón de Paulo, defensor de Americano, al mismísimo Fernando Henrique. El argentino Darío Conca convirtió y el guardameta de Fluminense respiró aliviado. Luego, frente a los micrófonos de los periodistas, el «1» justificó su arriesgada escalada con un convincente discurso teológico: «Cometí un penal infantil y lo admito, pero Dios me perdonó».

Delantero y arquero suplente

Desde pequeño, el irlandés Niall Quinn se destacó por sus habilidades con los pies... y también con las manos. Durante su infancia en Dublín, sobresalió en el «futbol gaélico», una mezcla de rugby y futbol que se practica con una pelota redonda y más pesada que su prima del «soccer», y arcos en «H» que otorgan tres o un punto, según el balón pase por debajo o por encima del travesaño. Al ingresar en la adolescencia, el joven decidió convertirse en futbolista y se alistó en el club dublinés Manortown United F.C. con una enorme disyuntiva: ser atacante o arquero, debido a que era tan bueno en un puesto como en el otro. Aconsejado por su entrenador, optó por convertirse en centrodelantero, un paso acertado ya que, en pocos meses, sus magistrales goles lo llevaron a cruzar el Mar de Irlanda para enrolarse en las prestigiosas filas del club Arsenal F.C. de Londres. En la Primera División de Inglaterra, Quinn marcó 141 tantos en 475 partidos con las camisetas de los «gunners», Manchester City F.C. y Sunderland AFC. Con la selección irlandesa sumó otras 21 anotaciones en 92 encuentros. Mas la prolífica cosecha de goles nunca apagó su afición por colocarse debajo de los «tres palos». En los entrenamientos, Quinn solía calzarse los guantes para despuntar el vicio. Sus excelentes condiciones como guardameta permitieron al entrenador inglés Jack Charlton llevar sólo dos arqueros al Mundial de Italia 1990 (Pat Bonner y Gerald Peyton), algo inusual cuando los planteles permitían 22 jugadores y no 23, como ocurre desde Corea-Japón 2002. Charlton (campeón en la Copa del Mundo de 1966 como jugador) no precisó contar con Quinn como portero, pero gozó con un gol suyo ante Holanda, en el estadio Renzo Barbera de Palermo. Quien sí necesitó de las seguras manos del atacante fue el técnico de Manchester City Peter Reid, quien el 20 de abril de 1991, frente a Derby County F.C., utilizó una receta similar a la de la selección verde, aunque más arriesgada: con el irlandés en la cancha, sentó en el banco a cinco «jugadores de campo» (por entonces el número máximo de suplentes permitido). La escuadra celeste —local en Maine Road— ganaba 1-0 gracias a que un zurdazo del propio Quinn, desde afuera del área, se había clavado junto al poste izquierdo de Martin Taylor. Poco después, el delantero visitante Dean Saunders fue derribado dentro del área por el portero Tony Coton: penal y expulsión del «1» (es justo acotar aquí que Coton debutó en Primera con Birmingham City F.C. ante Sunderland, el 27 de diciembre de 1980: la primera pelota que tocó fue un tiro penal de John Hawley, que desvió en forma magistral). Sin arquero suplente, el goleador fue al arco con los guantes y el buzo verde de su compañero echado para enfrentar a Saunders, exponente del «me lo hacen, lo pateo». El atacante de «los carneros» sacó un derechazo esquinado que el irlandés rechazó con maestría con su mano izquierda. Manchester City ganó esa tarde 2-1 beneficiado por la hazaña fantástica de Quinn. Derby, con esa derrota, se fue al descenso.

En vivo y en directo

El futbol y la radio mantienen un poderoso y casi centenario romance. Tan arraigadas están en los hinchas las transmisiones de partidos que muchos fanáticos bajan el volumen a su televisor y encienden su aparato de audio para acompañar las imágenes con la narración de su relator favorito. Otros van al estadio con sus auriculares calzados para escuchar lo que pueden percibir por sus propios medios desde el lugar de los hechos. Pero nada tan insólito como que un futbolista siga por radio las alternativas de un partido... ¡que está jugando!

El 11 de octubre de 1992, en la Bombonera, C.A. Boca Juniors, que llevaba 11 años sin ganar un campeonato argentino, recibió a su «superclásico» rival C.A. River Plate. La escuadra xeneize estaba al tope de la tabla de posiciones, con 14 unidades, seguida precisamente por su mayor enemigo, con 13. A los 65 minutos, con Boca arriba 1-0 gracias a un tanto del uruguayo Sergio Martínez, el árbitro Juan Carlos Lousteau vio como falta dentro del área uno de los reconocidos piletazos del riverplatense Ariel Ortega, maestro en el arte de caer fulminado, en este caso entre los defensores locales Carlos MacAllister y Alejandro Giuntini. Un simpatizante local, enfurecido por el fallo del referí, arrojó su pequeña radio color amarillo al arquero visitante Ángel Comizzo. El aparato cayó a menos de un metro del portero, que tuvo la ocurrencia de tomarlo, colocarse los auriculares y seguir por radio el disparo de 11 metros de Hernán Díaz, de espaldas a la jugada y de frente a la hinchada antagónica. Mas el potente disparo cruzado de Díaz fue rechazado por las manos del «1» boquense, Carlos Navarro Montoya, y Comizzo, en llamas, arrancó de sus orejas los pequeños parlantes y revoleó el fatídico aparato hacia la alambrada. La justa se disipó sin más emociones y Boca mantuvo el 1-0. Al finalizar ese domingo, el club de la ribera alargó su ventaja sobre River a tres puntos, lo que le permitió algunas semanas más tarde ganar el campeonato y dejar a su histórico adversario con las manos vacías.

Sin arquero

La Copa Roca fue un certamen disputado exclusivamente entre Argentina y Brasil entre 1914 y 1971, de modo esporádico y mutando sus sedes entre Buenos Aires, Río de Janeiro y San Pablo. Se llamaba así como homenaje al ex presidente argentino Julio Roca, quien a principios de la década de 1910 había tenido una destacada actuación diplomática para evitar conflictos bélicos entre ambas naciones. En enero de 1939, un seleccionado albiceleste viajó a Río de Janeiro para enfrentar dos veces a su par local en el estadio São Januário. Aunque Brasil acababa de protagonizar una actuación muy elogiada en el Mundial de Italia de 1938 y tenía como estrella al delantero Leônidas da Silva, goleador de ese torneo con siete tantos, en el primer encuentro, jugado el 15 de enero, su rival albiceleste lo goleó sin misericordia 1-5. La revancha, una semana más tarde, fue más pareja: abrió la cuenta Leônidas, Bruno Rodolfi y Enrique García dieron vuelta el tanteador y, en la segunda mitad, Adilson Ferreira Antunes consiguió la igualdad. A los 86 minutos, un pase de Romeu Pellicciari a Adilson rebotó en la mano del defensor visitante Sabino Coletta. El toque pareció casual, mas el árbitro brasileño Carlos de Oliveira Monteiro marcó el punto de penal, hecho que desencadenó la rabia de los argentinos. El arquero Sebastián Gualco y el defensor Arcadio López corrieron hacia el referí y lo derribaron a empujones, lo que motivó el ingreso de efectivos de la policía. Los uniformados y los futbolistas albicelestes se trenzaron en una escaramuza pródiga de bastonazos, patadas y trompazos, que pasmó a los 70.000 espectadores. Superados en número y en armamento, los jugadores visitantes retrocedieron y se refugiaron en el vestuario. Sin embargo, el partido no finalizó allí: el referí, en una actitud inaudita, colocó el balón sobre el punto de los 11 metros y ordenó a sus compatriotas que hicieran efectiva la «pena máxima», ¡a pesar de que en la meta argentina no había arquero! Sin ponerse colorado, el delantero José Perácio ingresó al área y disparó a puerta vacía. Con el marcador 3-2 y sin escuadra albiceleste que sacara del medio, De Oliveira Monteiro pitó el final. Mientras los brasileños festejaban su «victoria» sobre el césped, sus rivales aprovecharon para escapar del estadio con la Copa Roca en su poder, convencidos de que la habían ganado en buena ley después de un triunfo y un «empate».

Mar rojo

Un país habrá llegado al máximo de su civismo cuando en él se puedan celebrar partidos de futbol sin árbitros.

José Luis Coll

De acuerdo con el reglamento aprobado por la International Board de la FIFA, existen siete circunstancias por las que un futbolista puede ser expulsado del partido: «Ser culpable de juego brusco grave; ser culpable de conducta violenta; escupir a un adversario o a cualquier otra persona; impedir con mano intencionada un gol o malograr una oportunidad manifiesta de gol (esto no vale para el guardameta dentro de su propia área penal); malograr la oportunidad manifiesta de gol de un adversario que se dirige hacia la meta del jugador mediante una infracción sancionable con un tiro libre o penal; emplear lenguaje ofensivo, grosero u obsceno y/o gestos de la misma naturaleza; recibir una segunda amonestación en el mismo partido». ¿En cuál de estos puntos se habrá basado el árbitro boliviano Ignacio Salvatierra para expulsar en forma directa al delantero Abel Vaca Saucedo? En octubre de 1996, Vaca Saucedo, del equipo Germán Pommier, de la ciudad amazónica de Trinidad —situada a 390 kilómetros al noreste de La Paz—, hizo un lujoso gol que incluyó varias gambetas y una magistral definición de rabona. Cuando el habilidoso atacante terminó de celebrar, Salvatierra se le acercó y, en lugar de felicitarlo, le mostró la tarjeta roja. Según el referí, el hábil Vaca Saucedo «había humillado» a sus rivales con tan aparatosa conquista. En definitiva, lo echó «por habilidoso». Cuando el pobre pibe pidió explicaciones por tan inaudita injusticia, el hombre de negro, encima, montó en cólera: no sólo le recriminó duramente el trato hacia los integrantes del equipo rival, Jaille, sino que le reclamó que tomara «con más seriedad la práctica deportiva».

Otro que sigue sin comprender cómo fue expulsado es el checo

David Zoubek. El 7 de mayo de 2000, el referí Karel Krula le mostró la cartulina colorada... ¡porque se le había desprendido el número de la espalda! El problema comenzó cuando Zoubek, de F.C. Hradec Králové, sustituyó a un compañero en un partido ante Bohemians de Praga. Apenas pisó el césped, Krula le indicó al delantero que se le había despegado uno de los «1» de su «11». Para tratar de sortear el problema, el atacante regresó al banco y su entrenador intentó reparar la contrariedad con un trozo de cinta adhesiva. Pero, a los pocos minutos, el número estaba de nuevo por el piso, por lo que Krula, sin dudas un hombre de poca paciencia, sacó su tarjeta roja y echó al sorprendido Zoubek, quien seguramente se acordó de todos los familiares del referí y, también, de los del utilero de su club.

De palabra o con tarjeta (la roja y la amarilla son una invención del ex árbitro inglés Ken Aston, inspirada en el semáforo luego de un controversial duelo Inglaterra-Argentina en Wembley en el Mundial de 1966. Los acrílicos se probaron en los Juegos Olímpicos de México 1968 y debutaron «oficialmente» en la Copa del Mundo de 1970, que también se desarrolló en tierra azteca), he aquí las más excepcionales eventualidades sucedidas alrededor de una expulsión.

Beso a beso

El club Salto Uruguay F.C., el más fuerte de la liga de la ciudad oriental homónima —situada a 520 kilómetros al norte de Montevideo—, tenía en un arco al débil Nacional F.C. de la misma localidad. Salvo el guardameta, todos los jugadores salteños empujaban hacia la portería rival, cuyos hombres se habían «colgado del travesaño» en pos del empate que precisaban para no descender esa misma tarde de junio de 1991. A escasos segundos del final del encuentro, un pelotazo encontró milagrosamente solo al delantero de Salto Sergio León, quien en un descuido de los zagueros quedó «mano a mano» con el desprotegido arquero contrario, en la más propicia situación de gol de todo el partido. El atacante se perfiló, calculó el lugar donde quería colocar el balón y disparó, pero su remate salió totalmente desviado. El alivio envolvió a todos los muchachos de Nacional, en especial al defensor Edgard Olivera, justamente la «marca personal» de León. Olivera se acercó a su oponente y, en una extravagante manifestación de agradecimiento por lo que consideraba una gentileza, le besó la frente. El gesto grosero fue advertido por el árbitro José Sequeira, quien echó en forma directa al besuqueador. Aun con uno menos, Nacional logró que el duelo se completara sin tantos. Más allá de la roja, Olivera festejó, feliz de haber mantenido la categoría.

Centre d'Esports L'Hospitalet precisaba un triunfo como el mismo oxígeno ante Unió Esportiva Figueres para no desbarrancar hacia el fondo de la Segunda División B española. El club catalán lo estaba consiguiendo la tarde del 7 de noviembre de 1998, gracias a un gol de Peri Ventura, pero el árbitro Carlos Clos Gómez otorgó un dudoso penal al equipo visitante, que igualó el tanteador y enmudeció el Estadi de la Feixa Llarga. Ramón Moya, entrenador local, estaba desesperado, y no era para menos: apenas había conseguido una sola victoria en seis partidos en casa. Sin embargo, cuando se jugaban tres minutos de adición y la igualdad parecía un hecho, llegó un centro al área y la cabeza del defensor Diego Martín desniveló la balanza a favor de L'Hospitalet. La conquista hizo estallar el coliseo y a Moya, quien salió despedido hacia su banca para abrazarse con sus asistentes. Pero, en su alocada carrera, se cruzó inesperadamente el línea Carmelo Bernat y el técnico, vaya uno a saber por qué, le estampó un sonoro beso en la mejilla. Bernat, perplejo, sólo atinó a levantar su banderín para llamar a Clos Gómez. Luego de escuchar el relato de su colaborador, el referí sacó su tarjeta roja y echó al afectuoso «míster». En el acta, Clos Gómez calificó el beso como «una actitud inapropiada». Para Moya, en tanto, «es mucho mejor hacer eso que tirarle piedras al árbitro o insultarlo». «El corazón va muy rápido y a veces no lo controlo», reconoció el simpático y apasionado entrenador.

Alessandro Veronese, goleador del equipo italiano ASD Calcio Battaglia Terme, desplegó al máximo su fama de galán en octubre de 1996. En un encuentro ante La Rocca Monselice, jugado en la cancha de la Via Reinaldi por el torneo regional del Véneto, Veronese anotó con un potente remate de 30 metros el segundo tanto de su equipo —también «su» segundo esa tarde—, que puso el tanteador 2 a 1. Para celebrar su doblete, el «artigliere» se quitó la camiseta azul y amarilla y la revoleó. Como ya estaba amonestado, la referí Anna de Toni le mostró a Veronese una nueva amarilla y, enseguida, la roja. El goleador quedó atónito y, antes de abandonar el campo, se acercó a la jueza, le estrechó la mano y le dio dos besos, uno en cada mejilla. Esta acción fue asentada por De Toni en su informe, que lo elevó al Tribunal de Disciplina. Tras analizar el caso, el consejo inhabilitó al delantero por dos partidos, uno más de lo que le correspondía por la «doble amarilla». En su resolución, el Tribunal determinó que «el insólito acto de confianza hacia el árbitro debe considerarse contrario al reglamento y castigado con una jornada de suspensión». Un fallo coherente: dos goles, dos amonestaciones, dos besos y dos fechas de penalidad.

Veronese la sacó barata, si se compara su castigo con el que recibió su colega holandés Martin Bennink, aunque corresponde destacar que este muchacho besó al referí, varoncito, ¡en la boca! Bennink, defensor de la escuadra amateur S.V. Wilhelminaschool de la ciudad de Hengelo, fue echado por protestar con vehemencia las decisiones del árbitro e injuriarlo. «Cuando me joden, me gusta besar demasiado», se justificó Bennink luego de comerle la trompa al hombre de negro. El Tribunal de Disciplina lo condenó a una suspensión de ocho partidos por ejercer «violencia física» y «asalto a la dignidad» del juez.

El periodista español Sergi Mas asegura que, en la década de los 70, el estadio Los Cármenes de Granada C.F. fue escenario de una curiosa situación. Apenas iniciado el juego entre el equipo local y Real Madrid C.F., el árbitro se acercó al técnico local y lo expulsó. «A la calle», le indicó el hombre de negro al asombrado entrenador, que no había insultado ni cometido ninguna falta contra nadie. La vertiginosa decisión arbitral estuvo sustentada, como las historias precedentes, en apasionados besos. Aunque, en este caso, entre el entrenador y la esposa del referí. El juez se aprovechó de su investidura para vengarse del responsable de sus cuernos. De regreso a su casa, el engañado volvió a esgrimir su tarjeta roja, para echar a su mujer del lecho conyugal.

Reputación

Tan hirviente quedó el inglés Steven Edwards con su expulsión, que demandó al árbitro por haberlo enviado a las duchas antes de tiempo. El curioso requerimiento se produjo en mayo de 2001, cuando Edwards, abogado de profesión y miembro de un equipo amateur, acudió a los tribunales porque, según su criterio, la roja había desacreditado su «reputación». El extraño caso surgió a raíz de un partido entre Real Fishponds F.C. y Green Parks Rangers F.C., en el cual el referí Alan Purnell amonestó dos veces a Edwards, de 33 años, por su «lenguaje grosero». Como amarilla más amarilla equivale a roja, el letrado fue desterrado al vestuario; de ahí corrió a un tribunal a reclamar que se citara al árbitro para que se retractara. Pero Purnell, a pesar de haber recibido la notificación judicial, nunca se presentó. «No podía creerlo cuando me llegó la citación. Es increíble. Fui referí durante 32 años y nunca me pasó algo así. Tener que comparecer ante los tribunales por una tarjeta roja me parece una farsa», se indignó. Edwards quedó esperando en vano, con su prestigio mancillado.

Más rojas que jugadores

Muchos equipos han perdido sus partidos al quedar con menos de siete integrantes por expulsiones masivas. Hubo también innumerables casos de violencia colectiva —con enfrentamiento de jugadores, entrenadores y asistentes— que derivaron en una marea roja con muchísimos echados, inclusive los 22 protagonistas. Lo que pocas veces sucedió es que, en un solo match, ¡hayan sido expulsados 36 futbolistas, todos los titulares y todos los suplentes!

La primera vez ocurrió en un juego de la Primera D (quinta categoría) argentina, entre los equipos C.A. Claypole y C.A. Victoriano Arenas. La «debacle total» ocurrió el 26 de febrero de 2011 cuando todos los jugadores protagonizaron una contienda de golpes y patadas —el marcador favorecía 2-0 al local— que obligó al árbitro Damián Rubino a echar a los 36 deportistas. Sin embargo, tres días más tarde, luego de observar con detenimiento las imágenes de un video, Rubino se rectificó y sólo fueron sancionados siete protagonistas, cuatro locales y tres visitantes.

La segunda «expulsión total» en encuentros oficiales ocurrió el 21 de octubre de 2012 en Caacupé, departamento paraguayo de Cordillera, donde se enfrentaron dos escuadras juveniles de los clubes Teniente Fariña y Libertad. El choque se desarrolló con normalidad hasta el minuto 87, momento en el que el árbitro Néstor Guillén echó a dos jugadores, uno de cada equipo. Al retirarse de la cancha, uno de los expulsados insultó al otro, que contestó con un escupitajo al rostro. El salivazo desencadenó una masiva contienda «todos contra todos», titulares y suplentes, que obligó a Guillén a no ser menos que su colega argentino y mostrar la roja 36 veces.

¿A cuántos expulsé?

El árbitro brasileño Francisco Lima contaba: uno, dos, tres, cuatro, cinco, seis... El cálculo no cerraba. Había sacado cuatro tarjetas rojas, pero el club Naútico —que el 15 de abril de 2003 había arrancado con once su duelo con Rio Negro, por la liga del norteño estado de Roraima— apenas sumaba seis futbolistas. ¿Dónde estaba el séptimo? Rio Negro ganaba 5-0 cuando, a los 72 minutos, Lima sacó su cuarto acrílico bermellón, todos para hombres de Naútico. Segundos antes de retomar las acciones en el estadio Flamarion Vasconcelos, al referí le pareció que algo no andaba bien, y decidió verificar cuántos muchachos quedaban con camiseta a rayas negras y rojas, idéntica a la del equipo italiano Associazione Calcio Milan. Así, advirtió que un jugador había desaparecido sin que él ni sus auxiliares lo advirtieran. Lima llamó al capitán de Naútico y, como éste tampoco sabía dónde estaba su compañero, dio por finalizada la velada. «Fue su único acierto del día», murmuró uno de los muchachos del equipo goleado.

Expulsión salvadora

El árbitro Alejandro Castro ya había agregado cuatro minutos, que prácticamente se habían consumido. C.A. Banfield se llevaba tres valiosos puntos del estadio José María Minella de la ciudad de Mar del Plata, donde el 15 de febrero de 2013 derrotaba por la mínina diferencia al equipo local, C.A. Aldosivi, con un gol de Carlos Rearte. La victoria del equipo del conurbano bonaerense era un hecho, no había posibilidades de que se diluyera porque, además del escaso tiempo disponible, Aldosivi tenía un jugador menos por la expulsión de Víctor Malcorra. Bueno, sí había una chance, muy pequeña, y la escuadra local no la desaprovechó. Cuando se jugaba el penúltimo minuto adicionado, el cuarto árbitro, Tomás Diulio, convocó a Castro para comunicarle que había sido insultado por el ayudante de campo del equipo local, Javier Molinari. El referí aceptó la denuncia y echó de inmediato a Molinari, lo que avivó un revuelo en el banco de suplentes del club marplatense, cuyos integrantes querían cenarse crudo a Diulio. Aplacados los ánimos y desaparecido Molinari por el túnel que llevaba a los vestuarios, Castro volvió a extender el duelo sesenta segundos más. Cuando el reloj marcaba los 51 minutos, el defensor izquierdo Walter Zunino aprovechó un rebote dentro del área visitante para sacar un zurdazo que superó al arquero Pablo Santillo y selló la igualdad definitiva. Una igualdad que no habría sido posible si Aldosivi no se hubiera «beneficiado» por la expulsión de uno de los hombres de su propio cuerpo técnico.

Por un pelo...

El delantero uruguayo Julio César Britos Vázquez (de reconocida trayectoria en C.A. Peñarol y Real Madrid C.F. y campeón del mundo en Brasil 1950, aunque no jugó ningún partido) se destacaba por una picardía que le permitió ensanchar sus condiciones y marcar muchísimos goles. Empero, una vez, una dosis de pillería mezclada en un peligroso cóctel con una medida de inexperiencia le costó una severa aunque valiosa lección. En 1943, mientras participaba en un clásico con Nacional entre equipos juveniles de cuarta división, Britos Vázquez, quien jugaba con una boina blanca —muchos futbolistas rioplatenses se valían de este complemento para no lastimarse la cabeza con la costura de tiento de las viejas pelotas—, fue expulsado durante el primer tiempo del tórrido duelo. En el descanso, el atacante le pidió a su técnico volver al campo para igualar el match que perdía Peñarol. El entrenador, consciente de que Britos Vázquez era su mejor arma ofensiva, accedió, aunque le preguntó cómo disimularía su irregular retorno. El muchacho, audaz como pocos, se quitó la boina, desplegó su larga cabellera, se quitó la camiseta de adentro del pantalón y subió sus arremangadas medias. La nueva apariencia del delantero convenció al técnico y al resto de los «botijas», y el astuto delantero retornó a la cancha. El referí y los rivales miraron con extrañeza al «suplente» mirasol, al que no lograban identificar a pesar de que su cara les resultaba familiar. Quien sí se dio cuenta de la trampa fue un veedor que, vaya casualidad, conocía del barrio al sagaz Britos Vázquez. El joven fue suspendido por seis meses, al ser hallado culpable de... ¡suplantarse a sí mismo!

Falta policial

El reloj marcaba 37 minutos del primer tiempo. Racing Club derrotaba como visitante 0-1 a C.A. Colón en Santa Fe por la octava fecha del Torneo Apertura 1999 de Primera División argentino y buscaba, de contraataque, la segunda conquista que sellara la victoria y le permitiera al equipo bonaerense avanzar en pos del ansiado campeonato que se le negaba por más de 30 años. En ese momento, un pelotazo encontró a Marcelo Delgado en una situación inmejorable, sobre el flanco izquierdo: el veloz delantero se la tiró larga a su marca, Hernán Díaz, y corrió solo hacia el arco defendido por otro Díaz, Leonardo. Pero, en su afán por eludir al defensor sabalero y volar hacia la valla rival, el atacante salió algunos centímetros del terreno de juego por la banda izquierda y embistió una formación de policías que, en una fila india paralela a la línea de cal, se dirigía hacia la popular visitante para reforzar el operativo de seguridad. «Fauleado» Delgado por los representantes de la Ley, Colón se recuperó de la arremetida académica que tenía más que olor a gol. Enfurecido por la acción dilapidada a expensas del infortunio, Delgado no encontró mejor descarga para su impotencia que insultar al cuarto árbitro, Juan Sciancalépore. El delantero fue echado de inmediato por el referí Claudio Martín y sus compañeros debieron masticar bronca. «El cuarto árbitro está al pedo, que justifique el sueldo. Tendría que haber controlado que la policía no estuviera allí», sostuvo el volante Fernando Quiroz. A los 14 minutos del complemento, Racing recibió otro golpe: la expulsión de Sixto Peralta. No obstante, a fuerza de un buen trabajo de su defensa, los nueve hombres de la Academia mantuvieron la diferencia mínima para ganar 0-1, con el gol que había marcado el propio Delgado antes de su conflicto con la policía.

El gran escape

Podría decirse que la actuación del equipo italiano Rimini Calcio F.C. fue heroica. Con tres jugadores menos, todos expulsados, logró un valioso 1-1 en casa, el estadio Romeo Neri, ante Castel San Pietro Terme Calcio, por la Lega Pro Seconda Divisione de la Serie C. Sin embargo, a pesar de la épica gesta que sus hombres lograron ese 26 de abril de 1998, el ánimo de los «tifosi» hervía. Culpaban al árbitro Antonio Manari de haberles quitado, con sus injustas tarjetas rojas, lo que, antes del match, parecía un triunfo indiscutible ante un débil rival. Con el pitazo final, los hinchas saltaron a la cancha y corrieron a Manari para «ammazzarlo» por su supuesta actuación deshonesta. El referí se refugió en su vestuario y poco faltó para que los fanáticos lo desollaran vivo. La policía intervino y pudo despejar el campo y la zona de los vestidores, mas cientos de rabiosas personas permanecieron fuera del coliseo profiriendo gritos amenazantes y lanzando piedras y otros proyectiles. Como no había salida posible —ni segura— por tierra, la policía local pidió asistencia a la Guardia di Finanza, un cuerpo especial de seguridad dependiente de los ministerios de Economía y del Interior. Este organismo envió una fuerza especial y dispuso que un helicóptero aterrizara en la cancha para evacuar al árbitro y a sus colaboradores. Manari pudo así regresar a salvo a Teramo, su ciudad. Nunca volvió a Rimini.

Improperios

El 8 de noviembre de 1972, por la sexta fecha del Torneo Nacional argentino, C.A. Huracán superaba en Parque de los Patricios a C.A. Estudiantes de La Plata 2-0. Los visitantes pugnaban por descontar y, poco antes del final del primer tiempo, lograron que el árbitro Washington Mateo les cobrara un penal, producto de una clara infracción. Sin embargo, a instancias de uno de los jueces de línea, que había visto la falta varios metros más atrás, Mateo cambió el disparo de 11 metros por un tiro libre fuera del área «quemera». La trascendental decisión irritó a los jugadores albirrojos, que desaprobaron el canje con enérgicos gestos y términos soeces dirigidos hacia el hombre de negro. En medio de la «montonera», el referí sacó su tarjeta roja y se la mostró al volante central Carlos Alberto de Marta, de quien creyó haber escuchado un nítido y grosero insulto. El match prosiguió y Huracán, con la diferencia numérica a su favor, estiró su ventaja a un 5-1 final. Mateo elevó su informe y una semana después De Marta fue citado a declarar por el Tribunal de Disciplina de la Asociación del Futbol Argentino. El jugador pasó por la sede de la calle Viamonte 1366, se presentó ante el cuerpo y, un día después, lo que pudo haber sido una dura sanción sólo se convirtió en una fecha de suspensión por «protesta de fallo», según el expediente 6.506 asentado en los registros de la entidad. ¿Por qué se dispuso aplicar un castigo tan leve? El tribunal consideró que el volante difícilmente había podido articular una injuria claramente audible por Mateo, y no sólo por el bochinche que imperaba en ese momento: ¡De Marta era sordomudo de nacimiento!

Otro que padeció una injusticia dialéctica fue el croata Damir Desnica, integrante del club HNK Rijeka, que el 7 de noviembre de 1984 visitó a Real Madrid en el estadio Santiago Bernabeu por la segunda ronda de la Copa UEFA. Desnica, también sordomudo, fue echado por el polémico árbitro belga Roger Schoeters. El referí juró haber escuchado que el jugador croata lo insultaba, pero nadie le creyó. HNK Rijeka había ganado el encuentro «de ida» 3-1, pero en España cayó 3-0, el número que necesitaba Real Madrid C.F. para pasar de ronda, luego de que Schoeters le regalara un inexistente penal y, de yapa, le echara tres jugadores a la escuadra balcánica. Además de Desnica, vieron la tarjeta roja Nikica Milenkovic y Boris Tičić. Años más tarde, el diario deportivo español *AS* entrevistó al futbolista sordomudo, con la asistencia de un intérprete. Cuando se le preguntó si recordaba ese partido, contestó: «Por supuesto, fue un robo escandaloso. Chendo me hizo dos penales y ese señor, Schoeters, no pitó ninguno. Me expulsaron por protestar, pero eso es imposible porque no puedo hablar. Ese árbitro no volvió a pitar en su vida, pero a nosotros nos dejó sin la mayor ilusión de nuestra carrera».

Luego de que cayeran las fronteras futboleras y los clubes europeos se volvieran cosmopolitas, las canchas se transformaron en verdaderas «torres de Babel» multilingüísticas, lo que dio lugar a no pocos malentendidos. Algunos, muy curiosos. En octubre de 1999, durante una edición del gran clásico español F.C. Barcelona-Real Madrid C.F., el referí Manuel Díaz Vega escuchó un cristalino insulto dirigido hacia su persona proveniente del delantero holandés del cuadro catalán, Patrick Kluivert, quien reclamaba el cobro de una fuerte falta del defensor visitante Iván Campo. Díaz Vega, sin vacilar, le mostró la roja. El atacante fue severamente reprendido por el capitán de Barça, Josep Guardiola, porque su salida se produjo en un momento clave del «derby». Los locales ganaban 2-1 y, con un hombre más en la cancha, los «merengues» lograron la igualdad. Al abandonar el vestuario, Kluivert apeló a una gastada excusa para justificar su expulsión: negó haber injuriado a Díaz Vega —a pesar de que las imágenes de televisión mostraron lo contrario— y se escudó en que no dominaba bien el idioma, «y a veces lo que digo no es lo que quiero decir». Extraño, porque justamente Kluivert era reconocido por su facilidad para aprender nuevas lenguas. Así lo acreditaron sus compañeros, entre ellos el defensor argentino Mauricio Pellegrino, quien en una entrevista otorgada a la revista *El Gráfico* recalcó que el holandés «es un fenómeno. A la semana de llegar a España dio una conferencia de prensa en castellano».

Díscolo

En enero de 1965, la federación paulista suspendió al referí Albino Zanferrari por quince días, debido a su desempeño en el caliente clásico Santos F.C.-Botafogo de Futebol e Regatas, ganado por la escuadra visitante. «Dirigió con personales reglas de juego», remarcó en su dictamen el tribunal de la federación que estudió el caso. ¿Qué terrible error había cometido Zanferrari? Haber mostrado la roja a Edson Arantes do Nascimento, el famosísimo «Rey» Pelé.

Hazañas

El 25 de enero de 1978, el C.A. Independiente se coronó campeón del Torneo Nacional argentino de 1977 tras remontar en la final un resultado adverso 2-1 con solamente ocho hombres, mientras que su rival, C.A. Talleres de Córdoba, conservaba intacta su alineación. El partido culminante se celebró en el estadio cordobés del barrio Jardín, luego de que en el encuentro «de ida», disputado en Avellaneda, ambas escuadras empataran 1-1 —tantos de Enzo Trossero y Ricardo Cherini, ambos de tiro penal—. En la revancha, los visitantes se colocaron en ventaja a los 29 minutos de la primera etapa mediante un cabezazo de Norberto Outes, pero a los 14 del complemento el árbitro Roberto Barreiro otorgó un dudoso penal a Talleres, que el mismo Cherini aprovechó para igualar las cosas. Dos minutos después, el puntero derecho local Ángel Boccanelli consiguió desnivelar la balanza en favor de su equipo, en una polémica maniobra que provocó la airada reacción de los «diablos rojos». Los once jugadores rodearon al referí para reclamar que el atacante cordobés había empujado la pelota con la mano hacia el fondo del arco defendido por Roberto Rigante. La protesta no sólo no cambió la decisión de Barreiro sino que, además, motivó las expulsiones de Omar Larrosa, Rubén Galván y Trossero por conducta desmedida. Pero a tres minutos de lo que hubiera sido el primer y único galardón para un cuadro cordobés en los certámenes de la Asociación del Futbol Argentino, Ricardo Bochini logró la conquista que le dio el título a Independiente, ya que el reglamento de la competencia indicaba que, en caso de igualdad de puntos y goles, los tantos «de visitante» eran considerados más valiosos. Bochini estructuró una fantástica jugada cargada de «paredes» construidas con sus compañeros Rubén Pagnanini, Mariano Biondi y Daniel Bertoni, y, rodeado de defensores albiazules que solamente cumplían el papel de espectadores de lujo, definió con gran maestría por sobre el cuerpo del guardameta Rubén Guibaudo.

Más relevante, aunque no resultó tan valiosa, fue la igualdad 3-3 que C.A. Estudiantes de La Plata consiguió en su estadio ante Grêmio Foot-Ball Porto Alegrense, el 8 de julio de 1983, por la segunda fase o ronda semifinal de la Copa Libertadores. Esa noche, luego de que el árbitro uruguayo Luis da Rosa echara a cuatro futbolistas locales —José Daniel Ponce, Marcelo Trobbiani, Julián Camino y Hugo Tévez—, el equipo platense se encontró con una abismal desventaja en cantidad de jugadores (7 contra 11) y en el marcador, 1-3. No obstante, gracias a un titánico esfuerzo y a los goles de Sergio Gurrieri y Miguel Ángel Russo, el club «pincharrata» consiguió una igualdad insospechada con cuatro hombres menos que su rival. La fecha siguiente, Estudiantes empató sin tantos en el estadio Pascual Guerrero de Colombia, ante América de Cali, y quedó eliminado. Gremio, en tanto, pasó a la final y se consagró campeón al vencer a C.A. Peñarol de Montevideo. Poco faltó para que la hazaña de La Plata se coronara de gloria copera.

Amnistías

El 19 de octubre de 1996, el estadio Millerntor de F.C. Sankt Pauli von 1910 fue escenario de un hecho único: en apenas unos minutos, un jugador vio la tarjeta roja, dejó la cancha, fue perdonado y volvió al juego. El extraordinario caso se concretó a raíz de una confusión del árbitro Jürgen Aust durante el duelo entre el equipo local y Sport-Club Freiburg por la Fußball-Bundesliga. En el segundo tiempo, el defensor Dieter Frey (camiseta número «2») cometió una fuerte falta y fue amonestado por Aust. El referí, de inmediato, expulsó a Frey porque, según sus anotaciones, el zaguero había sido amonestado en la primera etapa. Exasperado porque no recordaba haber recibido otra amarilla, el jugador corrió hacia el vestuario para sacarse la calentura con una ducha fría. Cuando ya estaba bajo el agua, Frey fue llamado por un asistente de su entrenador, Volker Finke. Uno de los líneas había advertido al árbitro que el amonestado en la mitad inicial había sido Martin Spanring (casaca «5») y no Frey, por lo que Aust dio marcha atrás con la roja y detuvo las acciones hasta que el expulsado se reincorporara. El defensor volvió a vestirse y retornó a la cancha, mas de poco sirvió la amnistía: Friburgo cayó de todos modos 2 a 0.

Otro referí que modificó su colorada decisión fue Juan Carlos Moreno, en el duelo que en diciembre de 1998 protagonizaron C.A. Ituzaingó y Defensores de Cambaceres por la Primera C argentina, aunque por una razón bien diferente. Moreno sancionó una infracción del delantero visitante Luis Alberto Monteporzi, quien montó en cólera y reprochó airadamente el fallo con fuertes insultos. El juez, acosado por los exabruptos del jugador, metió la mano en el bolsillo y, al extraer de allí su tarjeta roja, se escurrieron algunos billetes que descansaban junto al acrílico. El dinero comenzó a desparramarse por el césped con la ayuda de algunas ráfagas y los jugadores de Cambaceres (entre ellos el mismo Monteporzi), con gran habilidad, lo reunieron rápidamente y se lo devolvieron a Moreno. Ablandado por el noble gesto, el referí cambió roja por amarilla. Con sus once hombres en la cancha, Defensores se impuso 1-3.

En 1952, antes de que se establecieran la Copa Libertadores de América y la Copa de Campeones de Europa, un grupo de empresarios venezolanos creó un torneo de clubes que tuvo mucha repercusión y un nombre muy pretencioso: la Pequeña Copa del Mundo. Este campeonato, que no tenía un sistema de clasificación, se desarrollaba como un cuadrangular disputado por clubes seleccionados a dedo de Europa y América, como Real Madrid C.F., F.C. Barcelona, A.S. Roma, Sport Lisboa e Benfica, C.A. River Plate, Botafogo de Futebol e Regatas, São Paulo F.C. o Club de Regatas Vasco da Gama. El torneo se desarrolló durante 11 años, hasta 1963. Ese año, mientras se jugaba la Copa, un grupo guerrillero local llamado Fuerzas Armadas de Liberación Nacional secuestró nada menos que a la máxima estrella de Real Madrid, el argentino Alfredo di Stéfano. El futbolista permaneció en cautiverio durante 72 horas y, si bien fue muy bien tratado y su vida nunca estuvo en riesgo, el episodio asustó a los equipos extranjeros que se negaron a regresar. La primera edición de la Pequeña Copa del Mundo tuvo como gran protagonista, casualmente, a Di Stéfano, aunque no como miembro del club «merengue» sino de Millonarios F.C. de Colombia, su primer equipo fuera de Argentina. El 27 de julio de 1952, Millonarios —al que le llamaban «El ballet azul» por la calidad de sus jugadores y el color de su camiseta— enfrentó, casualmente, a Real Madrid en el estadio del club local Universitario de Caracas. El encuentro ofreció un fantástico espectáculo de gran nivel técnico con algunas pinceladas de juego brusco. Uno de esos ásperos episodios lo protagonizaron el propio Di Stéfano y el delantero gallego Manuel Fernández Fernández, alias «Pahiño», quienes se tomaron a golpes de puño en medio de la cancha (una curiosidad extra: un año más tarde, el argentino llegaría a Real Madrid y desbancaría a Pahiño quien, sin lugar entre los titulares, emigraría a Deportivo La Coruña). El arbitro local, Rubén Sainz, echó a los dos combatientes, mas ninguno quiso salir del campo. La negativa y la falta de tarjetas rojas —inventadas una década y media más tarde— originaron una enérgica discusión que se extendió durante 15 minutos, hasta que Sainz se hartó y ordenó que el match prosiguiera con sus 22 protagonistas originales. El duelo terminó 1-1 y el gol de Millonarios, lógico, lo anotó Di Stéfano, pocos minutos después de haber gozado de la indulgencia del referí.

La tercera final de la Copa Intercontinental de 1967 entre Celtic F.C. de Escocia y Racing Club de Argentina (habían ganado respectivamente como locales los partidos de «ida y vuelta») fue una carnicería. El desempate, jugado el 4 de noviembre en el estadio Centenario de Montevideo, tuvo más de boxeo y lucha libre que de futbol. Los veintidós protagonistas demostraron conocer un notable repertorio de puñetazos y patadas que repartieron a destajo, por lo que el duelo no fue nada fácil para el árbitro paraguayo Rodolfo Pérez Osorio. Según indicó el periódico español *El Mundo Deportivo*, de alguna manera imparcial, «el partido ha sido de una gran dureza, menudeando las acciones violentas y las agresiones». El referí tuvo trabajo extra, ya que, además de tener que lidiar con la barrera idiomática que lo separaba de los europeos, debió expulsar a seis futbolistas: Alfio Basile y Juan Carlos Rulli del equipo argentino, y Robert Lennox, John Hughes, James Johnstone y Robert Auld del bando escocés. Empero, el trascendental match —ganado por Racing 1-0— finalizó con 17 hombres en la cancha. ¿Por qué? Porque Auld —un talentoso volante héroe de la final europea jugada en Lisboa ante F.C. Internazionale Milano de Italia— se negó a abandonar el césped. Pérez Osorio y el mediocampista celta mantuvieron un agrio «diálogo» que terminó cuando el juez se cansó y, en virtud de que faltaban segundos y parecía imposible que se modificara el marcador, ordenó que prosiguiera el encuentro. Con un jugador de más, Racing controló las acciones y obtuvo la primera Intercontinental para el futbol argentino. Pasado el calor de la final, los dirigentes de ambas escuadras mostraron conductas muy contradictorias: mientras Celtic multó a cada uno de sus hombres con 250 libras por el bochornoso espectáculo pugilístico, los de Racing recibieron un auto per capita. Por la conquista del trofeo, desde luego.

No me voy

Oldham Athletic AFC nunca ganó el torneo de Primera División de Inglaterra, pero estuvo muy cerca de lograrlo en la temporada 1914/15. El título se le escapó por sólo un punto y quedó en poder de Everton F.C., gracias a una extraña situación. El 3 de abril de 1915, Oldham Athletic, puntero del campeonato, viajó hasta el estadio Ayresome Park para enfrentar a Middlesbrough F.C., que se encontraba muy cerca de la zona de descenso. Empero, esa tarde Boro estuvo muy inspirado y a los 10 minutos de la segunda etapa ya estaba 4-1 arriba del líder en el marcador, gracias a un penal convertido por Walter Tinsley tras una fuerte falta del defensor visitante Billy Cook. Segundos después de la cuarta conquista, Cook metió otro brusco puntapié y el juez Harry Smith le comunicó su expulsión. Pero el zaguero, enfurecido por lo que consideraba un arbitraje parcial, se negó a salir de la cancha. Frente a la porfiada actitud de Cook, Smith suspendió el match. Días más tarde, la Football Association le dio por ganado el encuentro a Middlesbrough y suspendió a Cook por doce meses. Sin uno de sus futbolistas más importantes, Oldham perdió el envión victorioso y resignó el título a manos de Everton.

Sin entrar

¿Puede una persona ser echada de un lugar al que no había ingresado? Claro, ¡sólo debe ser futbolista! El ejemplo más claro y reconocido lo encarnó el ágil delantero argentino Claudio Caniggia, quien el 12 de junio de 2002 fue expulsado sin haber pisado el césped del estadio japonés Miyagi. Ese día, Argentina enfrentó a Suecia por el grupo F del Mundial de Corea-Japón y «Cani», quien estaba sentado en el banco de suplentes junto al técnico Marcelo Bielsa, vio la roja por haber insultado al referí de Emiratos Árabes Alí Bujsaim.

Otro que padeció la furia de un árbitro sin haber cruzado la línea de cal fue el arquero suplente del club español Real Betis Balompié, Joaquín Valerio, el 10 de diciembre de 2000. Al meterse en el túnel del estadio Carlos Belmonte de Albacete Balompié, Valerio —ex jugador del local— vio al referí Fidel Valle Gil en una animada charla con un directivo de la escuadra manchega. Enfurecido, el portero se acercó al dirigente y, sin cuidar el tono de su voz, le preguntó, frente a la cara del hombre de negro: «¿Cómo saludas a este gilipollas, con la que nos lió en Eibar?», en referencia a un partido en el que Albacete había perdido su ascenso a Primera cuatro años antes, con el propio Valerio bajo los tres palos. Ofendido, Valle Gil sacó su tarjeta roja y se la exhibió al jugador bético, que quedó así inhabilitado para sentarse en el banquillo. Como el equipo andaluz no había llevado un tercer arquero, no hubo suplente para Antoni Prats, quien de todos modos no sufrió ningún percance ni goles en contra: el match terminó en paz y con el tanteador en cero.

El 16 de diciembre de 1989, AFC Bournemouth y Barnsley F.C. disputaron un valioso partido para la «tabla de abajo», ya que las dos escuadras estaban en riesgo de descenso a la League Division Two, la tercera división de Inglaterra. Durante la segunda mitad, con su escuadra abajo 1-0, el entrenador de Barnsley, John Hendrie, mandó a calentar al hábil mediocampista Ian Banks. Mientras Banks corría por uno de los laterales junto a uno de los jueces de línea, Bournemouth anotó su segundo tanto. El volante, convencido de que el autor del gol había estado en posición adelantada, se quejó al *linesman* con duros términos. El asistente llamó al árbitro, le explicó lo ocurrido y Banks se fue expulsado sin haber cruzado antes la línea de cal.

Carlos Leeb, pobre, corría de una punta a otra, al costado de la cancha de C.A. Banfield, para estar «a punto» cuando le tocara ingresar en reemplazo de un compañero en el equipo dueño de casa. Pocas veces se lo había visto tan entusiasmado al delantero: ocurría que, justo esa tarde, 22 de mayo de 1999, «el taladro» enfrentaba a su ex club, C.A. Chacarita Juniors, y Leeb no se lo quería perder por nada del mundo. Sólo ansiaba jugar, aunque más no fuera un minuto. Pero el destino hizo que se distrajera con una acción cercana y, en uno de sus piques, sus piernas tropezaran con las del línea Gabriel Rivolta. El asistente, un tipo de pocas pulgas, llamó de inmediato al árbitro Rubén Favale para denunciar la «agresión». El referí aceptó la imputación y con su tarjeta roja envió al infeliz suplente a las duchas. Desconsolado por lo que creía una injusticia (en efecto, lo era), el atacante se fue al vestuario en un mar de lágrimas por no haber podido concretar su ilusión.

Después de jugar

El veneciano Mattia Collauto, dueño de una vasta trayectoria de casi quinientos partidos en las series B y C italianas, nunca olvidará la aciaga tarde del 7 de marzo de 1999 en el estadio Giovanni Zini. El mediocampista de U.S. Cremonese, que había sido sustituido a los 66 minutos, optó por seguir viendo desde el banco de suplentes el encuentro que su club ganaba 0-1. En el segundo minuto adicionado, Treviso F.C. igualó el duelo tras una polémica jugada. Irritado por entender que había existido una falta de un futbolista visitante en una acción previa a la conquista que equilibró el tanteador, Collauto volvió a meterse en la cancha para discutir con el árbitro. Bueno, en verdad no irrumpió para protestar, sino directamente para insultar al referí. El veneciano, de este modo, ¡recibió una tarjeta roja 26 minutos después de haber sido reemplazado!

Rapiditos

Decenas de futbolistas en todo el mundo se han ganado la tarjeta roja sin tocar siquiera el balón, por insultar o agredir a un rival antes de entrar en juego. En Primera División, el más rápido fue el brasileño Zé Carlos, de Cruzeiro Esporte Clube, quien fue expulsado a los 7 segundos de iniciado el clásico de Minas Gerais ante Clube Atlético Mineiro, por una violenta falta. La tarde del 12 de julio de 2009, apenas sonó el silbato en el estadio Mineirão, Zé Carlos cruzó la raya central y le metió un codazo a Renan, uno de sus rivales. El árbitro, Paulo Cesar Oliveira, le mostró la roja sin hesitar. Con un hombre de más todo el partido, Atlético Mineiro se impuso 0-3 y trepó así a la punta del Brasileirão. El delantero de Cruzeiro pulverizó, de esa manera, el récord de Giuseppe Lorenzo, de Bologna F.C. 1909, quien había visto el cartón bermellón a los 10 segundos ante Parma F.C., el 9 de diciembre de 1990.

El récord dentro del futbol profesional, aunque en una categoría de ascenso, se produjo el 28 de diciembre de 2008 en la Southern Premier Division inglesa. Ese día, apenas se inició el partido entre Chippenham Town F.C. y Bashley F.C., el delantero local David Pratt salió disparado hacia el campo opuesto y le lanzó un planchazo al mediocampista visitante Chris Knowles. El referí Justin Amey extrajo de inmediato su tarjeta colorada y dejó a Chippenham Town con uno menos a los 3 segundos. Bashley aprovechó la ventaja y se impuso 1-2.

¿Puede una expulsión ser todavía más veloz? Claro que sí, aunque para ello debió ocurrir una de las situaciones más bizarras de la historia del futbol. El 8 de octubre de 2000, para dar inicio al choque Taunton East Reach Wanderers-Cross Farm Celtic, por la tercera división de la Sunday League de Taunton, en el sur de Inglaterra, el árbitro Pete Kearle sopló con fuerza su silbato sin advertir que se encontraba apenas a unos centímetros del oído de uno de los jugadores, el delantero visitante Lee Todd. El muchacho, que aguardaba de espaldas el comienzo del match, saltó sorprendido por el estridente pitazo. «Mierda, joder, qué fuerte», gritó, palabra más, palabra menos, el aturdido Todd. El referí entendió que el joven de 22 años lo había insultado y en un rápido gesto hizo aparecer su acrílico rojo. Tan presuroso actuó el árbitro que la escena, aunque aquí parezca más extensa, se desenvolvió en sólo... ¡dos segundos! De nada sirvió que Todd jurara por sus ancestros que lo suyo no había sido un agravio hacia el juez, sino una simple expresión de sorpresa tras ser asaltado por el estrépito: Kearle no quiso dar marcha atrás a su decisión. Todd dejó la cancha y pocos días después sufrió un nuevo revés cuando la Football Association lo suspendió por 35 días y le aplicó una multa de 27 libras. Entre tanta desgracia, al delantero le quedó como consuelo que su equipo, con un hombre de menos todo el partido, obtuvo una sensacional victoria por 11 a 2.

Tres rojas en cuatro días

¿Alguien podrá igualar el récord del torpe defensor albanés Agim Shabani? Este zaguero del club noruego Fredrikstad FK fue expulsado por reiteradas faltas el 24 de junio de 2007, día en el que su club cayó como visitante por 2 a 1 ante Strømsgodset IF por la Premier League del país nórdico. Al día siguiente, Shabani —de apenas 19 años— fue convocado para jugar un encuentro de reserva. El muchacho no pudo con su genio y otra vez vio la tarjeta roja por pegar unas cuantas patadas. El 27, dos jornadas más tarde, el joven defensor volvió a vestir la camiseta blanca de Fredrikstad FK por la Copa de Noruega, ante Nybergsund IL-Trysil. Sí, señor lector, adivinó: Shabani volvió a ser echado y su equipo cayó, como local, 1-2. Si el albanés no figura en el Guinness es porque a nadie se le ocurrió informar esta fantástica «hazaña» de tres rojas en cuatro días al prestigioso libro de los récords.

La prueba

Los futbolistas profesionales expulsados suelen presentarse ante el tribunal de disciplina correspondiente para disculparse o justificarse, a fin de no recibir una sanción que los aleje demasiado de las canchas. En los últimos años, es cada vez más frecuente que los deportistas acompañen su descargo con un video, sobre todo cuando las jugadas son polémicas y pueden interpretarse de distintas maneras. A veces, la prueba no ayuda; otras, saca las papas del fuego, inclusive de la forma más extraña. El 11 de febrero de 1996, Santos F.C. y Sport Club Corinthians Paulista igualaron en dos tantos durante un match muy caldeado del torneo de San Pablo, que también terminó 2-2 en expulsiones. Uno de los que vieron la tarjeta roja fue el goleador visitante Edmundo, célebre por su mal carácter y una propensión a las peleas a trompadas que le granjearon enemigos en todas las canchas. El colérico delantero, quien esa tarde había anotado el primer tanto de su equipo, fue echado tras aplicarle un mamporro en el rostro al defensor rival Sandro. Un par de días más tarde, Edmundo concurrió a la sede de la Federação Paulista de Futebol para poner paños fríos a la decisión del cuerpo encargado de dictar justicia. El delantero del Timão llevó consigo una cinta de video con imágenes del partido para justificar que no había tenido intención de maltratar a su colega y demostrar que el golpe había sido accidental. Pero, cuando colocó el casete en el reproductor, en lugar del duelo futbolero apareció en la pantalla un dibujo animado protagonizado por el perro Scooby Doo. Rojo, esta vez de vergüenza por el error, Edmundo se disculpó por haber confundido la cinta del partido con una de su pequeño hijo y por la imposibilidad de aclarar el incidente. Sin embargo, el gracioso y canino embrollo ablandó a los miembros del tribunal de penas, que habilitaron al goleador para actuar el domingo siguiente ante Sociedade Esportiva Palmeiras. Según los jueces, frente a Santos, Edmundo se había comportado como la dulce perrita Lassie.

Reproche al desnudo

El técnico de Itaperuna Esporte Clube, Paulo Matta, explotó. Además de sufrir «un gol en off side» del atacante rival Edmundo (sí, el mismo de la historia anterior) que liquidó 2-3 el duelo del estadio Jair Bittencourt a favor de Club de Regatas Vasco da Gama, por la Copa Carioca de 1997, el árbitro José Carlos Santiago le había echado tres hombres. Furioso por ver diezmado su equipo y su trabajo, Matta saltó a la cancha, se acercó al referí y se bajó los pantalones para mostrarle su trasero. «Le pregunté si también lo quería», se desbocó el técnico ante los micrófonos de la prensa, que se hizo un festival con el insólito episodio. «Fui desnudo porque estoy cansado de trabajar honestamente sólo para ser escandalosamente robado», aseguró el nudista entrenador, que agregó que «el futbol en Río de Janeiro es una vergüenza». Tras recibir una dura sanción de 400 días de suspensión, Matta resolvió abandonar su carrera de entrenador y comenzar otra... ¡como cantante!

Roja al verde

Al referí Gary Bailey le molestaba el eco. Cada vez que pitaba, desde un costado de la cancha un silbido idéntico replicaba sus órdenes, lo que confundía a todo el mundo en el estadio comunal de la ciudad inglesa de Hatfield, situada a unos 40 kilómetros al norte de Londres. Bailey soplaba, el juego se reanudaba y la resonancia fantasma paraba todo de nuevo. Así, por supuesto, el choque de cuartos de final del Herts Senior Centenary Trophy, entre Hertford Heath F.C. y Hatfield Town F.C., no podía continuar. Harto de tanto desconcierto, el árbitro paró el juego para determinar el origen del embrollo, hasta que lo encontró en una casa vecina: un verde papagayo senegalés que se divertía de lo lindo imitando al hombre de negro mientras miraba el juego desde su jaula. El plumífero «Me-Tu» era, además, la mascota del equipo local. Con gran sentido del humor, Bailey se acercó a la ventana y mostró su tarjeta roja al ave, lo que provocó carcajadas a los futbolistas y los 150 espectadores. Luego, tocó el timbre de la vivienda y solicitó a la dueña del papagayo, Irene Kerrigan, que mudara a su mascota a otro sector de la residencia hasta que finalizara el match, pedido al que la mujer accedió de buen modo. Solucionado el fastidioso incidente, el referí reanudó las acciones y el partido se desarrolló sin nuevas interferencias. Hatfield se impuso 2-5 y los eliminados muchachos de Hertford Heath argumentaron con amargura que, indudablemente, la derrota se había definido a partir de la expulsión de «Me-Tu», su talismán.

Reacciones locas

Insultos, golpes y salivazos son reacciones tan repudiables como «normales» después de una tarjeta roja. A nadie le gusta dejar la cancha antes de tiempo y, con las pulsaciones a mil, un comportamiento violento es hoy moneda corriente en todos los coliseos del mundo. Sin embargo, hay futbolistas que han demostrado ser más originales que otros a la hora de expresar su bronca, como el delantero argentino Sergio Ibarra. El 25 de febrero de 2000, luego de que el árbitro Carlos Hernández —a cargo del duelo Pesquero de Huancayo-F.C. Melgar de Arequipa de la Primera División peruana— exhibiera su acrílico rojo al jugador local Lino Morán, Ibarra se acercó al hombre de negro y... ¡le metió la mano en la cola! El manilargo —o «dedilargo»— fue también expulsado y recibió una sanción de seis meses de parte de la Comisión de Justicia de la Asociación Deportiva (CJAD). Melgar se impuso sólo 0-3 aunque el encuentro terminó de manera precipitada: al verse en inferioridad tanto en el marcador como en la cancha, tres hombres de Pesquero (hoy llamado Deportivo Wanka) simularon lesiones para que el duelo acabara ahí mismo y la goleada no adquiriera dimensiones de catástrofe.

Más «juguetones», si cabe la expresión, estuvieron los integrantes del equipo amateur Migliaro. En enero de 2008, esta escuadra del departamento uruguayo de Salto sufrió cinco expulsiones ante sus rivales del club Tío (¡sí, así se llamaba!). Como repudio a la marea roja que los había dejado sin la cantidad mínima reglamentaria para seguir con el partido, de siete jugadores, los futbolistas rodearon al referí Juan Carlos Silveira y, en una rápida maniobra, le quitaron la ropa. El desamparado árbitro fue rescatado por la policía cuando había quedado en calzoncillos.

Otro que no la tuvo fácil fue el referí Claudio Aranda en el encuentro entre Club de Deportes Antofagasta y Club de Deportes La Serena, en abril de 2003, por la Segunda División de Chile. Luego de que el equipo local anotara el 2-1, los jugadores de La Serena se le fueron al humo para protestar un presunto off-side. En medio del tumulto, Aranda expulsó al volante argentino Rodrigo Riep. Mientras los visitantes continuaban con su reclamo, Riep vio que al referí se le había caído la otra tarjeta, la amarilla. Ciego de ira, el ex jugador de C.A. River Plate tomó el acrílico y, como si tuviera cuchillos en los dedos, lo destruyó en mil pedacitos. «La rompí de calentura. Ni lo pensé, fue un instinto. La dejé hecha pedazos. La tarjeta era de plástico, pero estaba tan caliente y andaba con mucha fuerza, que me pareció de cartón», contó Riep. Las imágenes sirvieron al Tribunal de Disciplina para sancionar al volante con cuatro fechas de suspensión: una por la falta que motivó su expulsión y tres por su insólita reacción. «Cuando hablé con mi viejo y le conté todo, me dijo: "Nene, acá te mandaban a la cárcel"», narró con humor. Su colega italiano Fernando d'Ercoli tuvo una actitud parecida, aunque «gourmet»: tras ser echado en el encuentro ASD Pianta-ASD Ronta F.C. Arpax, jugado en 1989 por una liga regional, D'Ercoli le arrebató al juez su tarjeta colorada y... ¡se la comió!

El inglés Darren Painter, por su parte, se valió de un asqueroso recurso para protestar su exclusión en noviembre de 1999. Painter —defensor de Buckland Athletic F.C. de la Berkshire League— se acercó al juez que le había mostrado la tarjeta colorada, se bajó el pantaloncito y... ¡lo orinó! Por supuesto, la inmunda reacción no resultó gratis para el zaguero: fue echado de por vida de la liga y también de su propio club.

Otro muchacho que demostró tener muy mal carácter fue el húngaro Balázs Molnár. El 20 de agosto de 2010, Lombard-Pápa TFC derrotaba 2-1 a Szombathelyi Haladás por la Primera División magiar. A los 55 minutos, el mediocampista visitante Gábor Nagy taló desde atrás al defensor rival Attila Rajnay. Fiel intérprete del reglamento, el árbitro Miguel Álvaro García —de nacionalidad chilena pero trabajando en Hungría— sacó su tarjeta roja y se la mostró al feroz Nagy. La sanción irritó a Molnár: con un manotazo, el mediocampista le arrebató el acrílico a García y se lo mostró, en señal de expulsión, al propio referí, para luego arrojarlo al césped. Sin perder la calma, el chileno recuperó su tarjeta, esperó a que Molnár se serenara un poco y lo echó por su desvergonzada actitud. Con dos jugadores menos, Szombathelyi Haladás terminó cayendo por 5 a 1.

Por destrozón

En 1975, Athlone Town F.C. recibía a Saint Patrick Athletic F.C. en Saint Mel's Park por la liga de Primera irlandesa. Aburrido por el notable dominio de su equipo, el arquero local, Mick O'Brien, empezó a colgarse del travesaño para matar el aburrimiento, hasta que logró sentarse sobre el «horizontal». Pero el madero, algo gastado, no soportó el peso de O'Brien y se partió. El arquero quedó tendido encima de la red de la valla destruida y el árbitro, que ya había observado la reprochable conducta de O'Brien, le mostró la tarjeta roja. El encuentro continuó luego de que un carpintero local arreglara el larguero quebrado.

Tripleta

La derrota 2-1 de Dundee F.C. en su visita a Clyde F.C., el 16 de diciembre de 2006 por la Scottish Football League First Division, segunda categoría escocesa, puso muy nervioso al delantero Andy McLaren. A pesar de que todavía quedaba tiempo para igualar el tanteador —restaban dos minutos para los 90 y al menos otros tres de recuperación—, McLaren se olvidó del arco rival y le zampó un trompazo a su oponente Eddie Malone. La artera acción fue advertida por el árbitro, Dougie McDonald, quien extrajo su tarjeta roja para echar del terreno al patotero jugador visitante. Pero McLaren, un hombre que ya había tenido problemas con las drogas y el alcohol, no se sació y fue por más: antes de cruzar la línea de cal del estadio Broadwood, estampó su puño en el rostro del defensor de Clyde Michael McGowan. Mientras el boxeador era sacado por sus propios compañeros y algunos auxiliares, McDonald se acercó y volvió a mostrar el acrílico colorado al futbolista que ya había expulsado. Mas los incidentes no terminaron allí. Finalizado el juego, sin que se modificara el tanteador, McLaren corrió hacia el vestuario del referí para intentar aliviar el lapidario informe que, sospechaba, iba a destrozar su carrera. Pero, al encontrarse con la puerta cerrada y la negativa a dialogar de McDonald, el delantero lanzó una violenta patada que agujereó la puerta del camarín. El árbitro salió al pasillo, exhibió su tarjeta bermellón a McLaren por tercera vez en esa misma tarde. Por supuesto, McDonald, quien no era ningún estúpido, desplegó su innecesario gesto mientras el furioso Andy era sujetado por una docena de policías. Cuatro días más tarde, McLaren sufrió un durísimo revés: el tribunal de penas lo suspendió por ocho fechas y su propio club cortó de cuajo su contrato. Los directivos no le perdonaron que el nombre Dundee F.C. quedara pegado al del único futbolista de la historia que recibió tres rojas en un solo partido.

Expulsión sobre ruedas

Se habían cumplido los 90 minutos y Ghana, la selección local, perdía la semifinal de la Copa Africana de Naciones 2008 ante Camerún, en el bullicioso estadio Ohene Djan Sports, de Accra. Ese 7 de febrero de 2008, los «leones indomables» defendían con uñas y dientes una victoria importantísima sostenida en un gol de Alain Nkong, a los 71. En el comienzo del breve período adicionado, el defensor visitante Rigobert Song quedó tendido en el césped luego de chocar contra su propio arquero, Idriss Kameni, y el atacante rival Junior Agogo. De inmediato, un carrito con auxiliares ghaneses entró a la cancha para retirar al capitán camerunés y permitir que el juego se reanudara rápidamente. Pero entre los asistentes y Song se interpuso, furioso, otro de los zagueros visitantes, Andre Bikey-Amougou, quien comenzó a sacar a empujones a los intrusos, uno de los cuales terminó enterrado de cabeza en la hierba. El árbitro marroquí, Abderrahim El-Arjoun, fue terminante al aplicar el reglamento y echó al desubicado defensor visitante. Camerún completó su victoria y clasificó para la final, aunque allí, sin la vital presencia del suspendido Bikey-Amougou, cayó 1-0 ante Egipto.

Cambio y adentro

El 8 de febrero de 2000, en Prenton Park, el equipo local, Tranmere Rovers F.C., de la Primera División —la segunda categoría inglesa—, derrotaba 1 a 0 (gol de Wayne Allison a los 25 minutos) a Sunderland AFC, de la Premier League, por la cuarta ronda de la F.A. Cup inglesa. A pocos minutos del final, cuando Sunderland peloteaba al equipo local en pos de la igualdad, el defensor Clint Hill cometió una fortísima infracción a centímetros del área de Tranmere. El árbitro Rob Harris cobró la falta y echó a Hill por la violenta acción. Casualmente, unos segundos antes, el entrenador John Aldridge había ordenado la sustitución de Hill por Stephen Frail. Cuando el defensor se acercó a la línea media, el cuarto árbitro David Unsworth, quien no había advertido la expulsión, permitió que Frail ingresara por su compañero. Tanta confusión terminó por desbordar a Harris, quien no notó que el suplente, mal incluido, se había sumado a los zagueros. Para colmo, fue el mismo Frail el que rechazó, de cabeza, el centro lanzado desde el lugar de la falta que había cometido su compañero excluido. Tranmere continuó con sus once jugadores por algunos segundos, hasta que el técnico visitante, Peter Reid, avivó al referí. Al reparar en su error y el de su asistente, Harris mandó a Frail de regreso a su lugar entre los suplentes. Tranmere ganó finalmente por la mínima diferencia. Dos días después, el comité supervisor de la competencia ratificó el resultado y absolvió al conjunto vencedor de cualquier culpa. Al árbitro, en tanto, se lo suspendió por una fecha, a pesar de que ya se le había asignado el choque copero entre Gillingham F.C. y Bradford City AFC. El comité justificó la equivocación al señalar que «el referí y sus asistentes estaban bajo un considerable nivel de presión», y comunicó a Sunderland que «sus decisiones son finales, y por el bien del juego deben ser aceptadas». El club albirrojo no sólo las aceptó, sino que, en un gesto difícil de encontrar en canchas de otras latitudes, Peter Reid dijo a la prensa que «según nuestro punto de vista no es la mejor decisión, pero la acatamos. Le deseo buena suerte a John (Aldridge) y a su gente, y todo lo mejor ante Fulham». Tranmere siguió de racha y en la siguiente ronda derrotó «con regularidad» a Fulham F.C., también de la Primera División, por 2 a 1, hasta que en el match siguiente cayó ajustadamente ante el poderoso Newcastle United F.C. por 3 a 2.

Esta historia tiene como antecedente un caso casi idéntico, aunque con otro final. El 10 de enero de 1937, durante la Copa América celebrada en Argentina, la selección local vencía a Perú 1 a 0 en la cancha de C.A. San Lorenzo de Almagro —gol del delantero de C.A. Estudiantes de La Plata Alberto Zozaya— pero la pasaba muy mal: el equipo visitante atacaba por todos los frentes en pos de conseguir la igualdad. A los 84 minutos, el referí uruguayo Aníbal Tejada echó al defensor local Antonio Sastre. Según los medios de la época, la medida de Tejada fue injustificada, pero de todos modos, a pesar del fallo, Argentina continuó el encuentro con once hombres. Como ya se mencionó en otros pasajes de este libro, hasta 1968 no existían las tarjetas amarilla y roja y los árbitros informaban sus fallos «de palabra», con algún gesto que no siempre era fácil de precisar a la distancia. Mientras el expulsado Sastre se acercaba a la línea de cal, el técnico argentino Manuel Seoane, en una rápida y hábil maniobra, hizo ingresar a Héctor Blotto en «reemplazo» del sancionado. Tejada no alcanzó a ver la estratagema, y sus jueces de línea y el «banco» peruano, de manera ingenua, supusieron que se trataba de un reemplazo convencional —en ese tiempo tampoco se permitían los cambios en los campeonatos de liga, mas el reglamento de la Confederación Sudamericana de Futbol (CONMEBOL) sí los autorizaba para este torneo— y no denunciaron el hecho al referí. En igualdad de condiciones, el conjunto de Argentina resistió el embate peruano y terminó el encuentro victorioso por la mínima diferencia. Este resultado fue clave para el local, que culminó la rueda «todos contra todos» en el primer puesto junto a Brasil, ambos con ocho puntos. Si Perú hubiera igualado, el trofeo habría viajado de manera directa hacia Río de Janeiro en poder de los hombres que dirigía Adhemar Pimenta. Pero, al registrarse una paridad, se jugó un desempate el primero de febrero, otra vez en el estadio de San Lorenzo: Argentina se impuso a Brasil por 2 a 0 y levantó la Copa América por quinta vez.

Por si acaso

Durante el férreo gobierno de más de 30 años del dictador socialista Nicolae Ceaușescu, el equipo rumano F.C. Steaua București, el favorito del tirano, gozó de un inusual privilegio que le permitió, entre otros beneficios, mantenerse invicto a lo largo de 104 partidos, entre 1986 y 1989 —precisamente el año de la caída del déspota—. El 7 de mayo de 1986, este equipo obtuvo la Copa de Campeones de Europa —gracias a una magistral tarea de su arquero Helmut Duckadam, quien contuvo los cuatro disparos de F.C. Barcelona en la definición por penales de la final jugada en la ciudad española de Sevilla— en medio de serias sospechas de corrupción arbitral que envolvieron varios encuentros del torneo. En ese período oscuro, un referí fue a la cárcel durante un año por el delito de... ¡anular un gol de Steaua por «off side» en la liga local! Tras el régimen de Ceaușescu, el equipo no parece haberse desprendido del favoritismo arbitral. El 7 de junio de 2006, Steaua llegó a la última jornada del campeonato rumano «cabeza a cabeza» con F.C. Rapid București, uno de sus más encumbrados rivales en la Liga 1. Ese día, Steaua visitó a F.C. Vaslui, al que derrotó sin problemas 0-4. Sin problemas, gracias a que el árbitro Sebastian Colțescu le regaló un penal a los 5 minutos, convertido por Mirel Rădoi. Una tripleta de Nicolae Dică completó el marcador. Rapid, en tanto, viajó a la cancha de C.S. Jiul Petroșani, donde consiguió un saldo radicalmente diferente. El referí Anton Heleșteanu expulsó a los 17 minutos al jugador visitante Daniel Niculae y, cuatro más tarde, a su compañero Marius Constantin. Como los muchachos de Jiul se fueron al descanso sin poder vulnerar la valla del arquero Dănuț Coman, Heleșteanu volvió a salir en su auxilio: a los 50 echó a Vasile Maftei y, ante el persistente 0-0, un cuarto de hora más tarde le sacó la roja al invencible Coman. Empero, frente a la falta de puntería de los futbolistas locales y las buenas atrapadas del portero suplente Mihai Mincă, el juez dijo «basta» y a los 74 inventó un penal que, por fin, fue convertido por Alin Paleacu. Mientras los locales celebraban la apertura del marcador, que aseguraba el título para Steaua, el árbitro «oyó» un insulto de Romeo Stancu que lo «obligó» a decretar la quinta expulsión en perjuicio de Rapid y a dar por terminado el juego antes de que se reanudara del medio. La escuadra de Bucarest, con seis hombres, ya no tenía la cantidad mínima autorizada por el reglamento para poder continuar. En las plateas, no pocos hinchas estaban convencidos de que Heleșteanu había echado a Stancu «por las dudas»: no hubiera sido cosa que los once flojísimos jugadores de Jiul perdieran ante sólo siete rivales.

Roja para las hinchadas

Se dice que no hay peores «barrabravas» o «hooligans» que los padres y madres de los futbolistas, en especial durante partidos infantiles y juveniles. Además de presionar a sus hijos para que consigan la victoria a cualquier precio, los adultos olvidan el contexto del juego y, en lugar de ofrecer un buen ejemplo, exhiben a los chicos el más variado abanico de insultos, muchas veces complementado con escenas de boxeo o lucha libre. En noviembre de 1995, el referí Dave Warwick debió hacer uso de un recurso extremo para proteger a los niños de 11 años de Gillway Boys F.C. y Bedworth United F.C., que se enfrentaban por la liga Tamworth Junior del condado de Staffordshire, en el centro de Inglaterra. Harto de que unos veinte papis y mamis se agredieran entre sí y maltrataran a los jugadores con su lenguaje soez, Warwick detuvo las acciones, sacó su tarjeta roja y se la mostró a las dos hinchadas. El referí les advirtió que, si no se retiraban de los alrededores de la cancha, suspendería el encuentro. Los padres se alejaron hasta el estacionamiento del predio deportivo y los chicos, con sus oídos despejados, finalizaron el partido en absoluta paz y armonía.

Inoportuno

¿Qué récord puede ostentar un arquero de la selección de Botswana? Uno muy singular: ser el único expulsado durante el desarrollo de una definición por penales. Delirante, sí, pero real. El protagonista de este disparate es Modiri Marumo, quien además lucía el brazalete de capitán de «las cebras» de Botswana durante la Castle Cup jugada en Sudáfrica en 2003. Como el duelo con Malawi había terminado 1-1, el árbitro Mateus Infante, de Mozambique, dispuso que el juego se definiera desde los 11 metros. El singular incidente se produjo luego de que el malaví Philip Nyasulu anotara el tercer tanto consecutivo de su equipo. Nyasulu se acercó al vencido Marumo y le dio una palmadita en el hombro, que fue contestada con una trompada al rostro del goleador. Infante, desde luego, mostró la tarjeta roja al portero por su improcedente desborde. «Reaccioné mal, me comprometo para que esto no se repita. Tuve una conducta impropia que me avergüenza. Espero que se acepten mis disculpas y pueda volver a servir a mi nación», se excusó Marumo ante la prensa. ¿Cómo continuó la serie de penales? Botswana falló el siguiente disparo y el malaví Ganizani Malunga selló la victoria para su país al vencer a Michael Mogaladi, un defensor que debió ocupar el arco en reemplazo del arquero expulsado.

Tarjeta negra

Cuando el árbitro inglés Ken Aston inventó las tarjetas, jamás imaginó que pudieran ser utilizadas en contra de alguno de sus colegas. Aunque el reglamento no lo contemple así, la vasta diversidad de situaciones futboleras provocó que, en un racimo extraordinario de casos, las expulsiones recayeran también sobre los propios hombres de negro.

El referí internacional peruano Fernando Chappell era famoso por desenvolverse con un humor muy particular y una severidad extrema. El 1 de noviembre de 1992, CSD León de Huánuco recibió a Club Sporting Cristal en un horno llamado Estadio Heraclio Tapia. En medio de la densa atmósfera, Chappell notó que, cada vez que pretendía sancionar a un jugador local por pegar un hachazo, uno de sus líneas, Juan Freddy Cruz Castañeda —casualmente vecino de Huánuco— se interponía para aplicar paños fríos. Si un hombre de Sporting recibía un puñetazo, para el banderín se trataba de un roce casual. Si una patada superaba la línea de la cintura, Cruz Castañeda argumentaba que el futbol «es un deporte de contacto». Harto de la insistente intromisión de su asistente, Chappell aprovechó el entretiempo para expulsarlo «por evidente parcialidad». En el complemento, la terna salió al césped con un nuevo integrante —el cuarto árbitro Ulises Vázquez—. Sin el amparo del bueno de Cruz Castañeda, la escuadra local cayó 2-4. Chappell volvería a sacarle la roja a otro línea el 6 de agosto de 1995: ese día, echó a Víctor Sullón a sólo 14 minutos de iniciado el match entre C.A. Torino y F.C. Melgar. ¿El motivo? El mismo que en el caso anterior: «Estaba actuando a favor del equipo local». Sullón aguardó pacientemente el final de la primera parte y, cuando Chappell retornó a su camarín, lo recibió con una trompada. Sin la influencia del vehemente línea, el duelo terminó sin goles.

Menos violenta, pero mucho más graciosa, fue la expulsión del banderín amarillo italiano Lorenzo Renda. Durante un juego regional entre los clubes A.C. Calenzano y USD Rinascita Doccia, disputado en 1999, Renda fue echado por atender un llamado en su teléfono celular en pleno partido.

El entrenador holandés Frenk Schinkels no quería angustiar a su padre. «No me gusta verte insultar al árbitro», le había dicho el anciano. Schinkels era consciente de que le costaba muchísimo controlarse con los fallos que perjudicaban a su equipo, S.K. Austria

Kärnten, pero al mismo tiempo pretendía no aquejar a su viejo, que seguía todos sus partidos desde el estadio o por televisión. Tras mucho meditar, ideó una original alternativa para, en caso de tener que expresar alguna queja, no recurrir a un improperio. Compró cartulina roja, recortó un trozo del tamaño de las tarjetas de los referís y lo guardó en su bolsillo. Schinkels controló su irritable carácter varias fechas y el delgado cartón colorado se mantuvo a la sombra hasta el 19 de julio de 2008, cuando S.K. Austria Kärnten visitó el estadio de Sportklub Rapid Wien. Con su equipo abajo 1-0, el técnico visitante explotó ante un pitazo del referí Louis Hofmann y, tras meterse varios metros dentro de la cancha, «expulsó» al árbitro con su tarjeta roja. Cuando se recuperó de la sorpresa, Hofmann sacó su acrílico «oficial» y echó al entrenador, que debió seguir las acciones desde la platea. Pocos días más tarde, la Federación Austríaca de Futbol castigó la novedosa irreverencia con una multa de 300 euros. Un precio que Schinkels pagó gustoso: «Si abría la boca, me iba a ir peor».

El delantero James Marshall Seed se había ganado la capitanía del club londinense Tottenham Hotspur F.C. a base de respeto por sus compañeros, inagotable entrega dentro del campo y un firme apego por las reglas. Seed —quien también vistió la camiseta de la selección inglesa en la década de 1920— era conocido por su férrea defensa de las normas, hasta que una tarde de verano se convirtió en leyenda. En la primera mitad del siglo XX, la vestimenta oficial de los árbitros británicos incluía un saco negro, que ese día de intenso calor estaba asando al juez del encuentro disputado en el estadio White Hart Lane, casa de los «spurs». Harto de sudar a mares, el referí se quitó la chaqueta, la dejó a un costado del campo y continuó su trabajo en camisa. El fresco alivio apenas duró unos segundos, porque Seed se acercó al árbitro y lo «expulsó» del terreno para que volviera a calzarse el saco. El juez imploró clemencia, pero el delantero le explicó que no sólo debía observar las normas, sino que su camisa blanca se confundía con la camiseta de Tottenham, del mismo color. Desahuciado, el referí agachó la cabeza y obedeció la orden de Seed, capitán de su equipo y del partido.

Para los jugadores del club Odd Grenland B.K., de la ciudad de Skien, el árbitro Christian Wiese favorecía de forma alevosa a sus rivales de F.K. Lyn de Oslo en la final de la Copa de Noruega disputada en 1909. Los muchachos de Odd habían tolerado que el referí avalara dos goles de sus oponentes en supuesta posición adelantada, pero que no cobrara nada tras una violenta patada contra uno de ellos, a los 15 del complemento, fue la gota que desbordó el vaso. Los futbolistas se dirigieron a los organizadores del torneo y les advirtieron que, si Wiese seguía conduciendo el duelo, ellos se retiraban. La inusual demanda generó una dura discusión entre jugadores y directivos, que se calmó cuando otro árbitro que presenciaba la final desde la tribuna, Thorvald Torgersen, se ofreció para reemplazar a su colega. Tras la aprobación de las autoridades, Torgersen ordenó que la segunda mitad se reanudara desde su minuto «cero» y con el tanteador 2-0, tal como había finalizado la primera parte bajo la tutela de Wiese. Gracias a la ecuánime labor del nuevo referí, Odd igualó el tanteador, lo que obligó a la disputa de una prórroga. Lyn finalmente se impuso 4-3 y los muchachos de Skien, aunque derrotados, dejaron la cancha con la frente en alto.

Empero, posiblemente el caso más increíble en este rubro de extrañas expulsiones se produjo en el suburbio londinense de Charlton, durante un partido entre los equipos amateurs Southampton Arms y Hurstbourne British Legion, en marzo de 1998. Con el correr de las acciones, la situación se había tornado compleja para el árbitro Melvin Sylvester, cuyos fallos eran duramente cuestionados, uno a uno, por los jugadores. En el segundo tiempo, la paciencia de Sylvester llegó a su fin. Al ser empujado por uno de los futbolistas quejosos, el referí estalló y lo derribó de un puñetazo en un ojo. Al darse cuenta de lo que había hecho, el árbitro, sumamente compungido, sacó la tarjeta roja y... ¡se autoexpulsó! Entregó su silbato a uno de los jueces de línea y se marchó a los vestuarios. Sylvester fue suspendido por seis semanas, mas se trató de una sanción inútil: el referí ya había jurado que nunca más volvería a dirigir. Cumplió.

Pases a la red

El futbol se juega con los pies, se piensa con la cabeza... y se hacen goles con la mano también.

DIEGO MARADONA

Con la pierna derecha, con la izquierda, con la cabeza, con el pecho, con la mano (si el árbitro y sus asistentes no advierten la trampita). Con la pelota en movimiento, de tiro libre, de penal. Desde adentro del área o desde afuera. A favor o en contra. Muchas son las vías y las formas para llegar al gol, definido como «el orgasmo del futbol» por el escritor uruguayo Eduardo Galeano. Aunque, desde luego, algunas son extravagantes, como la que ocurrió en el Campeonato Paulista de 1962, cuando Santos F.C. recibió a Guarani F.C. en el estadio Urbano Caldeira de Santos (también conocido como Vila Belmiro, el nombre del barrio en el que se encuentra). Pelé, «10» del equipo local de camiseta blanca, recibió el balón dentro del área, lo levantó y realizó tres sombreros consecutivos sobre las cabezas de tres atónitos defensores. Tras superar al último zaguero, y sin permitir que la pelota tocara el suelo, «O Rei» disparó con su pierna derecha un pelotazo que pegó en el travesaño, rebotó en el suelo y salió lejos de la red. Un jugador de Guarani pretendió continuar la jugada, mas el referí João Etzel señaló el centro de la cancha. «El equipo entero de Guarani se echó encima de él para reclamar que la bola no había sobrepasado la línea —contó el propio Pelé años más tarde—. Para acabar con la discusión, el juez gritó: "Aunque no haya entrado, yo doy el gol porque la jugada fue muy bella. Fue gol de Pelé y punto". Si no lo hubiera escuchado yo mismo, no lo hubiera creído».

Olímpicos

El campo estaba pesado y helado. El invierno se sentía con fuerza en Brockville Park, el estadio del club escocés Falkirk F.C., que el 21 de febrero de 1953 le hacía sentir el rigor a Celtic F.C., su rival de la tercera ronda de la Scottish Cup. La escuadra local se había puesto 2-0 en sólo 18 minutos y amenazaba con propinarle a su oponente de Glasgow una goleada histórica. Sin embargo, el equipo verde y blanco logró capear el temporal e irse al descanso sin que Falkirk ampliara su ventaja. A los 8 del complemento, Celtic consiguió un tiro de esquina desde la derecha que tomó el norirlandés Charlie Tully, dueño de una exquisita zurda. Tully tomó dos pasos de carrera y sacó un preciso disparo que colocó el balón en el ángulo formado por el travesaño y el segundo palo, sin que el arquero Archie McFeat pudiera evitar la conquista. Golazo, aunque el árbitro Douglas Gerrard invalidó el tanto porque, según su opinión, Tully había colocado la pelota fuera del cuarto de círculo pintado en el rincón. Sin inmutarse ni ensayar protesta alguna, el lanzador celta volvió a acomodar el balón, esta vez claramente dentro del sector correspondiente, y ejecutó un tiro gemelo del anterior que, de nuevo, entró en el ángulo superior derecho a pesar del vuelo de McFeat. La magnífica «doble jugada» calentó a los ateridos hombres de Celtic, que empataron a los 59 mediante Willie Fernie y consiguieron la victoria siete minutos después, con un gol de Jimmy McGrory.

En el torneo de Primera B argentino 1991/92, el delantero del Club Atlético San Miguel Jorge Almirón anotó dos goles olímpicos al arquero de C.A. Ituzaingó, Miguel Ángel Serrato. En este caso, los dos tantos fueron convalidados y San Miguel ganó por 2 a 1.

Durante la edición 1979 de la Copa Libertadores, Asociación Deportivo Cali de Colombia venció a Quilmes A.C. de Argentina 3-2, con dos goles olímpicos marcados por Ángel Torres y Ernesto Álvarez.

En enero de 1991, el volante Paul Comstive, de Bolton Wanderers F.C., le marcó tres goles a AFC Bournemouth, dos de los cuales fueron producto de sendos corners.

Bernd Nickel, legendario jugador de Eintracht Frankfurt de Alemania, era un eficiente ejecutante de tiros de esquina. A lo largo de su carrera, consiguió goles olímpicos desde los cuatro ángulos del estadio de «las águilas», Commerzbank-Arena, popularmente conocido como Waldstadion. Sus víctimas fueron F.C. Bayern München (22 de noviembre de 1975), Fußball-Club Kaiserslautern (19 de abril de 1980), Sport-Verein Werder von 1899 E.V. Bremen (14 de noviembre de 1981) y Düsseldorfer Turn-und Sportverein Fortuna 1895 (15 de mayo de 1982).

Se dice que el fallecido delantero turco Sükrü Gülesin anotó 32 tantos olímpicos en su prolífica carrera por los clubes Besiktas J.K., Galatasaray S.K., USC Palermo y S.S. Lazio.

En marzo de 2004, Mark Pulling, jugador de Worthing F.C. —un club que participa en la Isthmian League, un torneo semiprofesional de la región sudoeste de Inglaterra— le clavó a Corinthian-Casuals F.C. ... tres goles desde el mismo ángulo. Claro que Pulling, además de una excelsa pegada, contó con la ayuda de un fuerte y constante viento para alcanzar esta insólita tripleta.

Desde afuera

Según el libro *The story of football*, de William Lowndes, un futbolista inglés consiguió un milagro: anotar un gol sin pisar la cancha. ¿Cómo logró esta conquista que parece imposible? La particular situación sucedió en 1937, durante un partido entre dos equipos de una categoría de ascenso inglesa. Uno de los jugadores llegó tarde al estadio, cuando el match ya había comenzado. El muchacho se cambió y aguardó fuera del terreno a que el balón saliera de la cancha, para que el árbitro le permitiera ingresar y completar su equipo. A los pocos segundos, la pelota cruzó la línea de cal por la banda final, lo que dio paso a un tiro de esquina a favor del club que tenía diez hombres. Cuando el demorón fue habilitado por el referí para incorporarse al encuentro, en lugar de entrar a la cancha, corrió —siempre por afuera del terreno— a lanzar el córner. El muchacho pateó con enorme eficacia y la pelota voló de manera directa a la red rival para abrir el marcador. Increíble, pero real.

En el arco de enfrente

Los goles anotados por arqueros son hoy moneda corriente. El paraguayo José Luis Chilavert, el brasileño Rodrigo Ceni, el colombiano René Higuita y el alemán Hans-Jörg Butt, por caso, son algunos de los porteros que se han destacado por su efectividad en el arco de enfrente. Sí resultó llamativo —y hasta hoy podría considerarse una rareza— la jugada que protagonizó José Laforia, célebre «1» de Alumni Athletic Club, equipo multicampeón del período amateur argentino. Lo sugerente del tanto marcado por Laforia es que se produjo con «pelota en movimiento» —es decir, no fue mediante un penal o un tiro libre— y con su equipo... ¡ganando! La conquista ocurrió el primero de julio de 1906, cuando Alumni enfrentó a Belgrano Athletic Club «Extra» —un «hermano menor» o «equipo B» de la entidad homónima—, y lo derrotó 9 a 0. Ese día, Belgrano se había presentado con solamente diez integrantes ante un Alumni que, además de completo, gozaba de una abismal diferencia técnica a favor. Gracias al gran despliegue defensivo de los zagueros Jorge Brown y Mariano Reyna, Laforia, aburrido por no tocar el balón, pasó sorpresivamente al ataque, cosa que fue celebrada por los hinchas y hasta el diario *La Prensa*, que en sus páginas destacó la nueva posición del portero como delantero «en lugar de tenerlo entre dos palos no haciendo nada». Laforia consiguió la octava anotación de su equipo a los 26 minutos del segundo tiempo, al batir a su «colega» Pablo Frers con un golpe de cabeza.

Además de este particular caso, varios porteros consiguieron goles en circunstancias insólitas. Apenas llegó al club londinense Arsenal F.C. desde Old Ham Athletic AFC, Frank Moss le arrebató la titularidad al legendario arquero Charlie Preedy para ganar con los «gunners» tres títulos «al hilo»: 1932-33, 1933-34 y 1934-35. En esa última temporada, Arsenal consiguió una difícil victoria en su visita a Goodison Park, la cancha de Everton F.C., el 16 de marzo de 1935. En la primera etapa, con el marcador en blanco, Moss cayó mal en una jugada y se dislocó el hombro izquierdo. Como entonces no estaban permitidas las sustituciones, el arco fue ocupado por un jugador «de campo». El portero fue llevado al vestuario, donde se le vendó el hombro y, finalizado el entretiempo, regresó a la cancha para actuar como delantero. En su nuevo puesto, Moss marcó el primer tanto de Arsenal, que esa tarde se retiró victorioso 0-2. La hazaña, no obstante, no llegó a compensar la desgracia del arquero: la dislocación fue tan severa que Moss apenas pudo actuar en cinco partidos más antes de retirarse a los 27 años.

Un suceso semejante (que bien podría definirse como «literalmente duplicado») sucedió el 31 de agosto de 1962, cuando el club inglés Reading F.C. recibió en Elm Park a Halifax Town AFC, en un encuentro de la Tercera División. El arquero local, Arthur Wilkie, se lastimó una mano, dejó su puesto a un compañero y pasó al ataque: ¡marcó dos goles para que Reading ganara 4-2!

Muchos arqueros debieron actuar como defensores, volantes o delanteros por lesiones, expulsiones o suspensiones de colegas. Ninguno tuvo tanto éxito como el norirlandés James Platt. En su etapa juvenil en el equipo inglés Middlesbrough, Platt debutó como atacante por falta de otros jugadores para completar su equipo. Ese día metió tres goles.

Hasta 1912, el reglamento permitía a los arqueros tomar la pelota con sus manos más allá de su área, hasta la línea central. En ese período, no pocos porteros anotaron con voleas «mano-pie» desde la media cancha. El episodio más extravagante se produjo en 1910 en el estadio Cathkin Park de Glasgow, Escocia. Allí, el «1» de Third Lanark A.C., Jimmy Brownlie, venció a su colega de Motherwell F.C., Colin Hampton, con un zapatazo desde más de 50 metros. Hampton no se quedó atrás y, minutos más tarde, dio a Brownlie una cucharada de su propia medicina con un idéntico pelotazo lejano. Debieron pasar 90 años para que en otro partido marcaran los dos porteros. Ocurrió el primero de agosto de 2000, cuando los equipos argentinos C.A. River Plate y C.A. Vélez Sarsfield se enfrentaron por la Copa Mercosur. El guardameta paraguayo de Vélez, José Luis Chilavert, empató el duelo mediante un tiro penal. River se impuso finalmente 2-1 porque su arquero Roberto Bonano aceptó patear otro penal, con el que doblegó a su colega guaraní.

Larga distancia

El 25 de septiembre de 2011, el delantero noruego Jone Samuelsen rompió un récord muy extraño: marcó el gol más lejano anotado mediante un cabezazo en un encuentro de Primera División de todo el mundo. Samuelsen, del club Odd Greenland BK, doblegó el arco que defendía Mostafa Abdellaoue, de Tromsø IL, con un testazo efectuado a 57 metros de la valla rival, en el estadio Skagerak Arena. En verdad, Abdellaoue no estaba precisamente protegiendo su portería, ya que había subido a buscar el empate en el último minuto del match que su equipo perdía 2 a 1, a través de un tiro de esquina. El córner fue rechazado por la defensa local y el último hombre de Tromsø intentó revolear la pelota hacia el área de Odd Greenland. Pero se quedó corto y Samuelsen, con un cabezazo desde su propio campo, al costado del círculo central, envió el balón hacia el desprotegido arco visitante, donde ingresó con una suave rodada para poner el definitivo 3-1.

Un mes después, un atrevido defensor del equipo japonés Fagiano Okayama F.C. rompió por un metro la marca del noruego, aunque en un match de Segunda División. Ryujiro Ueda, zaguero de Fagiano, cabeceó en su mitad de cancha —también junto al círculo central, aunque a la izquierda— un largo saque de meta del portero de Yokohama F.C., de Kentro Seki. Tras el remate, la pelota picó y superó a Seki, quien inexplicablemente había salido hasta el borde de su área. El flojito arquero intentó recuperarse, pero no pudo evitar el tanto ni borrar su nombre del Guinness.

El espectador goleador

La selección argentina ya había goleado a la de Chile por 6 a 1 en la segunda fecha de la Copa América de 1916, la primera de la historia, y la tarde del 10 de julio, en el estadio de Gimnasia y Esgrima de Buenos Aires (GEBA), se aprestaba a disputar su segundo encuentro ante Brasil. Sin embargo, cuando los dirigentes de la Asociación Argentina de Football —encargados de formar el equipo, ya que no se había designado un director técnico— hicieron cuentas, sólo había diez jugadores. El notable delantero Alberto Ohaco, autor de dos tantos contra la escuadra trasandina y representante de Racing Club —equipo para el que, a lo largo de su carrera entre 1912 y 1923, convirtió 244 goles en 278 partidos, récord histórico del club de Avellaneda— no había regresado a tiempo de un viaje por trabajo. Desesperados, los directivos intentaron convencer a Ricardo Naón, un jugador de Gimnasia y Esgrima La Plata que, si bien no era atacante, había vestido dos veces la camiseta nacional y se encontraba en el lugar. Naón se negó, despechado, porque hacía más de dos años que no era citado. Los dirigentes, entonces, recurrieron a un plan B: también en la tribuna estaba sentado como espectador José Laguna, delantero de Huracán. El «Negro», que nunca había actuado en la selección, aceptó de inmediato completar la escuadra albiceleste y, orgulloso, corrió al vestuario para cambiarse. Minutos después, Argentina, con once hombres, salió a enfrentar a Brasil ante más de 16.000 personas, una multitud para la época y las estrechas tribunas de madera del estadio de GEBA. A los 10 minutos del primer tiempo, la selección local abrió el marcador mediante un fuerte remate de... el «Negro» Laguna, la flamante incorporación. La gloria no pudo ser completa para el «espectador goleador» porque el equipo visitante —que ese día utilizó una inusual camiseta a bastones verticales verdes y amarillos— no se amilanó y consiguió el empate definitivo trece minutos más tarde, por intermedio de Alencar.

Contra nadie

Hampden Park estaba desbordado. Los diarios de Glasgow aseguraron que ese 19 de abril de 1879, día en el que se jugó la final de la Copa de Escocia entre Rangers F.C. (institución local que ya empezaba a sumar una popular hinchada y que todavía no había obtenido ningún título) y Vale of Leven Football & Athletic Club, escuadra de la ciudad de Alexandria, el estadio recibió una multitud «nunca vista» para seguir el juego «dentro y fuera del estadio». Las 9.000 localidades se agotaron y el encuentro debió retrasarse media hora mientras la policía luchaba a brazo partido para ordenar a los espectadores en las tribunas y a los casi 3.000 que quedaron fuera del coliseo, sin entradas, en la calle. El juego comenzó y Rangers fue una tromba que rápidamente abrió el marcador por medio de Willie Struthers. El goleador no se conformó y, poco después, volvió a doblegar al arquero rival, Robert Parlane, con un violento pelotazo. Pero, como los arcos todavía no se vestían con redes, el balón rebotó en un espectador situado en la tribuna y, tan rápido como salió, volvió a la cancha. La jugada sorprendió al referí, que no vio cómo la pelota traspasaba la línea de meta. El juez ordenó que la jugada continuara, a pesar de las protestas de los jugadores de Rangers. En la segunda etapa, Vale of Leven aprovechó un error del arquero rival, George Gillespie, para igualar el marcador, que quedó equilibrado hasta el final. Los futbolistas e hinchas de Rangers estaban indignados. Sus dirigentes protestaron el resultado y ofrecieron el testimonio de la persona que había recibido el pelotazo del no convalidado gol de Struthers, un profesor de cirugía de la Universidad de Glasgow, «un caballero de cuya palabra no podría dudar ningún fan de Vale». No obstante el reclamo, la Scottish Association mantuvo el resultado y ordenó que la final volviera a jugarse una semana después en el mismo escenario.

Sin embargo, el 26 de abril, sólo un equipo se presentó en el césped de Hampden Park: Vale of Leven. A la hora señalada, y ante la ausencia de los futbolistas de Rangers, el árbitro dio la orden y arrancó un ridículo match de Vale contra... ¡nadie! John McDougall, el capitán, movió hacia adelante y fue tocando el balón con James Baird y Peter McGregor hasta enterrarlo en la portería vacía. El juez —tal vez avergonzado por el innecesario espectáculo— dio por terminada la historia y el equipo de Alexandria levantó la copa por segunda vez. En la plaquita agregada en la base del trofeo, donde figuran todos los campeones, se escribió: «Vale of Leven, Rangers no apareció».

Una circunstancia muy parecida se produjo el 21 de noviembre de 1973, cuando el Estadio Nacional de Santiago de Chile fue escenario de otra ridícula anotación contra el «hombre invisible». Para las eliminatorias del Mundial de Alemania 1974, se había determinado que el ganador del grupo 9 de Europa, de solamente tres equipos, disputara un repechaje con el primero del grupo 3 sudamericano, también integrado por tres países. Primero el sorteo y luego los resultados fijaron el choque entre Chile y la desaparecida Unión Soviética. El 26 de septiembre se llevó a cabo el encuentro «de ida» en Moscú, que finalizó igualado en cero. La revancha estaba pactada para el 21 de noviembre en Santiago, pero la URSS anunció que se retiraba por razones políticas. En tiempos de la Guerra Fría, los soviéticos repudiaron el derrocamiento del democrático presidente socialista chileno Salvador Allende —amigo del gobierno moscovita— a manos del fascista general Augusto Pinochet, «socio» de Estados Unidos en la lucha contra el comunismo y de Inglaterra durante la Guerra de Malvinas. Desde Moscú se anunció que su selección no jugaría de ninguna manera en el Estadio Nacional, por haber sido escenario de torturas y fusilamientos. El capitán chileno, Francisco Valdés, reconoció años más tarde que, a su regreso de la actual capital rusa, debió interceder ante el propio Pinochet para salvar la vida del defensor de Colo Colo Hugo Lepe, primer presidente del Sindicato de Futbolistas Profesionales, que había estado detenido en ese lugar por ser considerado «activista peligroso». Valdés protegió a Lepe, pero no pudo evitar que otros futbolistas fueran atormentados o asesinados. La URSS pidió que el choque tuviera lugar en un escenario neutral y hasta mencionó a Buenos Aires como posible sede. Como su exigencia no fue escuchada por la FIFA, el Kremlin prohibió a su equipo viajar a Sudamérica. El día de la definición, ante la ausencia de los soviéticos, el árbitro austríaco Eric Linemayr, designado para la ocasión, dio por ganado el encuentro a los locales, que así obtuvieron su pasaje hacia Alemania. Sin embargo, los chilenos montaron una parodia tan extravagante como lamentable: sus once seleccionados salieron al campo de juego vestidos con sus uniformes oficiales y con el arbitraje del referí local Rafael Hormazábal —Linemayr no se quiso prestar para semejante farsa—, a la hora estipulada originalmente comenzó el insólito partido de un equipo contra ninguno. Movió Sergio Ahumada para Valdés y estos dos, junto a Carlos Reinoso y Julio Crisosto, fueron tocando cortito hacia el área «rival» —la pantomima incluyó un clarísimo off side tras uno de los pases que, desde luego, el bufón de Hormazábal no sancionó—, hasta que el capitán mandó la pelota al fondo del arco vacío. Las 15.000 personas que se encontraban en las tribunas gritaron en forma desaforada la conquista. Sin oposición, la escuadra roja «ganó» el partido. Una vez más, perdió el futbol.

Gol higiénico

El papel higiénico se diseñó para limpiar cagadas, aunque alguno lo haya utilizado para provocarlas, como cuenta el libro *Tor! The story of German football*, al recordar el desgraciado episodio del arquero alemán Wolfgang Kleff. Un rollo enredó a Kleff, portero de Borussia VFL 1900 Mönchengladbach, para provocar un extraño gol que resultaría decisivo en la serie con Everton F.C. de Inglaterra por la Copa de Campeones de Europa de 1970. El 21 de octubre, cuando se disputó el match «de ida» en el estadio Bökelberg, la escuadra germana ganaba 1-0 y parecía tener el duelo controlado. Sin embargo, al comenzar la segunda etapa, Kleff se preocupó más por despejar su área de rollitos de papel arrojados por los hinchas que por cuidar su valla. El portero se alejó demasiado de su arco y el inglés Howard Kendall no desaprovechó la oportunidad para clavar la igualdad definitiva casi desde la mitad de la cancha. Aunque Kleff se recompuso y tuvo una excelente actuación en el encuentro «de vuelta», que también finalizó 1-1, no pudo superar su macana: el equipo alemán quedó eliminado en la tanda de penales y sus aspiraciones de ser campeón continental se fueron por el inodoro.

Caído del cielo

Un partido de futbol es un excelente blanco para campañas publicitarias, tanto comerciales como políticas. La masiva concurrencia y la vasta heterogeneidad de espectadores hacen del estadio un punto clave para la propaganda. Así lo entendió el 21 de marzo de 1948 un intrépido promotor que, tras subirse a una avioneta, se dirigió por los aires al Gemeentelijk Parkstadion donde estaban jugando el equipo local, Koninklijke Boom F.C., y Beerschot Antwerpen Club por el torneo de Primera División de Bélgica. El piloto, que había cargado el aparato con volantes publicitarios, descendió, tomó un paquete y lo lanzó por la ventanilla a una de las graderías. Las hojas se dispersaron hasta formar una colorida nube que llamó la atención de los hinchas, que estiraron sus brazos para saciar su curiosidad sobre el contenido de los papelitos que llovían. ¡Todo un éxito! Envalentonado por la excelente recepción de su estrategia, el hábil agente apuntó la nariz de su aeronave hacia la otra cabecera para repetir la maniobra. Pero un error de cálculo dispuso que, esta vez, el fardo no se deshiciera y cayera, de manera directa, sobre la cabeza del referí. En ese mismo instante, ¡gol de Boom! Mientras el piloto escapaba, consciente de que se había mandado una gran macana, los jugadores y los jueces de línea atendieron al árbitro, que se recompuso del golpe, por suerte leve. El juez avaló la conquista a instancia de sus colaboradores, puesto que no la había visto, y el juego prosiguió con normalidad. El club local finalmente perdió por 3 a 4, una derrota que pareció caída del cielo.

El gol de la valija

El 27 de mayo de 1934, durante el clásico entre C.A. Peñarol y Club Nacional de Football celebrado en el estadio Centenario de Montevideo, tuvo lugar uno de los casos más inauditos del futbol uruguayo. En medio de un ataque del conjunto de Peñarol, el delantero brasileño Bahía efectuó un violento disparo contra el arco tricolor, que salió desviado por la línea de fondo. Pero la pelota rebotó en la valija de uno de los masajistas, que presenciaba las acciones detrás de la línea de cal, y retornó al campo de juego. Otro atacante mirasol, Braulio Castro, aprovechó el quedo de la defensa de Nacional para mandar el balón al fondo del arco. El árbitro Telésforo

Rodríguez, quien no había notado la extraña situación, convalidó el gol. Furiosos por la determinación del referí, los once jugadores de Nacional se lanzaron sobre él y le propinaron una feroz paliza. Ante semejante alboroto, el clásico debió suspenderse.

Alcanza-pelotas goleador

A lo largo de la historia del futbol y, en especial, de este capítulo, se han registrado goles extraños de todo tipo. El 3 de diciembre de 2006, durante un partido correspondiente a la Copa de la Federación de San Pablo, ocurrió uno de los más inesperados, marcado por... uno de los muchachos «alcanza-pelotas». Ese día, en el estadio Leônidas Camarinha, F.C. Sorocaba ganaba como visitante por 1-0 a Associação Esportiva Santacruzense. A sólo un minuto del final, el delantero local Samuel remató desde la derecha en busca del empate, pero la pelota se fue muy cerquita del poste y cayó a los pies de un niño que oficiaba de «ball-boy». El chico, rápidamente, se metió en la cancha y pateó el balón al fondo de la red. El arquero de Sorocaba, Eduardo, sacó la pelota de las redes, la colocó en una esquina del área chica y se aprestó a realizar el saque de meta, pero increíblemente la referí Silvia Regina de Oliveira (justo una mujer árbitro...) se la pidió y la llevó al centro de la cancha, mientras con su silbato convalidaba la increíble conquista. El encuentro terminó igualado, y a pesar de las quejas y los videos presentados por los dirigentes de Sorocaba, la Federação Paulista de Futebol informó que legalmente era imposible anular la irregular anotación, por haber sido convalidada por el juez. Para echar nafta al fuego, Samuel reconoció ante la prensa que el tanto había sido antirreglamentario, pero dijo que «si la árbitro decidió que fue gol, fue gol». Un horrible ejemplo de «not fair play».

Derrota festejada

Allá por 1917, se enfrentaban en la ciudad argentina de Rosario un combinado local y otro de la Asociación Uruguaya. Faltaban pocos minutos para el final y los visitantes, que ganaban 0-1, resistían el feroz asedio de los locales, que pugnaban por la igualdad. Cada pelotazo contra la valla oriental era resuelto en forma magnífica por el arquero Cayetano Saporiti o por sus recios compañeros de defensa. Ya en tiempo agregado, el delantero argentino Gabino Sosa conectó un centro de Zenón Díaz y lanzó un balonazo que superó a Saporiti pero salió a escasos centímetros del travesaño. Sin embargo, la falta de redes en los arcos —no se había oficializado todavía su uso— confundió a la numerosa parcialidad, que creyó haber visto el ansiado empate y, enardecida, invadió la cancha. El árbitro suspendió de inmediato el encuentro y aclaró a los futbolistas que la jugada no había terminado en gol. Mas la alegría por la «igualdad» ensordeció a los felices hinchas, que festejaron hasta el anochecer lo que creían un excelente resultado ante tan encumbrado rival. Al día siguiente, las crónicas de los periódicos explicaron lo ocurrido y la parcialidad debió canjear un empate celebrado por una derrota a estrenar.

Les metieron el perro

Cuesta muchísimo creer esta historia, aunque varios prestigiosos diarios ingleses, como *The Independent*, juran que fue verdad. En noviembre de 1985, los equipos Knave of Clubs F.C. y Newcastle Town F.C. se enfrentaban en Monks Neil Park por el certamen regional Staffordshire Sunday Cup. Con el marcador desfavorable 0-2, uno de los defensores de Knave of Clubs envió un pelotazo al campo contrario en pos de acertar el pase a alguno de sus compañeros de camiseta blanca. El balón no llegó a ninguno de los albos, pero sí a un travieso perrito que se había metido en la cancha. El intruso corrió el balón y, con una simpática pirueta, lo cabeceó a la red ante un impávido arquero. El atrevido can escapó tan rápido como había ingresado, acompañado de las carcajadas de los 22 futbolistas, los árbitros y un puñadito de espectadores. Las risas, eso sí, duraron poco para la mitad de los jugadores, porque el referí, con una evidente ignorancia reglamentaria, dio por válida la conquista. Según la normativa, «en caso de que un balón adicional, un objeto o un animal entre en el terreno de juego durante el partido, el árbitro deberá interrumpir el juego únicamente si dicho balón, objeto o animal interfiere en el juego». De poco sirvieron las protestas de los muchachos de Newcastle Town, en especial la del portero, que insistía en indicarle al hombre de negro que había dejado actuar al animalito porque su acción no estaba contemplada fuera de código. «Justamente —retrucó el árbitro—, en el reglamento de la Football Association no se hace referencia a ningún perro». Frente a la necia actitud del juez, los perjudicados futbolistas de Newcastle decidieron volver al partido. A pesar del referí y del insólito gol recibido, los damnificados finalmente lograron una irreprochable victoria por 3 a 2.

Futbol playa

Fue llamado «el gol más inverosímil de la historia del futbol inglés». No es poco. El 17 de octubre de 2009, Sunderland AFC recibió en su Stadium of Light a Liverpool F.C., por la novena fecha de la Premier League 2009/10. A cinco minutos de iniciadas las acciones, con Sunderland al ataque, el irlandés Andy Reid envió un centro desde la derecha, el francés Steed Malbranque la desvió con su taco y el inglés Darren Bent sacó un fuerte derechazo que no parecía complicado para las manos del arrodillado José «Pepe» Reina, el arquero español de la escuadra visitante. Sin embargo, el disparo se volvió fulminante cuando el balón se desvió... en una pelota de playa, color roja, que daba vueltas de manera imprudente por el área chica de Liverpool. Reina, sorprendido, quedó congelado, sin reacción ante la singular carambola: la pelota de futbol lo superó por la izquierda y se clavó en la red; la de playa lo eludió por la derecha y salió por la línea de fondo. El árbitro, Mike Jones, debió haber anulado la conquista, pero no lo hizo, por lo que le cupo una sanción de una fecha ordenada por la F.A. Por la rapidez de la acción, que desconcertó a Jones y no le permitió detener el ataque antes de que terminara en gol, el referí debió haber invalidado la conquista porque la pelota playera se interpuso en el camino de su «prima» futbolera.

El excéntrico suceso se vio agravado por dos circunstancias no poco importantes: la primera, que Sunderland ganó el match 1-0; la segunda, que el balón rojo había sido arrojado a la cancha por un hincha de... ¡Liverpool! Callum Campbell, de 16 años, admitió al periódico *The Sunday Mirror* haber sido el autor del incidente. «Fui yo quien lo hizo. Soy yo al que delataron las cámaras. Lo siento tanto. Es mi peor pesadilla. Lo estuve viendo una y otra vez y sigo sin entender cómo pudo suceder. Mi madre me dice que no fue culpa mía y eso es lo que quiero creer. El árbitro nunca debería haber concedido el gol. Sólo espero que los aficionados de verdad lo entiendan y me perdonen», se disculpó el adolescente. Un auténtico pelotazo en contra.

Gol negro

Muchísimos árbitros han sido autores involuntarios de un gol. Un paso en falso, un torpe seguimiento de la jugada y pocos reflejos para eludir el inoportuno pelotazo son algunos de los fundamentos —a veces separados, a veces todos juntos— para que un referí saque patente de delantero. El reglamento es claro en este sentido: «Si el balón está en juego y toca al árbitro o a un árbitro asistente que se encuentra temporalmente en el terreno de juego, el juego continuará ya que el árbitro y los árbitros asistentes forman parte del partido». Ivan Robinson (en el match inglés Barrow AFC-Plymouth Argyle F.C. de 1968), José de Assis Aragao (en un paulista Santos F.C.-S.E. Palmeiras de 1983) o Cesáreo Ronzitti (en el C.A. San Martín de San Juan-C.A. Douglas Haig de 1998) son apenas tres ejemplos de desgraciadas anotaciones negras avaladas por la normativa futbolera. De todas estas acciones aciagas, la más sensacional se produjo en Argentina. En este país, durante las primeras épocas del amateurismo, los árbitros encargados de impartir justicia en los encuentros de primera categoría provenían de los mismos equipos participantes de los campeonatos organizados por la Argentine Association Football League, según una regla entonces vigente. De esta manera, cada uno de los clubes debía designar obligatoriamente a uno de sus socios para que formara parte del plantel de referís. Inclusive, el sorteo podía encomendar al juez un match protagonizado por su propio cuadro, ya que su honor —¡qué tiempos aquellos!— ni siquiera se ponía en duda. El 4 de agosto de 1907, Mario Balerdi, el joven árbitro delegado de Club Atlético Porteño, fue convocado por esas cosas del destino, y del azar, para dirigir un encuentro en el que su equipo debía enfrentar como local a San Martín Athletic. Poco antes del final del primer tiempo, con los dueños de casa en ventaja por 1 a 0 —merced a un penal anotado por Héctor Viboud a los 24 minutos, que de ninguna manera fue protestado por los hombres de San Martín—, el delantero visitante Gerardo Schulz lanzó un centro desde la esquina derecha. El pelotazo, bastante potente, se desvió en las piernas de Balerdi, quien estaba parado al borde del área chica, y salió despedido en dirección a la valla de Porteño, en la que se introdujo sin que el arquero tuviera oportunidad de rechazar el balón. Como si marcar un gol en contra de sus colores como árbitro no fuera suficiente, quiso la fatalidad que el guardameta vencido fuera Escipión Balerdi, hermano del infausto referí, y que Porteño terminara derrotado ese día 3 a 2.

Así empata el Madrid

En las primeras décadas de la «invención» del futbol, las discusiones a partir de goles o «no goles» fueron moneda corriente, hasta que en 1890 un ingeniero de la ciudad inglesa de Liverpool, John Alexander Brodie, diseñó la red para las metas, que bautizó como «un bolsillo enorme». A partir de esa innovación, la polémica disminuyó, pero no desapareció: la malintencionada pelota siempre se las rebuscó para pasar por agujeros o resquicios creados a partir de la mala colocación de las mallas. Una de las situaciones más famosas sucedió el 9 de noviembre de 1975 en el estadio Ramón Sánchez-Pizjuán de la ciudad española de Sevilla. Ese día, el conjunto local, Sevilla F.C., recibió a Real Madrid C.F., el mejor equipo de la época y el que se consagraría campeón esa temporada. A solamente 56 segundos de iniciado el encuentro, el volante alemán Paul Breitner disparó un derechazo de media cancha, desde el sector derecho, que no pareció sorprender al portero local, Francisco Ruiz Brenes (conocido como «Paco»), quien dejó salir la pelota junto al madero izquierdo. Pero, para sorpresa de «Paco» y de los hinchas sevillanos, el balón terminó en el fondo del arco. «Sucedió algo que pasó a la historia: una pelota que entró por el costado de la red y que se dio como gol. La red cedió por algún sitio y la pelota se metió dentro y cayó hacia abajo. Me levanté del suelo y me di la vuelta para recoger el balón. ¡Resulta que estaba dentro de la portería! Desde el primer momento me di cuenta de que entró por fuera». La declaración de «Paco» quedó perfectamente documentada por una fotografía tomada por un reportero del diario deportivo *AS*, Agustín Vega: la imagen demostraba que la pelota se había colado por fuera. Pero, para el referí Santiago López Cuadrado, la jugada culminó en un gol legítimo. «Ni los jugadores de Real Madrid se lo creyeron. Ninguno de ellos levantó los brazos para celebrarlo. ¡Ni Breitner!», recordó «Paco». De todos modos, el arquero restó dramatismo a la situación: «Son cosas del futbol. Tampoco se podía culpar al árbitro porque la verdad es que él lo vio dentro. En todo caso, al línea». En la imagen de la televisión, por ejemplo, tampoco se notaba con claridad lo que había ocurrido. El único documento claro fue la foto de *AS*. El gambiano Alhaji Momodo Nije (alias Biri-Biri) igualó el duelo, que terminó 1-1 y tranquilizó a los hinchas que, enfurecidos, habían denunciado con cantos y gritos un «arreglo» entre el árbitro y la escuadra merengue. Al día siguiente, «Paco» fue al aeropuerto sevillano para tomar un avión a Madrid, convocado para un partido ante Rumania por la clasificación para la Eurocopa del año siguiente, en la ex Yugoslavia. En el preembarque, el portero se encontró con los jugadores de Real Madrid, entre ellos su verdugo Breitner. El germano saludó al arquero y, a bocajarro, volvió a fusilarlo, esta vez con una pregunta: «¿Fue gol?»

Bandera entrometida

Para impedir que las cámaras de televisión pusieran al descubierto que el estadio del equipo peruano Deportivo Municipal de Chorrillos no tenía tribuna detrás de uno de los arcos, el presidente de la entidad, Ricardo Belmont, decidió que, en cada juego en casa, seis hinchas subieran al paredón que cerraba ese sector del coliseo y, durante el encuentro, lo taparan con una enorme bandera con los colores blanco y rojo del club. La iniciativa gustó, no sólo porque el pabellón escondía ese feo borde sino también porque, de esa forma, se daba color y calor al predio que iba a ser sede del Torneo Descentralizado 1994 de Primera División. Los encuentros fueron sucediéndose y, en cada uno de ellos, los hinchas locales celebraban cada vez que se desplegaba el estandarte con sus amados tonos. Hasta el sábado 28 de mayo. Ese día, en el que Municipal recibió a Club Social y Deportivo Carlos A. Mannucci por la novena fecha del certamen, la bandera quiso ser protagonista del otro lado de la línea de cal. A los 28 minutos del segundo tiempo, cuando el marcador se encontraba en blanco, el delantero local Ricardo Besada escapó por la derecha para enviar un preciso centro a su compañero Alfredo Carmona. En ese instante, sopló una fuerte brisa que arrancó la enorme tela de las manos de los asistentes y la lanzó hacia la cancha para envolver el arco de Mannucci. Carmona remató. La pelota superó al portero visitante Oscar Ibáñez y viajaba derechito a la red, mas fue atajada por el atrevido paño. La bandera de Municipal evitó el gol de Municipal. El reglamento advierte que, ante situaciones imprevistas de estas características, con la participación de agentes ajenos al juego, el referí debe ordenar un pique o bote a tierra. Sin embargo, el árbitro Alberto Tejada, tal vez más pragmático, otorgó el gol a la escuadra dueña de casa. Los jugadores de Mannucci, quizá conscientes de que el diablo había metido la cola, ensayaron tibias protestas hasta aceptar el fallo. Municipal ganó 1-0 con esa polémica conquista. Belmont decidió no renovarle el contrato al estandarte blanco y rojo. Quizá debió colocar otro negro, en homenaje a Tejada.

¡Qué par de p... ájaros, los dos!

Durante la edición inaugural de la Coupe de Championnat, la liga de Primera División de Bélgica, 1895/96, Racing Football Club de Bruselas, segundo en la tabla y candidato al título, recibió al débil Union Football Club de Ixelles, que hasta ese día, 24 de noviembre de 1895, no había ganado ni empatado ningún partido. Racing (que luego de quiebras y otras vicisitudes se transformó en el actual Koninklijke Football Club Rhodienne-Verrewinkel) salió a comerse crudo a su rival y lo peloteó constantemente todo el primer tiempo, sin poder abrir el marcador ni sufrir una sola réplica de su frágil oponente. En la segunda etapa, la escuadra local mantuvo su dominio del balón, al punto tal que su arquero, Gustave Pelgrims, muy aburrido, tomó un balón de reserva que había al lado de su meta y se puso a juguetear con un compañero. La distracción de los dos pavotes fue bien aprovechada por uno de los muchachos de Union, que ensayó un fuerte disparo desde su propio campo. Un poco por su potencia y dirección, y otro poco por la ayuda de una fuerte ráfaga, la pelota voló sobre el terreno del equipo local y aterrizó dentro del arco de Pelgrims, quien seguía dale que dale con su pasatiempo. Después de escupirle un torrente de insultos a su improductivo arquero, los sorprendidos futbolistas de Racing intentaron igualar el marcador, pero no tuvieron éxito. Tras el pitazo final, los jóvenes visitantes celebraron su única conquista del torneo: tras doce partidos, Union obtuvo una victoria y once derrotas, con cinco goles a favor y 51 en contra, y terminó en el séptimo lugar entre siete equipos. Este club de Ixelles, un barrio del sur de Bruselas, no intervino en el campeonato siguiente —prefirió continuar en competencias menos exigentes— hasta que en 1901 desapareció. Como la reputación del bobalicón de Pelgrims.

Una gaviota no hace verano, ¡pero sí goles!

Los pibes del equipo juvenil Hollingworth Juniors F.C. tenían todas las marcas tomadas, por lo que el ataque que encabezaba Danny Worthington, de la escuadra rival Stalybridge Celtic F.C., parecía intrascendente. Sin pase libre, Worthington decidió disparar hacia el arco, mas su potente remate salió muy alto y con un destino muy lejano. Pero, en ese momento, una gaviota surcó el cielo de la cancha: el balón le dio de lleno y fue directo a las redes del arco de Hollingworth Juniors. ¡Increíble! Este partido, correspondiente a una liga juvenil, se jugó en septiembre de 1999 en la ciudad inglesa de Manchester y el árbitro, de modo equivocado, avaló la extraordinaria conquista. Desmoralizados por estar jugando 11 contra 12, los muchachitos de Hollingworth cayeron 7-1. «No lo podía creer. Todos vinieron a felicitarme por el gol, pero lo había anotado el pájaro», precisó el sorprendido Danny Worthington, de 13 años. Su estatus había cambiado de «artillero» a «asistente». La gaviota, en tanto, no festejó su golazo. Tras caer aturdida sobre el césped, se recuperó y escapó volando. Nadie alcanzó a preguntarle su nombre, para grabarlo en el mármol de la historia.

El otro arco

Dicen que me acosté con siete Miss Mundo.
¡Mentira! Sólo fueron cuatro. Con las otras tres
falté a la cita.

George Best

La controversia parece no tener fin. ¿Pueden los futbolistas tener sexo pocas horas antes de la competencia? El retirado delantero brasileño Romário da Souza Faria asegura que «los buenos atacantes sólo marcan goles si han mantenido buenas relaciones sexuales el día anterior». Un testimonio válido, ya que Romário fue un prolífico artillero al que se le acreditan unos 760 goles oficiales. «El sexo es bueno para futbolistas, siempre y cuando no lo hagan en el entretiempo», ratifica con humor el entrenador dinamarqués Moller Nielsen. La Universidad italiana de L'Aquila efectuó un detenido estudio que dejó como conclusión que el rendimiento de los futbolistas que tienen sexo la noche previa al partido no decae sino mejora. Según los investigadores, la actividad sexual produce un aumento de la hormona masculina testosterona y hace que al día siguiente el jugador sea más agresivo. En el ámbito de la Copa del Mundo, Holanda sorprendió en la edición de Alemania 1974 por su intenso y desestructurado futbol, y también por haber sido la primera selección participante cuyos jugadores se concentraron con sus esposas, novias o amantes durante el importante certamen. El entrenador Marinus «Rinus» Michels fue apaleado por la prensa de su país, antes del inicio del torneo, por permitir esta licencia. Sin embargo, a la vista del rendimiento de la escuadra naranja, que llegó por primera vez a una final y se consagró como el mejor equipo de la historia de esa nación del norte de Europa, el sistema de convivencia fue muy efectivo. Para el Mundial de Estados Unidos 1994, el país anfitrión se negó a emitir visas para las esposas y novias de los jugadores rusos. Tal vez ésa fue la razón por la que los europeos quedaron eliminados en primera ronda.

Cuando la cuestión parece cosa juzgada, aparece la hermosa Melissa Satta, novia del germano-ghanés Kevin Prince Boateng, para atestiguar que su amado volante de A.C. Milan «se lesiona tanto porque tenemos demasiado sexo». Caramba. Qué difícil zanjar el «trascendental» asunto. El testimonio de Mojahed Khaziravi podría ayudar: en julio de 2002, el diario iraní *Etemad* publicó que Khaziravi fue condenado por un tribunal de Teherán a recibir 276 latigazos y pasar dos años sin jugar por ser encontrado culpable de «delitos sexuales», al haber concurrido a «una casa en la que se practicaba la prostitución». La ley cayó con exagerado rigor sobre este muchacho de 22 años, casado, estrella de Esteghlal Tehran Football Club de Primera División y una de las figuras de la selección nacional: había actuado en cinco partidos de la eliminatoria para el Mundial de Corea-Japón 2002, al que Irán no se clasificó por haber sido eliminado por la República de Irlanda en el repechaje. La combinación de sexo y latigazos podría sugerir una relación sadomasoquista, mas no fue el caso de Khaziravi. Su castigo sólo tuvo que ver con el sadismo... de los jueces.

Que sí, que no. Tal vez lo mejor sea dejar la polémica de lado y pasar a historias más divertidas, en las que el futbol y el sexo se combinaron en un cóctel tan picante como desopilante.

Sospechosa

La bellísima modelo Lena Gercke alarmó a los rigurosos dirigentes de la Federación Alemana de Futbol. Con sus escotes infartantes, la novia del volante Sami Khedira causaba revuelos cada vez que concurría a ver al seleccionado germano en la Eurocopa 2012, organizada de manera conjunta por Polonia y Ucrania. El diario alemán Bunte reveló que la Federación le rogó a la modelo que acudiera a la tribuna con vestidos «más discretos» para «no acaparar la atención» ni provocar «distracciones» dentro y fuera de la cancha. La sexy Gercke obedeció y, para el trascendental match contra Italia, en semifinales, cubrió su atractivo busto con la blanca camiseta de la selección teutona. Los pacatos directivos no tuvieron en cuenta un detalle que, a fervorosos «cabuleros» como el entrenador argentino Carlos Bilardo, no se les hubiera escapado: mientras Lena exhibió su prodigioso escote por la platea, Alemania ganó todos sus encuentros: 1-0 a Portugal, 2-1 a Holanda y 2-1 a Dinamarca por la primera ronda, y 4-2 a Grecia en cuartos de final. Cuando los pectorales de la blonda modelo quedaron ocultos, el equipo germano cayó con Italia por 2 a 1. Una casualidad muy sospechosa.

Sexo mundial

Llama la atención una encuesta publicada en Inglaterra antes del Mundial de Francia 1998. El estudio determinó que los varones británicos prefieren ver los partidos de la Copa del Mundo antes que hacer el amor. Más fuerte aún: el 95 por ciento de los hombres de entre 20 y 34 años respondió que prefiere pasar noventa minutos frente al televisor antes que acostarse con la mujer de sus sueños. El relevamiento no se efectuó aún en otros países, pero es de esperar que estos guarismos no varíen en otras naciones, como Argentina, Brasil o Italia. Dicen que no en vano al futbol se lo llama «pasión de multitudes».

El preservativo

El club inglés Cambridge United F.C. decidió en 1995 emprender una fuerte campaña de prevención del SIDA y, para generar conciencia entre sus hinchas, comenzó a regalarles preservativos en cada partido jugado en su casa, Abbey Stadium. Uno de los espectadores, un muchacho casado, tomó el condón ofrecido y lo guardó despreocupado en su pantalón. Al otro día, su esposa se dispuso a limpiar su ropa y, al revisar los bolsillos antes de introducir las prendas en la máquina lavadora, descubrió con horror que allí había un forro. Como en sus relaciones no utilizaban ese tipo de protección, la chica se angustió al sospechar que su pareja estaba teniendo un romance. Cuando el joven regresó a casa, su mujer lo recibió con una descomunal escena de celos. El pobre tipo le explicó a su esposa el origen del condón, mas no hubo caso: ella estaba convencida de que su marido la engañaba. La disputa se extendió unos quince días, hasta que el muchacho obligó a su cónyuge a acompañarlo al siguiente partido de Cambridge como local. Allí, la chica vio con sus propios ojos que su amado no le había mentido. La campaña contra el SIDA continuaba y los preservativos que se distribuían eran de la misma marca que el que ella había encontrado. La esposa se disculpó y la pareja se reconcilió de inmediato. Parece que, esa noche, en su casa, se gritaron más goles que en la cancha.

Denuncia cítrica

En el año 2000, la Serie C del torneo italiano de futbol 5 femenino tomó trascendencia a causa de una insólita denuncia: la arquera del equipo ASD Ginnastica e Calcio Sora, del pueblo latino de Sora, era... el entrenador Piero Pucci. De acuerdo con la imputación, Pucci jugaba travestido y con un sostén relleno con... ¡dos naranjas!

Las bailarinas

El referí francés Stéphane Moulin y sus jueces de línea habían accedido a visitar un restaurante de comidas típicas de la ciudad rumana de Piatra Neamt junto a su colega local Florin Chivulete, la noche anterior a dirigir el duelo entre F.C. Ceahlaul y Fußballklub Austria Wien, por la Copa Intertoto de la UEFA de 2000. El equipo austríaco había ganado 3-0 «a la ida», un marcador muy complicado de revertir para su rival. La opípara cena fluyó muy amena y bien regada, con un divertido show de simpáticas bailarinas que ejecutaron coreografías tradicionales ataviadas con las clásicas vestimentas del lugar. Tras los postres, las bellas danzarinas fueron invitadas a la mesa a compartir un café con los visitantes galos. Risa va, copa de champagne viene, las rumanas pasaron de las cálidas sonrisas a sensuales aunque inquietantes manoseos. Hasta que Moulin, sobresaltado por unos dedos que habían rozado su zona genital, se levantó de su silla y abandonó el lugar a los gritos. Al llegar a su hotel, el francés denunció la irregular situación al veedor de la UEFA, el alemán Sepferr Hermann, quien elevó un severo informe en el que se acusaba a F.C. Ceahlaul de intentar sobornar a los árbitros mediante el ofrecimiento de prostitutas. Al día siguiente, 15 de julio, el encuentro terminó 2-2, lo que significó la eliminación de la escuadra local. Diez días más tarde, la UEFA suspendió por un año al equipo para intervenir en competencias continentales (la pena había sido primero por cinco temporadas pero luego se la redujo a sólo una) y también al cicerone Chivulete. Al trascender la sanción, el arrogante empresario Adrian Porumboiu, propietario de S.C. Vaslui, otro equipo rumano, pretendió zanjar el incidente con un exabrupto: «Esto trascendió porque Moulin es gay».

Luna de gol

El galés William Poyntz, delantero del club inglés Leeds United AFC, decidió que la mañana del lunes 20 de febrero de 1922 era un buen momento para casarse, por tratarse de un día inusual para el calendario futbolero. Lo que el atacante no pudo prever fue que el match con Leicester City F.C. por el torneo de Segunda División, previsto para el sábado 18, debió ser postergado 48 horas porque el equipo rival tuvo que jugar en esa fecha con Arsenal por la F.A. Cup. La boda se realizó, de todos modos, el lunes por la mañana. Poyntz apenas tuvo tiempo de mojar sus labios con champagne, ya que debió abandonar la fiesta para dirigirse al estadio Elland Road a cambiarse para jugar, esa tarde, ante Leicester. El sacrificio tuvo, de alguna manera, su recompensa: Leeds ganó 3-0 con tres tantos del recién casado. Los reportes periodísticos de la época no precisan si el goleador tuvo un desempeño igual de brillante durante la noche de bodas.

Ley de ventaja

Para el Mundial de Clubes que se jugó en Río de Janeiro en enero de 2000, Real Madrid C.F. participó como privilegiado huésped por haber sido campeón Intercontinental en 1998. Uno de los defensores «merengues», Michel Salgado, disfrutó de la concesión de ser el único jugador de su equipo en viajar acompañado de su novia. Salgado no contó con una licencia especial, sino con la ventaja de que su enamorada, Malula, era la hija mayor de Lorenzo Sanz, el presidente de la escuadra madrileña. Eso sí: durante el desarrollo del torneo, el zaguero se concentró con sus compañeros. Tuvo coronita, pero no tanto...

Una maravilla

El delantero brasileño Dadá Maravilha (llamado, en verdad, Dario José dos Santos) tuvo una prolífica carrera de dos décadas, durante las cuales actuó en 17 equipos diferentes de su país entre 1966 y 1986. Según las poco rigurosas estadísticas locales, que cuentan hasta las anotaciones en el jardín de infantes, Dadá habría marcado 926 goles, una cifra que parece imposible para encuentros oficiales. No obstante, este carismático delantero se hizo muy famoso en Brasil por sus coloridas y engreídas declaraciones: «Sólo tres cosas se pueden detener en el aire: el helicóptero, el colibrí y Dadá Maravilha»; «Con Dadá en el campo, no hay marcador en blanco»; «Sólo hay tres poderes en el universo: Dios en el Cielo, el Papa en el Vaticano y Dadá en el área»; «Dios es el máximo admirador de Dadá Maravilha». Empero, el «top one» de sus testimonios llegó con una polémica revelación: «Me masturbo antes de los partidos porque quedo liviano como una pluma».

En una entrevista concedida a la radio Bandeirantes, el futbolista toquetón explicó que el hábito lo adoptó en su primera etapa en Clube Atlético Mineiro, a fines de los años 60. En un encuentro, el club de Belo Horizonte se fue al descanso perdiendo por 2 a 0 y con su delantero estrella muy desorientado. Antes de ingresar al vestuario, una hincha de Atlético silbó a Dadá y, con un vocabulario soez, le sugirió que se masturbara. El atacante tomó nota del reproche y, al llegar al vestidor, se encerró en uno de los baños. En la segunda mitad, Atlético Mineiro dio vuelta el marcador y ganó el duelo 3-2, con tres tantos del aligerado Dadá. Ese día se ganó un nuevo apodo: «Punhetinha».

Romances

¿Qué ocurre cuando el amor entre un hombre y una mujer es atravesado por la pasión por un equipo de futbol? Uno que la pasó muy mal, en la década de 1920, fue el jugador alemán Hans Sutor, quien fue echado del club Spielvereinigung Greuther Fürth por casarse con una hincha de su clásico rival, F.C. Nürnberg Verein für Leibesübungen.

Nicole Edelenbos y Maarten Oldenhof iniciaron un tórrido romance en 1998. La ardiente relación prosperó a pesar de que Nicole era dirigente del club Feyenoord de Rotterdam, y Maarten, de Ajax de Amsterdam, eternos rivales de la liga holandesa. Los enamorados se casaron y tuvieron un hijo, pero no todas fueron rosas: Nicole, quien trabajaba como abogada, fue despedida de Feyenoord porque su enlace con el directivo del Ajax «daña el buen nombre» de la institución de Rotterdam. La mujer inició acciones legales contra su club, que debió abonar una fuerte indemnización. La revancha llegó de inmediato: como el caso había saltado a las páginas de todos los periódicos, Nicole consiguió un nuevo puesto enseguida. «La publicidad tuvo un efecto positivo. Todos sabían que yo estaba disponible y se me acercaron varias empresas para preguntarme si quería trabajar para ellos». Un golazo.

Misoginia

En los últimos años, el futbol ha ganado una enorme popularidad entre las mujeres. El alto porcentaje de chicas en las canchas y frente al televisor ha enterrado la creencia de que este deporte es «cosa de hombres». Las muchachas no sólo van a los estadios sino que visten los colores de sus equipos favoritos, gritan sus consignas y evidencian un conocimiento de jugadores y tácticas que provocan envidia a los varones.

A principios de 2009, un grupo de hombres fanáticos del equipo ruso F.C. Zenit de San Petersburgo elevó una propuesta insólita al consejo directivo del club: que no se vendieran entradas a las hinchas. ¿La razón? «No se puede saltar ni insultar cuando hay mujeres» en las gradas del estadio Petrovsky, explicó Ruslan Dryuma, uno de los angustiados simpatizantes. Dryuma advirtió que el pedido no se sustentaba en una discriminación hacia el sexo opuesto, sino en una cuestión de pudor para expresarse con libertad en la cancha. Evidentemente, Dryuma y sus amigos jamás han visitado estadios de Argentina, Brasil o Italia, por nombrar sólo algunos países de sangre latina. Si escucharan con qué desenvoltura se expresan allí las señoritas, sin dudas perderían la vergüenza y, además, ampliarían su glosario futbolero con interesantes expresiones.

No cayeron en la tentación

Había que detener a Camerún, como fuera. Como defensor del título de 2000, los «leones indomables» eran los favoritos para quedarse otra vez con la Copa Africana de Naciones 2002 que se realizaba en Mali. El 7 de febrero, Camerún debía enfrentar en la semifinal, precisamente, a la escuadra anfitriona. Esto alarmaba a los dirigentes malíes, que reconocían la superioridad del rival. Tras un rápido repaso de la situación, los directivos decidieron recurrir a una estratagema extradeportiva que los ayudara a alcanzar la victoria dentro de la cancha: llenar el hotel de Bamako —la capital malí— donde se alojaban los cameruneses con jóvenes y hermosas prostitutas. Sin embargo, los futbolistas visitantes no cayeron en la tentación y se mantuvieron sordos al dulce canto de las bellas «sirenas» que pretendían mermar sus fuerzas con sus virtudes amatorias. Camerún aplastó 3-0 a la selección local y en la final derrotó por penales a Senegal. No se sabe si, una vez terminada la vuelta olímpica, los campeones evaluaron aflojar su resistencia y acceder a los encantos de las señoritas. De todos modos, el hotel había quedado «vacío» apenas terminada la semifinal.

El señor de los anillos

Hace pocos años, la FIFA agregó una disposición a la normativa relacionada con la vestimenta de los futbolistas: «No utilizarán ningún equipamiento ni llevarán ningún objeto que sea peligroso para ellos mismos o para los demás jugadores (incluido cualquier tipo de joya)». En 2000, este punto no figuraba en el reglamento, lo que pudo haberle evitado un agudo dolor de cabeza al brasileño Vítor Rivaldo Borba Ferreira, Rivaldo. El 27 de mayo de ese año, el talentoso mediocampista intervino con su selección en un encuentro amistoso con Inglaterra en el tradicional estadio de Wembley. En medio del juego, Rivaldo notó una dolorosa pérdida: su alianza matrimonial que solía besar después de cada gol —una gruesa pieza de oro con el nombre de su esposa, Eliza, grabado— había escapado de su dedo anular zurdo para desaparecer en los 7.350 metros cuadrados de césped del legendario coliseo. El brasileño, desconcertado, pasó el resto del match más preocupado por recuperar su anillo que por patear el balón. Finalizado el encuentro, 1-1, Rivaldo se duchó y, al llegar al micro que trasladaría el plantel sudamericano al aeropuerto, fue sorprendido gratamente por un empleado de Wembley, que le devolvió su preciada joya. El anillo había sido encontrado en el césped por uno de los futbolistas ingleses, el defensor Martin Keown. Rivaldo regresó a casa muy aliviado pero, temeroso de un nuevo contratiempo con un desenlace diferente, se tatuó el nombre de su amada Eliza en el dedo anular de su mano izquierda.

Pitos

En 1997, la coordinadora del Departamento de Futbol Femenino de la Asociación Uruguaya de Futbol, Matilde Reisch, lanzó una bomba: presentó una queja ante el Colegio de Árbitros por presunto acoso sexual de los referís a las jugadoras. Según el planteo de Reisch, varias muchachas habían denunciado que algunos jueces amonestaban a las chicas que se negaban a darles sus números de teléfono para invitarlas a salir. Asimismo, aseguró que se cobraban penales «inexistentes» a favor de las delanteras más bonitas o no sancionaba a las defensoras «de hermosas piernas» que cometían faltas.

Duchas de agua caliente

Las esposas y novias de los futbolistas que participaban en la Exeter and District Sunday League pusieron el grito en el cielo cuando se enteraron de que una referí, Janet Fewings, se duchaba después de los partidos... ¡junto a los jugadores! Vaya insolencia la de Fewings: a sus 41 años, esta madre de cuatro niños se desnudaba y tomaba su baño pospartido tranquilamente junto a los muchachos. «En los estadios de los clubes pequeños no hay duchas para mujeres y hombres», se justificó la jueza cuando el escándalo se desató a mediados de 1996. «Yo ya he visto de todo antes, y les aseguro que, a menudo, no es la más bonita vista en el mundo», contestó mordaz a las quejas de las celosas mujeres. A lo largo de una extensa carrera de más de cien partidos arbitrados, Fewings debió cambiarse en cocinas, bares y hasta en un armario de escobas. Harta, un buen día decidió meterse en el vestuario de uno de los dos equipos y, sin ningún pudor, refrescarse junto a los futbolistas desnudos. Consultado por el diario inglés *The Mirror*, uno de esos jugadores comentó con gran sentido del humor: «Primero me quedé atónito al ver una mujer desnuda en la ducha de al lado, pero después me pareció el mejor resultado de toda la temporada». Janet también le puso una cuota de gracia al caso: «Es mejor que cambiarse junto a las escobas, salvo que alguno de los muchachos haya bebido mucho la noche anterior». Lo que no confesó la desvergonzada Fewings es si alguna vez, durante el baño, se le cayó el jabón...

Pidió el cambio

En 2005, las «revistas del corazón» de Alemania brindaron con delicioso vino del Rin. Una jugadora de futbol, Inka Grings, les regaló en bandeja la posibilidad de disparar sus ventas al cielo. Inka, una prolífica delantera de 26 años, llevaba cinco años de relación amorosa y convivencia hogareña con una de sus compañeras del club FCR Duisburg de la Bundesliga femenina, Linda Bresonik, de veintiún añitos. De buenas a primeras, la goleadora decidió cambiar de amor y dejó a Linda por... un entrenador. Inka se animó a reemplazar una novia por un novio al conocer a Holger Fach, de 42 años, técnico de Verein für Leibesübungen Wolfsburg y quien acababa de divorciarse de su esposa Andrea. Los enamorados no evitaron ser fotografiados en restaurantes, bares y centros nocturnos de Berlín y otras ciudades. «Inka es una mujer magnífica», aseguró Fach a un matutino. Revitalizada con su nueva pasión, Grings fue la goleadora de la Eurocopa Femenina 2005 ganada por su selección, se convirtió en la máxima artillera en la historia de la Bundesliga y en 2009 fue clave para que FCR Duisburg ganara la Liga de Campeones de la UEFA y la Copa de la Federación Alemana. Una gran futbolista que siguió jugando... a pesar del cambio.

La orgía

Israel había logrado un notable segundo puesto en su grupc de clasificación para la Eurocopa 2000, que se realizó en Holanda y Bélgica. El equipo asiático —que compite en Europa por los graves problemas políticos que mantiene con sus vecinos— terminó detrás de España, clasificado directo para el torneo continental, pero delante de Austria, Chipre y San Marino. En los «play off», Israel debía enfrentar a Dinamarca en un duelo de «ida y vuelta» en pos de un boleto que nunca había conseguido en su historia. Frente al gran evento, el equipo se acuarteló en Tel Aviv para el primer duelo, pactado para el 13 de noviembre de 1999 en el estadio Ramat Gan. Empero, la noche anterior al juego, cuatro de los titulares se «concentraron» con prostitutas hasta la salida del sol. La juerga —versiones periodísticas denunciaron que en una habitación se encontraron «varios condones usados»— tuvo nefastas consecuencias: los normandos aplastaron a los israelíes por 5 a 0. En el juego restante, en Copenhague, Dinamarca selló su clasificación con un 3-0 que dejó un global de 8-0. La federación, enterada del singular suceso, decidió destituir a los cuatro «fiesteros» y al entrenador, Schlomo Scherf. Sin embargo, a las pocas semanas, las sanciones quedaron sin efecto: los futbolistas involucrados publicaron una carta de disculpas en un diario local, prometieron no repetir el incidente y donaron unos 19.000 dólares a una organización de beneficencia infantil. Una orgía muy cara, por la que debieron pagar por partida doble.

Motivados

Vila Nova Futebol Clube había caído a la Tercera División de Brasil y su situación era alarmante. Antes del comienzo de la temporada 1996, uno de los dirigentes, propietario de un lujoso hotel «romántico» de la ciudad de Goiania, que además era auspiciante del equipo, propuso a los jugadores regalar una noche sin cargo, champagne incluido, a quien fuera elegido por los hinchas como la figura de cada partido. La propuesta renovó los bríos de los muchachos: Vila Nova ganó invicto el Campeonato Brasileiro Série C.

A mediados de 2008, en la ciudad de Copenhague, el presidente de Football Club København de la Primera División dinamarquesa, Flemming Østergaard, ofreció como «premio especial» a sus futbolistas dos películas porno por cada victoria. Los filmes eran producidos y distribuidos por la empresa BN Agentur, patrocinadora del club. København no sólo se quedó con el título de campeón, sino que ganó 23 de los 33 encuentros disputados. Como recompensa, cada jugador recibió 46 videos eróticos. No les alcanzaron las manos... ¡para llevarse el premio a casa!

Nigeria no arrancó con buen pie la Copa Africana de Naciones 2013, que se disputó en Sudáfrica. Sus dos primeros partidos en el Grupo C fueron dos empates 1-1 con Burkina Faso y Zambia. Con el equipo en serio riesgo de quedar fuera del campeonato, desde Lagos llegó un particular mensaje de aliento: la Asociación Nigeriana de Prostitutas ofreció a los futbolistas una semana de sexo gratis si la situación se revertía y se ganaba el certamen. La respuesta de los muchachos fue extraordinariamente positiva, ya que vencieron 2-0 a Etiopía en el último match de la primera fase, 2-1 a Costa de Marfil en cuartos, 4-1 a Malí en la semi y 1-0 a Burkina Faso —la revelación del torneo— en la final. No trascendió si las «súper águilas» pasaron a retirar el premio prometido por las chicas, pero no cabe ninguna duda de que el estímulo resultó muy efectivo.

Fiesta negra

Por lo general, en el futbol, los escándalos estallan cuando se dan los malos resultados. Sin el éxito como aliado, esconder maniobras oscuras es muy complicado. La nación africana de Zimbabue nunca se clasificó para el Mundial. No es extraño, por ello, que sus resultados en la primera fase de grupos en la eliminatoria africana para Sudáfrica 2010 hayan sido muy insuficientes. Sin embargo, luego de una seguidilla de pésimas actuaciones (caídas abultadas en Kenia y Namibia, y empates sin goles en casa con Kenia y Guinea) trascendió que la presidenta de la Federación de Futbol zimbabuense, Henrietta Rushwaya, acostumbraba a llevarse jugadores de la concentración para pasar con ellos noches y madrugadas muy agitadas. El periódico *Zimdaily* llegó incluso a mencionar a Benjani Mwaruwari (capitán de la escuadra nacional y jugador del club inglés Manchester City F.C.), Harlington Shereni (R.C. Strasbourg de Francia) y Cephas Chimedza (Koninklijke Sint-Truidense Voetbalvereniging de Bélgica) como algunos de sus fogosos amantes. Pocos meses después de que trascendieran sus romances, la fogosa mujer debió renunciar a su cargo en la federación al ser acusada de dos delitos: el primero, arreglar partidos para una mafia de apuestas ilegales de Asia; el segundo, ofrecer sus encantos sexuales a periodistas «a cambio de enterrar» sus embrollos «debajo de la alfombra» para que no trascendieran. Pero sus trapisondas salieron finalmente a la luz y se terminó la fiesta para la impulsiva Henrietta, quien acabó en prisión.

La recompensa

El delantero Junior Agogo se convirtió en el gran héroe ghanés de la noche a la mañana. Mejor dicho, de la tarde a la noche. El 3 de febrero de 2008, Agogo consiguió, a los 83 minutos, el gol del triunfo de su selección ante Nigeria, en los cuartos de final de la Copa de África que se celebraba, justamente, en Ghana. La escuadra local —conocida como «las estrellas negras»— se impuso por 2-1 en el estadio Ohene Djan de Accra, la capital del país. Al día siguiente, un anciano se presentó en el lujoso hotel donde se alojaba el equipo. El viejo, de 82 años, se abrió paso entre la multitud de hinchas que pugnaba por autógrafos de sus ídolos y se presentó ante Agogo. El hombre señaló hacia el lobby para mostrarle que allí había una jovencita muy hermosa. «Es mi nieta, y es virgen. La traje para que pase la noche contigo, como agradecimiento por esta victoria tan importante para nuestra nación. Es toda tuya», aseguró el abuelo. El goleador, avergonzado por la situación, ocurrida a la vista y oídos de decenas de curiosos y varios periodistas, sólo pudo comentar que «los hinchas me demuestran muchísimo amor». Tres días más tarde, Ghana cayó 0-1 ante Camerún, en las semifinales. Agogo jugó muy mal. Parecía agotado.

Catarata de goles

El futbol tiene un problema y es que el equipo contrario existe.

JEAN PAUL SARTRE

Una goleada tiene una sola explicación: la amplia diferencia entre ambos contendientes. Esa disparidad puede radicar en el nivel técnico y/o táctico, en el estado físico de los jugadores, en una o varias expulsiones que desnivelen los equipos, y hasta en algún soborno. Otras veces, cuando el marcador supera los siete u ocho goles, el juego sufrió alguna extraordinaria circunstancia —el lector ya habrá imaginado que este capítulo no pretenderá ser menos que sus «hermanos»— que eludió toda previsión de dirigentes, entrenadores y de los propios protagonistas. Si no, pregúntenle —en sentido figurado, claro, porque lleva casi 80 años muerto— al arquero Joe Frail, del club Burslem Port Vale (hoy, simplemente, Port Vale F.C.). El portero tuvo una dilatada carrera a pesar de jugar... con anteojos. El 10 de diciembre de 1892, por el torneo de Segunda División de Inglaterra, Burslem recibió en su estadio, Athletic Ground, al poderoso Sheffield United F.C. —esa temporada ascendería a la máxima categoría— en medio de un diluvio que, en pocos minutos, convirtió el campo de juego en un lodazal. En su primer revolcón, el infortunado de Frail perdió sus gafas en el barro, por lo que debió continuar el match sin ese accesorio que mejoraba su visión. Los jugadores visitantes no se apiadaron del portero miope y aprovecharon su desgracia para marcarle diez goles, récord de efectividad histórico de Sheffield United que se mantenía al cierre de esta edición. Una semana más tarde, Burslem viajó a Sheffield para enfrentar a su verdugo en Bramall Lane (por esos tiempos, todos los equipos se enfrentaban dos veces en la liga, ida y vuelta como hoy, aunque era normal que lo hicieran en dos fines de semana consecutivos). Esta vez, con el césped seco, los anteojos en su lugar y en perfectas condiciones, Frail tuvo una mejor actuación, y su equipo sólo perdió 4 a 0.

En contra

La mayor goleada «oficial» para un encuentro de Primera División ocurrió el 31 de octubre de 2002 en Antananarivo, capital de Madagascar: A.S. Adema doblegó a Stade Olympique de L'Emyrne 149 a 0. Sí, leyó bien: 149 a 0. Una diferencia que, en condiciones «normales», es imposible de alcanzar aunque se trate del mejor equipo de la historia contra el peor. Para que el marcador llegara a las tres cifras, se dio un contexto particular: una semana antes, en Toamasina, estos dos clubes se enfrentaron en el cuadrangular final del torneo de Primera malgache. Olympique ganaba 2-1 hasta que, en el último minuto, el referí Benjamina Razafintsalama le otorgó a Adema un penal muy dudoso que le permitió a esa escuadra alcanzar la igualdad y, de yapa, salir campeón. Sin posibilidades de alcanzar el título, los futbolistas de Olympique —que protestaron con vehemencia la «pena máxima» por considerarla injusta— prepararon una sorpresa para el último match, que debía cumplirse sólo como un trámite. Luego de ganar el sorteo, el capitán Manitranirina Andrianiaina, sus compañeros Mamisoa Razafindrakoto, Nicolas Rakotoarimanana repitieron 149 veces la misma jugada: sacaron, patearon para atrás y mandaron la pelota a su propia red, ante la pasiva mirada del arquero Dominique Rakotonandrasana. Los hombres de Adema sólo tocaron el balón para mover en la segunda etapa. En cuanto los jugadores de Olympique recuperaron el control, la catarata de goles en contra prosiguió hasta el final. La farsa irritó a los espectadores, que reclamaron la devolución del dinero de la entrada, y al presidente de la Federación malgache, Jacques Benony, quien suspendió por tres años al entrenador de Olympique, Zaka Be, por montar el bizarro espectáculo.

Extraña elección

Poco antes del comienzo del campeonato de Primera División de Argentina de 1906, el legendario arquero José Laforia pasó a Alumni Athletic Club y dejó a su ex escuadra, Barracas Athletic Club (ambas instituciones hoy desaparecidas del universo futbolero), sin un reemplazante titular. Ante esta situación de emergencia, Barracas, que no tenía un portero suplente, se vio obligado a probar distintos jugadores «de campo» bajo los tres palos, mas como ninguno de ellos se destacaba en esa función, la búsqueda prosiguió fecha a fecha con un nuevo candidato para el puesto vacante. El 26 de agosto de ese año, los hombres de Barracas debían trasladarse a la localidad bonaerense de Campana —situada a unos 60 kilómetros al norte de la Ciudad de Buenos Aires— para enfrentar a Reformer Athletic Club, un modesto conjunto integrado por los empleados de un frigorífico. Esa fría mañana, solamente ocho futbolistas se presentaron en la estación de trenes de Retiro para efectuar el viaje hacia la cancha rival. Ya de camino a Campana, los jugadores decidieron una estrategia revolucionaria para contrarrestar la desventaja numérica: se le encomendó la difícil tarea de custodiar los tres palos a Winston Coe, uno de los socios fundadores del equipo, quien habitualmente se desempeñaba como defensor por la derecha. Pero las tácticas planeadas de poco sirvieron frente al conjunto completo de Reformer, que se adjudicó una contundente victoria por 11 a 0 ante el desmembrado oponente porteño. Empero, las crónicas de la época —entre ellas, la del diario *La Nación*— elogiaron la labor de Coe, quien, a pesar de un importante defecto físico, fue el principal responsable de que Barracas no sufriera una goleada aún más humillante. Y no era para menos, ya que al improvisado arquero... ¡le faltaba el brazo izquierdo!

Resaca

El partido de vuelta ante AFC Comprest GIM significó un «doble compromiso» para los jugadores de C.S. Viitorul Chirnogi. Por un lado, el deportivo, ya que debían afrontar el segundo match de la liguilla de ascenso a la segunda división de Rumania tras un vergonzoso 0-10 a la ida. Por el otro, el humano, ya que uno de los «titulares» se casaba la noche anterior al encuentro definitorio. Uno de los muchachos propuso asumir las dos responsabilidades, y así lo aprobaron todos, aun sabiendo que una boda no era el mejor de los lugares para concentrarse antes del match. La mañana del 20 de junio de 1993, todos los futbolistas de Viitorul Chirnogi se presentaron a jugar borrachos después de tantos brindis a la salud de la nueva pareja. Su actuación, lógico, provocó un resultado «doble», como su visión alcoholizada: 21 a 0 para los frescos atletas de Comprest. Y fue sólo 21 porque el árbitro dio por terminado el match en el minuto 70, cuando sólo seis de los mamados continuaban de pie.

La loca celebración rumana tiene un notable antecedente inglés: en abril de 1909, la Football Association inició una investigación luego de que Manchester City F.C. denunciara un supuesto soborno de Nottingham Forest a Leicester Fosse F.C. (hoy Leicester City F.C.) para salvarse del descenso. En la última fecha, Nottingham Forest F.C. necesitaba un amplio triunfo ante el ya descendido Leicester Fosse para evitar acompañar a su rival de esa jornada a la segunda categoría. Y la goleada llegó, nada menos que por 12 a 0, hecho que perjudicó a Manchester City, que así quedó condenado a perder la categoría. El club del norte de Inglaterra reclamó entonces una pesquisa para que se determinara si los muchachos de Leicester habían recibido dinero de sus oponentes para boicotear su propio desempeño. Sin embargo, tras una profunda indagación —en la cual fue crucial el testimonio del referí de ese match, John Howcroft—, la F.A. determinó que los futbolistas cuestionados no habían sido sobornados sino que habían celebrado el matrimonio de un compañero de equipo, Robert Turner, durante dos días... ¡hasta pocos minutos antes del duelo!

Cuando lo que abunda no daña... al rival

Un viejo e idealista adagio asegura que el objetivo de todo equipo es hilvanar las «tres g»: «ganar, golear y gustar». Más allá de infrecuentes situaciones como las relatadas en este capítulo, casi toda catarata de goles es una válida razón para celebrar deliciosos desempeños dignos de la galería de los recuerdos. «Casi toda», porque la riqueza futbolera ha parido desopilantes situaciones en las que no siempre mandar muchas veces la pelota a la red fue, necesariamente, sinónimo de victoria. Una de las más increíbles sucedió el 29 de septiembre de 2004, cuando los clubes Sporto Crab Connection y WASA Clean and White se enfrentaron por la Super League de Trinidad y Tobago, la Segunda División del país caribeño, de carácter semiprofesional. Crab Connection anotó esa tarde 13 goles, su récord para un solo match, pero... ¡perdió el partido! En una jornada que sin dudas no será calificada como «el día del arquero», WASA también logró una prolífica cosecha al marcar quince veces, dos más que su desdichado rival. ¡15 a 13! El extraño encuentro dejó dos perlas extra: 1) el club perdedor llegó a estar 4-0 arriba en el marcador, hasta los 22 minutos de la etapa inicial; 2) el centrodelantero Marlon Warner consiguió 10 tantos... ¡pero se fue derrotado! ¡Ni siquiera le regalaron la pelota! Su eficacia es récord en Trinidad y Tobago. Su desventura, también.

Héroes sin gloria

La fatalidad del pobre trinitense Marlon Warner es enorme, aunque un analista riguroso podría indicar que, por haberse producido en un contexto casi amateur, no alcanza los kilates del infortunio protagonizado por Milinko Pantic. El 12 de marzo de 1997, el delantero serbio le anotó cuatro goles al superpoderoso F.C. Barcelona. Su problema consistió en que el club catalán, a su vez, le encajó cinco a Club Atlético de Madrid, su equipo. El calvario de Pantic correspondió al partido de vuelta de cuartos de final de la Copa del Rey 1996/97. Tras una igualdad 2-2 en la capital española, Pantic clavó un «hat-trick» en el arco que defendía el portugués Vítor Baía en sólo media hora del primer tiempo, para silenciar a 80.000 fanáticos locales. En el complemento, el brasileño Ronaldo descontó en dos oportunidades y Pantic se lució una vez más para el 2-4. El milagro «blaugrana» llegó con una nueva conquista de Ronaldo, otra del lusitano Figo y una del argentino Juan Pizzi.

Un año más tarde, en el estadio Helmántico de Salamanca, otro jugador «colchonero» debió sufrir la misma maldición. El italiano Christian Vieri tuvo una actuación excelsa el 22 de marzo de 1998, coronada con cuatro goles. Empero, el «straniero» se atragantó con los cinco tantos de Unión Deportiva Salamanca que sellaron la derrota de Atlético de Madrid. Vieri estaba tan enfadado con sus compañeros que hasta se negó a compartir el vestuario con ellos. Se cambió en el pasillo y, sin ducharse, salió de la cancha, tomó un taxi hasta el aeropuerto y se regresó solito a Madrid. Pocas semanas más tarde, al finalizar la temporada, dejó Atlético para incorporarse a S.S. Lazio de Italia.

Esa no fue la única vez que Vieri manifestó con vehemencia su disgusto. El 12 de octubre de 2003, en el estadio Oreste Granillo de

Reggio Calabria, Italia goleó a Azerbaiyán 4-0 en el último partido de la etapa clasificatoria para la Eurocopa Portugal 2004. Vieri, autor del primer tanto local, fue reemplazado a los 55 minutos por Marco di Vaio. Al dejar la cancha, el goleador tomó una botellita de agua y se la arrojó a su entrenador, Giovanni Trapattoni. Consciente del escándalo que había desatado, el delantero reconoció públicamente su error y se disculpó con el técnico: «Me doy cuenta de que me he pasado; me parecía la noche perfecta para marcar dos tantos. Son las ganas de jugar, marcar, vencer. Fue un momento de rabia. Cuando golpeé la botella no me di cuenta de que iba hacia Giovanni», aseguró. Trapattoni minimizó el incidente y, de hecho, no sólo incluyó a Vieri en el plantel que viajó al campeonato lusitano sino que lo alineó en los tres partidos que disputó la escuadra «azzurra», los dos primeros como titular. El fastidioso atacante no marcó e Italia quedó eliminada en primera ronda.

En la Copa del Mundo, la nota más negativa en esta materia la dio el polaco Ernest Wilimowski: el 5 de junio de 1938, por la primera ronda del Mundial de Francia, Wilimowski le anotó a Brasil cuatro goles que resultaron insuficientes, ya que la escuadra sudamericana se impuso 6-5 en uno de los duelos más vehementes de la historia del certamen. Como ese campeonato se desarrolló en un cuadro de eliminación directa, lo de Wilimowski fue debut y despedida. Al menos, para su consuelo, su nombre quedó en el mármol de los récords con el más efectivo promedio de gol mundialista.

Si de volumen se trata, quien podría llegar a los tobillos del trinitense Warner es el inglés Wilfred Minter. En 1922, este delantero amateur marcó siete tantos para Saint Albans City F.C. en un match de la prestigiosa F.A. Cup. Su equipo, no obstante, cayó 8-7 ante Dulwich Hamlet F.C., su rival de ese día. La eficacia de Minter interesó a importantes clubes londinenses como West Ham United F.C. y Tottenham Hotspur F.C., entre otros. Sin embargo, a diferencia de Vieri, el buenote de Wilfred priorizó seguir jugando con sus amigos y continuar su carrera en Saint Albans, el club de su ciudad natal.

No por mucho apabullar...

El entrenador serbio Vujadin Boškov dijo una vez: «Prefiero perder un partido por 9-0 que nueve por 1-0». Por supuesto, Boškov no lanzó esta ya famosa frase porque sí, sino luego de que su equipo, Real Madrid C.F., cayera 9-1 ante F.C. Bayern München en un amistoso jugado en 1980. Más allá de su contexto, esta máxima denota una notable lucidez práctica. Del mismo modo, se puede afirmar en contraposición que es mejor ganar diez encuentros por 1-0 y no sólo uno con 10 tantos. El 15 de junio de 1982, durante el campeonato Mundial jugado en España, Hungría aplastó a El Salvador 10-1, hasta hoy la mayor goleada en la historia de la competición. Ese día, el magiar Laszlo Kiss se transformó en el suplente más eficaz de la Copa: anotó tres tantos durante los 35 minutos que estuvo en la cancha, a la que accedió en reemplazo de Andras Torocsik. Lamentablemente para la escuadra europea, tan fantástica victoria no sirvió de nada: tras caer con Argentina (4-1) e igualar con Bélgica (1-1), Hungría quedó en el tercer lugar del Grupo 3 y se despidió del torneo en primera ronda.

Ya que hablamos de Mundiales y de Hungría, otro ejemplo de excesivos gritos inútiles le cupo a la escuadra magiar en Suiza 1954, Copa en la que fue el equipo más goleador con 27 tantos en sólo seis encuentros. Diez de esos goles se los marcó a Alemania: en la primera ronda, Hungría se impuso a la escuadra germana por 8 a 3. Quiso el destino que estos dos equipos clasificaran para la segunda ronda y volvieran a verse las caras en la final. Allí, la selección magiar logró una rápida ventaja por 2 a 0. Pero, con el correr de los minutos, esa superioridad se evaporó y terminó con un 3-2 para Alemania, que así consiguió su primera consagración mundialista.

Otro caso alarmante sucedió durante la eliminatoria para Corea-Japón 2002. Australia consiguió la goleada récord para un encuentro internacional oficial al apabullar a Samoa Estadounidense 31-0, el 11 de abril de 2001 en el International Sports Stadium de Coffs Harbour, Nueva Gales del Sur. Empero, la abrumadora potencia australiana se pinchó unos meses más tarde cuando el equipo de camiseta amarilla, ganador del grupo de Oceanía, enfrentó a Uruguay en el repechaje con Sudamérica. Australia ganó 1-0 en su casa, a la ida, pero en Montevideo su supuesta fortaleza se amilanó frente a la famosa «garra charrúa». Los «socceroos» perdieron 3-0 y se quedaron sin Mundial.

El 24 junio de 1998, en Francia, España goleó 6-1 a Bulgaria en la última fecha del Grupo inicial D. La enorme diferencia en el marcador no sirvió de nada: la escuadra roja quedó eliminada porque apenas pudo alcanzar el tercer puesto del cuarteto, detrás de Nigeria y Paraguay, los dos clasificados para la siguiente ronda. Doce años más tarde, en Sudáfrica 2010, España fue un brillante campeón con apenas ocho goles en siete partidos. A partir de octavos de final, superó sucesivamente a Portugal, Paraguay, Alemania y Holanda con el mismo tanteador: 1-0. Sin dudas, el equipo ibérico había aprendido, y mucho, sobre la «postura Boškov».

RegreZar

El torneo de futbol de los Juegos Olímpicos de Estocolmo 1912 se desarrolló mediante un cuadro de eliminación directa con nueve selecciones, todas europeas. Una de ellas fue la de Rusia, que por primera vez presentaba un combinado patrio en un certamen internacional. El equipo viajó con mucho entusiasmo hacia la capital sueca, pero el 30 de junio su participación significó un crudo «debut y despedida» al caer ante Finlandia por 2 a 1. No obstante, a los organizadores les pareció un tanto cruel que la mitad de los equipos hubieran viajado tanto para jugar apenas un partido, por lo que idearon un campeonato «consuelo» para los eliminados en primera instancia. Allí, a Rusia le tocó enfrentar a Alemania, que en los papeles parecía accesible puesto que había caído 5-1 con Austria. Sin embargo, la escuadra germana fue muy superior y se impuso por un humillante 16 a 0. La estrepitosa caída tuvo repercusiones al otro lado del mar Báltico: Nicolás II (el último zar de Rusia, depuesto por la revolución de 1917 y asesinado un año más tarde), enfadado por lo que consideraba un resultado vergonzoso para su patria, se negó a pagar el viaje de regreso a futbolistas y dirigentes. Los deportistas y sus representantes aceptaron el castigo en silencio y abonaron de su bolsillo el tren de regreso a Moscú. Nadie protestó; todos sabían que, si abrían la boca, la parada siguiente sería Siberia.

La mencionada goleada de Austria sobre Alemania también resultó curiosa: el marcador en el estadio Råsunda del barrio de Solna, en Estocolmo, lo abrió la escuadra germana, a través de Adolf Jager, a los 35. A los 10 minutos del complemento, con el marcador todavía 1-0, el arquero alemán, Albert Weber, estrelló su cabeza contra un poste tras una atajada magistral. Como en esa época no estaban permitidas las sustituciones, Weber se mantuvo en el arco a pesar de estar muy mareado y haber sufrido una herida cortante en el cráneo. En esas condiciones, el portero nada pudo hacer para evitar los goles de Johann Studnicka (a los 58) y Leopold Neubauer (a los 62). Al advertir que Weber estaba al borde del nocaut y su cabeza continuaba sangrando profusamente, sus compañeros decidieron sacarlo y colocar en su puesto al delantero Willi Worpitzky. Austria aprovechó la superioridad numérica y la nula experiencia de Worpitzky en la valla para marcar otros tres tantos: dos de Robert Merz (75 y 81) y el último de Robert Cimera (89).

Vergüenza afuera

A mediados de la década de 1950, Real Madrid C.F. armó uno de los más grandes equipos de la historia, que se apoderó de cinco Ligas de Campeones de la UEFA (en ese entonces, denominada Copa de Clubes Campeones Europeos) consecutivas gracias a la magia de excepcionales futbolistas, como el argentino Alfredo di Stéfano, el francés Raymond Kopa o el húngaro Ferenc Puskás. Precisamente, para presentar al pequeño delantero galo —hijo de inmigrantes polacos, cuyo verdadero apellido era Kopaszewski—, el club madrileño organizó un amistoso con un equipo de la Primera División de Francia, Football Club Sochaux-Montbéliard, el 4 de octubre de 1956 en el estadio Santiago Bernabéu. Esa tarde, no pareció que Di Stéfano y Kopa jugaran juntos por primera vez: el argentino (marcó cuatro tantos) y el francés (autor de otros tres) encabezaron un festival maravilloso que culminó con un abismal 14-1. La amplia victoria merengue no causó mucha gracia allende los Pirineos. Aunque se había tratado de un juego amistoso, la Federación Francesa se tomó la humillación muy en serio y prohibió a Sochaux actuar fuera del país por un año.

Gemelos

Sus nombres son muy parecidos, y más de uno podría confundirse y pensar que se trata del mismo país. El Estado Independiente de Samoa y Samoa Americana son dos pequeñas naciones vecinas aunque diferentes, compuestas por un puñado de islas en el Pacífico Sur. Bueno, a veces no son tan distintas y actúan como verdaderas gemelas. El 9 de octubre de 1998, las selecciones femeninas de estos dos archipiélagos enfrentaron, respectivamente, a Nueva Zelanda y Australia por la clasificación para el Mundial de Estados Unidos 1999. Tal vez para subrayar su condición de queridas hermanas, las dos escuadras se esforzaron para finalizar con el mismo marcador: 21 a 0. Como para no ser una menos que la otra.

Conquistas ahogadas

«El futbol no es matemáticas. Dos más dos raras veces da cuatro. Puede dar tres, cinco y hasta cero», sentenció una vez el entrenador holandés Leo Beenhakker. No parece un pensamiento disparatado, sobre todo si se tiene en cuenta que un eficaz delantero anotó siete goles para que su equipo perdiera... ¡3-1! No, no hay un error de imprenta: así sucedió aunque ninguno de esos siete tantos fue anulado por el árbitro. ¿Cómo se explica? A través de los intrincados caminos por los que rueda el balón. El 28 de enero de 1961, por la cuarta ronda de la prestigiosa F.A. Cup inglesa, Manchester City F.C. vencía como visitante 2-6 a Luton Town con seis conquistas de su atacante estrella, el escocés Denis Law. A 21 minutos del final, una profusa lluvia inundó el estadio Kenilworth Road y el árbitro Ken Tuck debió suspender el match. Según el reglamento del torneo, el partido interrumpido por una circunstancia ajena a los protagonistas debía volver a jugarse desde el principio y con el marcador en blanco. Cuatro días después, con el campo en mejores condiciones, Law anotó una vez más para City, pero esa jornada Luton se recuperó y, mejor plantado, se impuso por 3-1. El agua no sólo diluyó la victoria de Manchester: como el resultado del primer encuentro no se computó oficialmente, a Law no se le sumaron sus conquistas. Con ellas, su nombre habría quedado en el mármol como el del máximo goleador del torneo en el siglo XX.

Goles caros

El debut oficial de la selección de Francia fue un vibrante empate a tres ante su par de Bélgica, en Bruselas, el primero de mayo de 1904. En cambio, el primer partido «internacional» protagonizado por un combinado galo ocurrió un año antes, el 26 de abril, cuando un equipo conformado por once futbolistas parisinos con camiseta roja enfrentó a un conjunto de estrellas inglesas vestidas de blanco. Esa tarde no hubo empate, aunque las dos escuadras se fueron muy contentas del Parc des Princes de la Ciudad Luz: los visitantes, por haberse impuesto por un inobjetable 11-0. Los locales, porque 984 personas habían pagado su entrada para ver el match. La taquilla ascendió a 1.246 francos antiguos, ¡una fortuna en esos tiempos!

El 22 de noviembre de 2009, el estadio White Hart Lane fue escenario de la segunda mayor goleada de la Premier League inglesa: Tottenham Hotspur F.C. 9-Wigan Athletic F.C. 1 (el récord era, al cierre de esta edición, Manchester United F.C. 9-Ipswich Town F.C. 0, en 1995). La dura derrota provocó la dimisión del entrenador visitante, Roberto Martínez, y un insólito gesto de los humillados jugadores: por iniciativa de su capitán, el holandés Mario Melchiot, los futbolistas decidieron devolver el importe de las entradas de los 400 hinchas que habían viajado desde Wigan —una localidad del gran Manchester, en el noroeste de Inglaterra— hasta la casa de Tottenham, en Londres. «Somos un grupo de profesionales que se siente avergonzado por la forma en que actuamos. Lo hicimos muy por debajo de nuestro estándar y sentimos que debemos compensar, de alguna manera, a nuestros seguidores. Es un gesto a su extraordinaria lealtad», explicó Melchiot. Cada ticket había costado unos 25 dólares, por lo que el plantel de Wigan reunió 10.000 dólares para sus agradecidos hinchas.

Un gesto parecido tuvieron los dirigentes de Arsenal F.C. en agosto de 2011, luego de que su escuadra fuera destrozada por Manchester United F.C. en Old Trafford por 8 a 2. Casi 3.000 aficionados del equipo londinense fueron «compensados» con una entrada gratis para el siguiente encuentro fuera de casa. Un consuelo por haber viajado 680 kilómetros, entre ida y vuelta, para presenciar la peor derrota en 115 años, desde que el club de camiseta roja cayera 8-0 ante Loughborough AFC, el 12 de diciembre de 1896, por la segunda división inglesa.

En Italia, fue muy gravoso el castigo que recayó sobre los jugadores de Juventus F.C., «la vecchia signora». El 30 de mayo de 1993, por la fecha 33 de la Serie A, la poderosa escuadra de Turín fue goleada sin piedad, 5-1, en su visita al estadio Adriático del modesto club Pescara Calcio, que llevaba varias fechas descendido y esa temporada terminó en el último lugar de la clasificación. El papelón no fue gratis para figuras como el inglés David Platt, los alemanes Jürgen Kohler y Andreas Möller, el brasileño Júlio César o los italianos Gianluca Vialli, Roberto Baggio o Fabrizio Ravanelli: cada uno sufrió un descuento de 14.000 dólares de su salario por la vergonzosa paliza.

Perdón en letras de molde

Los futbolistas del equipo suizo Fussballclub Sankt Gallen 1879 salieron con la cara colorada de vergüenza del estadio Sportpark Bergholz. La derrota 11-3 ante Fussball Club Wil 1900, ocurrida el 3 de noviembre de 2002, había golpeado muy duro en el ánimo de los humillados futbolistas. Para disculparse por el bochornoso papelón —justo en el clásico del cantón de Sankt Gallen, ante el «hermano menor»—, los jugadores y su entrenador, Thomas Staub, decidieron comprar una página entera del periódico local *St. Gallen TagBlatt* para expresar sus condolencias a los acongojados hinchas. «Nosotros, los jugadores del F.C. St. Gallen, hicimos el ridículo», rezaba el encabezamiento en letras de molde, acompañado por una fotografía del equipo y la firma de cada futbolista. «Sabemos que ustedes son los mejores fans de Suiza y los hemos defraudado. Lo sentimos mucho. Desgraciadamente, no podemos dar marcha atrás al reloj», agregaron los afligidos muchachos. De todos modos, la disculpa no debió haber sido muy costosa, si se tiene en cuenta que el diario *St. Gallen TagBlatt* era el auspiciante principal del equipo...

No le dieron pelota

En los últimos años, el futbol incorporó una graciosa expresión del cricket, «hat-trick», para calificar la hazaña de que un jugador marque tres goles en un mismo partido. Si bien esta definición, que se puede traducir como «truco del sombrero», comenzó a emplearse para quien anotaba tres tantos consecutivos —en el cricket se aplica al lanzador que elimina en forma sucesiva a tres bateadores—, luego se instaló para cualquiera que consiguiera una tripleta en los 90 minutos, aunque entre la primera conquista y la tercera hubiera goles de otros futbolistas.

El «hat-trick» llegó también a otros deportes. A mediados de la década de 1940, un empresario canadiense llamado Sammy Taft ofreció como recompensa un sombrero al jugador de su equipo favorito de hockey sobre hielo, Toronto Maple Leafs, que consiguiera anotar una tripleta en un solo match. El trío llegó el 26 de enero de 1946, pero no del «stick» de un deportista local, sino de Alexander Kaleta, de Chicago Black Hawks. Kaleta recibió el sombrero prometido por Taft y, desde entonces, los espectadores suelen arrojar sus gorras a la pista cada vez que ocurre un «hat-trick». Este pintoresco gesto no fue literalmente acogido por el futbol, aunque sí fue incorporada una forma de premiación: quien consigue la tripleta puede llevarse a su casa la pelota del match como souvenir, generalmente firmada por todos sus compañeros. Bueno, no siempre.

En 1985, Trevor Senior marcó tres veces para la victoria de su equipo, Reading F.C., 1-3 en su visita a Cardiff City F.C., por el campeonato de Tercera División de Inglaterra (varios clubes galeses han sido aceptados tanto en la competencia de Liga como en la F.A. Cup). Al finalizar el encuentro, Senior —quien sería goleador de la temporada con 31 conquistas— fue a reclamar el balón al entrenador del equipo galés, Alan Durban. Pero el horno no estaba para bollos, porque Cardiff City, con esa derrota, había quedado con un pie en la cuarta categoría. «Si querés la pelota, la tenés que pagar. Cuesta 40 libras», disparó Durban contra el héroe visitante. Senior se fue con las manos vacías, pero unas semanas más tarde se sacaría la bronca con un festejo doble: Reading fue campeón y ascendió; y el descortés Durban se fue al descenso con Cardiff City.

La sorpresa

La ansiedad revolvía a Tom O'Kane sobre su asiento del ferrocarril. El impaciente defensor sentía que, esa tarde-noche del 12 de septiembre de 1885, el convoy recorría con displicencia los 25 kilómetros que separan las ciudades de Dundee y Arbroath. O'Kane, fullback de Dundee Harp F.C., no veía la hora de retornar a su pueblo para pavonearse frente a sus ex compañeros del club Arbroath F.C. —con quienes había terminado peleado a muerte—, por la tremenda paliza que su equipo acababa de propinarle a Aberdeen Rovers F.C. en la primera ronda de la Copa de Escocia: 35 a 0. O'Kane, quien se había atrevido a enviar un telegrama a Gayfield Park para humillar a sus antiguos camaradas, además tenía previsto fanfarronear con que el marcador había sido todavía más amplio: el referí había anotado 37 goles pero un directivo del mismo Harp, tal vez piadoso de sus modestos rivales del norte, le había advertido al hombre de negro que había hecho mal las cuentas, probablemente a causa de la ausencia de redes en los arcos, que se patentarían cinco años más tarde, y que «sólo» habían sido 35. Así, el número, el más gigantesco en la incipiente historia del futbol británico, quedó sellado oficialmente. Apenas bajó del tren, O'Kane corrió hacia el estadio de Arbroath F.C., donde su ex equipo acababa de enfrentar, también por la Copa Nacional, a Bon Accord F.C., casualmente otro conjunto de Aberdeen. El defensor casi se desmaya: sus ex camaradas habían destrozado a sus rivales por... ¡36 a 0! Divertidos por la extraña situación y la cara de O'Kane, los muchachos de Arbroath fueron por más: se quejaron de que el árbitro, Dave Stormont, les había anulado siete tantos por fuera de juego, con lo cual el marcador hubiera quedado 43-0. Asimismo, le dijeron que su arquero, Jim Milne, no sólo no había tocado la pelota sino que había seguido las acciones del desparejo match debajo de un paraguas alcanzado por un espectador para protegerse de la copiosa lluvia que no había dado tregua durante los 90 minutos.

La notable victoria de Arbroath —que se mantiene como la más amplia de la historia del futbol británico— posiblemente se explique en que la Federación Escocesa se equivocó de equipo al formular su invitación al torneo. En lugar de convocar a Orion F.C. de Aberdeeen, la carta fue remitida por error a Orion Cricket Club, una institución de esa misma ciudad en la que no se practicaba futbol. No obstante, los jugadores de cricket aceptaron el convite y se inscribieron como Bon Accord, una expresión surgida durante las guerras de la independencia escocesa, para diferenciarse, justamente, del otro club Orion.

Otro dato increíble consiste en los resultados de muchos de los otros 47 partidos que se celebraron esa misma jornada: Alpha F.C. 6-Cambuslang Hibernian F.C. 8, Ayr F.C. 7-Maybole F.C. 0, Ayr Rovers F.C. 0-Dalry F.C. 8, Coupar Angus F.C. 2-Dundee Our Boys F.C. 8, Crieff F.C. 0-Dunfermline Athletic F.C. 7, Granton F.C. 0-Partick Thistle F.C. 11, Greenock Southern F.C. 1-Neilston F.C. 10, Hibernian F.C. 9-Edina Hibs F.C. 0, Kilmarnock F.C. 7-Annbank United F.C. 1, Kirkintilloch Athletic 0-Renton F.C. 15, Queen's Park F.C. 16-St. Peter's F.C. 0, Shettleston F.C. 1-Cambuslang F.C. 7, Strathmore F.C. 7-Aberdeen F.C. 0, Third Lanark A.C. 9-Shawlands F.C. 1, Thistle F.C. 11-Westbourne F.C. 1, Vale of Teith F.C. 9-Oban F.C. 1, son sólo los que, más de cien años después, parecen exagerados.

Finalmente, una rareza extra: como ocurrió con otros clubes o selecciones artífices de grandes goleadas citados en este capítulo, ni Arbroath F.C. ni Dundee Harp F.C. lograron llegar, siquiera, a los octavos de final: el primero goleó en segunda ronda a Forfar Athletic F.C. 9-1, en tercera a Dundee East End F.C. 7-1 y en la cuarta (16avos de final) cayó con Hibernian F.C. 5-3; el segundo venció sucesivamente a Dundee Our Boys F.C. 4-1 y a Vale of Teith F.C. 8-1, para luego ser aplastado por Vale of Leven FAC 6 a 0.

Emocionante

No hay mejor cita deportiva que un partido de futbol en el que ambos protagonistas marcan muchos goles. Dicen en Inglaterra que el choque más emocionante jugado jamás en el Reino Unido tuvo lugar el 21 de diciembre de 1957 en Londres, cuando Charlton Athletic F.C. recibió en su casa, The Valley, a Huddersfield Town F.C. por la Segunda División. El equipo local —seguido por unas 12.000 personas— arrancó con el pie izquierdo: a los 10 minutos del primer tiempo, Derek Ufton, su figura, se dislocó un hombro. Como en ese momento no estaban autorizados los cambios, Charlton debió continuar con diez hombres. Ayudado por esa ventaja, Huddersfield se puso 1-5 arriba. A 27 minutos del final, cuando ya algunos hinchas iniciaban un decepcionante regreso a sus hogares, Charlton descontó a través de John Ryan. Este gol levantó la moral de los dueños de casa, pero especialmente la de John Summers, autor del primer tanto local, quien desató una ráfaga incontenible y, con cuatro goles seguidos en apenas 17 minutos, puso al equipo londinense al frente, 6-5. A cuatro minutos del final, Stan Howard empató el match, pero en la última jugada otra vez Ryan, de cabeza, selló la increíble victoria 7-6 para Charlton.

El trámite electrizante del encuentro, que obtuvo una enorme repercusión en los medios de comunicación de todo el país, provocó una enorme expectativa cuando ambas escuadras volvieron a cruzarse en The Valley, por la tercera ronda de la F.A. Cup, tres semanas más tarde. 70.000 personas abarrotaron el coliseo londinense a la espera de una nueva catarata de goles, pero debieron conformarse con un estrechísimo 1-0.

Otro memorable encuentro del futbol inglés ocurrió el 26 de diciembre de 1927, cuando Northampton Town F.C. y Luton Town

F.C. se enfrentaron por la Tercera División Sur. El primer tiempo terminó favorable a los visitantes, 0-5. En el complemento, Northampton se recuperó y logró alzarse con una increíble victoria por 6 a 5.

El Mundial Juvenil Sub-17 desarrollado en Finlandia en 2003 fue escenario de una de las remontadas más brillantes e inútiles de la historia futbolera. El 20 de agosto, en el estadio Ratina de la ciudad de Tampere, Portugal goleaba a Camerún 5-0 y, a sólo 20 minutos del final, se quedaba con la segunda plaza del Grupo C para cuartos de final, detrás de Brasil. A la escuadra lusitana le alcanzaba con un empate para pasar de ronda y eliminar al equipo africano. No obstante, los «leones indomables» despertaron y, en sólo veinte minutos... ¡igualaron el match! Camerún rozó el milagro con el último aliento, pero el travesaño devolvió un pelotazo que tenía olor a gloria. El duelo se cerró 5-5 y, aunque los pibes africanos quedaron fuera, volvieron a casa con sus valijas repletas de aplausos.

Probablemente, la remontada más electrizante ocurrida en una sola final sucedió el 25 de mayo de 2005 en el coliseo olímpico de Atatürk, en Estambul, donde se jugó la final 50 de la Liga de Campeones de la UEFA o Champions League. El equipo italiano A.C. Milan se fue al descanso 3-0 sobre el inglés Liverpool F.C. gracias a los tantos de Paolo Maldini (en el primer minuto) y el argentino Hernán Crespo, a los 39 y 44. En el complemento, la escuadra británica igualó el tanteador gracias a las conquistas de su capitán Steven Gerrard (54), el checo Vladimir Šmicer (56) y el español Xabi Alonso (60). Luego de que el tiempo extra finalizara sin nuevas emociones, el arquero de Liverpool, el polaco Jerzy Dudek, atajó dos disparos desde el punto del penal para que la escuadra del noroeste de Inglaterra se quedara con su quinta «orejona», como se conoce al máximo trofeo del viejo continente.

Las competencias internacionales, con partidos de 180 minutos en dos juegos de ida y vuelta han regalado decenas de remontadas emocionantes. En marzo de 2003, por la Champions League, A.C. Milan vapuleó a Real Club Deportivo La Coruña por 4 a 1. Sin embargo, dos semanas después, en Galicia, el club español consiguió un tremendo 4-0 para pasar a semifinales.

Situaciones similares disfrutaron clubes como Sport-Verein Werder von 1899 E.V. Bremen (0-3 y 5-0 ante Berliner Fussball Club Dynamo, en 1988, por la Copa de Campeones europea), Real Madrid C.F. (1-4 y 5-1 frente a Derby County F.C. por la Copa de Campeones de 1975 y 1-5 y 4-0 ante Borussia VFL 1900 Mönchengladbach, en 1985, por la Copa UEFA), Fudbalski Klub Partizan de Belgrado (2-6 y 4-0 contra Queens Park Rangers F.C., en 1984, por la Copa UEFA) o Leixões Sport Club (de Portugal, en la Recopa de Europa de 1961: 2-6 y 5-0 ante F.C. La Chaux-de-Fonds de Francia).

En este campo, es probable que la máxima hazaña tenga gusto rosarino, por haberse concretado, nada más y nada menos, que en una final. El 12 de diciembre de 1995, en el desenlace de la Copa CONMEBOL, Clube Atlético Mineiro humilló 4-0 a C.A. Rosario Central en el estadio Mineirão de Belo Horizonte, Brasil. Una semana más tarde, el club «canalla» logró lo que parecía imposible: en el Gigante de Arroyito de Rosario, el equipo argentino ganó primero 4-0 en los 90 minutos y se impuso 4-3 en la definitoria tanda de penales. La proeza pareció agigantada porque en el arco de Atlético Mineiro estaba Claudio Taffarel, quien un año antes había ganado la Copa del Mundo de Estados Unidos con la selección brasileña.

El souvenir

Fundado en 1880, Selkirk Football Club es uno de los equipos más antiguos de Escocia, aunque siempre actuó en torneos amateurs, como la East of Scotland Football League. En 1984, los jugadores de esta institución del pequeño pueblo de Selkirk, en el este del país británico, decidieron inscribirse en la prestigiosa Copa de Escocia. El sorteo de la primera fase determinó que su primer rival fuera Stirling Albion, un equipo profesional aunque en ese momento navegando en la Segunda División. Aun en primera ronda, los muchachos de Selkirk decidieron afrontar el match como si se tratara de una final y se concentraron con varios días de antelación. La mañana del 8 de diciembre, el equipo amateur recorrió casi 100 kilómetros para presentarse, con enorme expectativa, en el estadio Doubletree Dunblane de Stirling. Sin embargo, tanta esperanza se disipó en pocos minutos: el primer tiempo terminó 15-0 para los dueños de casa, que anotaron a través de ocho jugadores diferentes. Los inexperimentados futbolistas visitantes mejoraron un poco en la segunda mitad y sólo permitieron que les marcaran otros cinco tantos. A pesar de tanta malaria, el arquero de Selkirk, Richard Taylor, se fue con una sonrisa: sus rivales le regalaron la pelota del encuentro como souvenir.

Una de gol y otra de arena...

Según la prestigiosa revista *Forbes*, Manchester United F.C. es el club de futbol más rico del mundo y sólo es superado en abundancia en el ranking deportivo por el equipo de béisbol New York Yankees. No obstante, el origen de esta poderosa institución inglesa está en un modesto conjunto llamado Newton Heath, situado en el barrio homónimo del noreste de Manchester. El sábado 9 de marzo de 1895, Newton Heath F.C. recibió a Walsall Town Swifts F.C. por el torneo de Segunda División inglés en su humilde estadio de la calle Bank, que en nada se parecía al hoy fantástico Old Trafford, el «teatro de los sueños». De hecho, esa tarde el «canchero» del rudimentario coliseo debió valerse de varias paladas de arena para tapar los charcos dejados por una inoportuna tormenta. Al momento del pitazo inicial, el terreno presentaba apenas unas matas de césped en medio de una cenagosa mezcla de lodo y grava. Los jugadores visitantes aceptaron adentrarse en ese inhóspito campo, aunque tuvieron la previsión de manifestar que lo hacían «bajo protesta». Hundidos sus hombres en el barrizal, Walsall Town Swifts sufrió una inapelable derrota por 14 a 0. Bueno, en verdad no tan «inapelable». Tras el singular encuentro, el equipo goleado elevó una protesta a la Football League por el mal estado de la cancha. El organismo aceptó el reclamo, anuló el resultado y ordenó que el partido volviera a jugarse desde el minuto cero en el mismo escenario, el miércoles 3 de abril siguiente. Esta segunda vez, con el campo en mejores condiciones, las acciones fueron mucho más parejas. Newton Heath sólo se impuso por... ¡9 a 0!

Sentados en una silla

Para afrontar la F.A. Cup de 1887/88, Aston Villa F.C. armó un equipo muy competitivo. Por la primera ronda del campeonato, el 15 de octubre de 1887, el club de Birmingham venció a Oldbury Town F.C. por 4 a 0. Luego, el 5 de noviembre, doblegó a Small Heath Alliance F.C. por el mismo marcador. El equipo pasó la tercera etapa sin competir y el 17 de diciembre, por la cuarta ronda, apabulló al conjunto escocés Shankhouse F.C. por 9 a 0. Cuentan los reportes de la época que, en ese match, el dominio de los «villanos» fue tan abrumador que, en pleno partido, un espectador le alcanzó una silla al aburrido arquero James Warner. Se afirma que Warner siguió el resto del encuentro sin necesidad de abandonar su asiento. La racha de la escuadra de Birmingham se cortó en octavos de final, instancia en la que cayó ante Preston North End F.C. por 3 a 1. Esta vez, Warner tuvo bastante trabajo, ya que debió ir a buscar la pelota tres veces al fondo de su arco.

Unos años después, en 1901, A.C. Milan viajó a la provincia de Pavía para enfrentar al equipo lombardo Casteggio F.C. por la Copa Negrotto. El inglés Herbert Kilpin, jugador, capitán y uno de los fundadores del conjunto milanés, relató en sus memorias: «Davis era nuestro arquero. Previendo que se trataba de un partido fácil, Davis no se cambió y salió a la cancha con una silla, que colocó debajo de su arco. Estuvo sentado cómodamente, con una pierna sobre la otra, con su sombrero de paja en la cabeza y fumando cigarrillos sin parar. Al final, aburrido, me preguntó: "¿Puedo jugar un poco yo también?". Riendo, le permití salir del arco. Davis se mezcló entre los delanteros y marcó nuestro vigésimo gol». Milan se impuso 20 a 0 y, según Kilpin, el de su compañero fue el primer gol anotado por un guardameta en el futbol italiano.

Un parejo 9-0

Uno de los mayores éxitos del club inglés Newcastle United F.C. fue ganar la F.A. Cup de la temporada 1931/32. En la final, el equipo del norte de Inglaterra derrotó por 2 a 1 a Arsenal F.C. en el majestuoso estadio Wembley de Londres, el 23 de abril de 1932, ante más de 92.000 personas. El largo camino de Newcastle hacia el gran desenlace tuvo un episodio muy destacado: en la cuarta ronda, este equipo de Primera División se enfrentó a Southport F.C., una modesta escuadra de la tercera categoría que acababa de eliminar a Barnsley F.C., de segunda, por un amplio 4-1. El duelo fue fijado para el 23 de enero de 1932 en St. James Park, la opulenta casa de Newcastle United, donde, a pesar de la abismal diferencia de categoría, el match finalizó 1-1. Tres días más tarde, se jugó el «replay» en The Merseyrail Community Stadium, la modesta vivienda de Southport. Allí, otra vez el marcador quedó fijado 1 a 1. El primero de febrero, Newcastle United y Southport volvieron a verse las caras en St. James Park para definir el pleito. Y, como la tercera es la vencida, esta vez el duelo lo ganó el equipo de la máxima categoría, que pudo finalmente deshacerse de su tenaz oponente con un resultado que sin dudas es insólito después de dos parejos empates: 9-0.

De humillado a campeón

El primero de febrero de 1913, Burnley F.C., de la Segunda División inglesa, goleó a Gainsborough Trinity F.C. —un equipo menor que, en ese entonces, competía en una liga regional— por 4 a 1. Finalizado el match, el entrenador del equipo ganador, John Haworth, se reunió con los directivos para solicitarles que contrataran «de inmediato» al arquero de Gainsborough, William Sewell. El pedido sorprendió a los dirigentes, que no entendían para qué quería Haworth a un muchacho que acababa de comerse una goleada. El argumento del técnico fue contundente: «Si no hubiera sido por Sewell, habríamos ganado 40 a 1». El portero fue contratado y sus excelentes cualidades brillaron desde su debut. Con su arco bien custodiado, Burnley ascendió esa misma temporada a la Primera División y, en la siguiente, ganó la prestigiosa F.A. Cup por única vez en su historia. Sewell fue clave en las dos semifinales ante Sheffield United F.C. (0-0 y 1-0) y especialmente en la final ante Liverpool F.C., disputada el 25 de abril de 1914 en el estadio del club londinense Crystal Palace, ya que sus majestuosas atajadas cimentaron una inolvidable victoria por 1 a 0.

Goleada de goleadas

Resulta muy complicado determinar cuál es el peor equipo de la historia del futbol, porque no existe un certamen que reúna a los más malos y los contextos son variopintos. Sí se puede analizar lo que ocurrió con algunos clubes a partir de estadísticas verdaderamente escalofriantes. En la temporada 1995/96, SSA Antwerpen de la Octava División belga disputó 30 encuentros, con 30 derrotas, 12 tantos a favor y 271 en contra. Este conjunto sumó, en una sola campaña, caídas insólitas: 20-0, 18-0, 18-1, 15-1, 14-0, 13-1, tres 11-0, dos 11-1, dos 9-0 y una 9-1 son sólo las peores. ¿Su mejor resultado? ¡Perder 4-1!

En una liga regional de Alemania, en la temporada 1999/2000, St. Georg-Horn se presentó en 18 oportunidades, con un récord de

13 conquistas propias y 231 de sus rivales, a un maravilloso promedio de un gol en contra... ¡cada siete minutos! Los marcadores fueron muy parecidos a los de su par belga: dos 20-0, 20-1, 19-0, 18-2, 18-1, tres 15-0, 15-1, 13-0, 10-0 y 10-2, para citar solamente las veces que recibieron «dos cifras». Pero, atención, este club estuvo cerca de igualar un match, ante Meiendorfer SV: apenas cayó por 3 a 2.

Finalmente, y para que este libro no sea considerado misógino, aquí se publicará un caso del futbol femenino. En la temporada 2000/2001, las chicas del club inglés Burton Brewers, de la liga regional de West Midland, hicieron méritos para ganar el premio al peor equipo de la historia: en sólo once partidos que disputaron esa temporada, las muchachas sufrieron 234 goles, a un horroroso promedio de uno cada (suenen fanfarrias) ¡cuatro minutos! Su campaña es prodigiosa: primero perdieron 18-0, luego 6-0, 17-0, 13-2, 21-0, 27-0, 23-0, 22-0, 14-1, 16-0 y 57-0. El último resultado, récord británico, significó «of course» el partido de despedida de las «cerveceras», cuya escuadra fue disuelta tras el último mal trago.

Bichitos aprovechadores

El domingo 26 de octubre de 1986 se produjo una curiosa goleada en la Primera División del futbol argentino: la Asociación Atlética Argentinos Juniors derrotó por 12 a 0 al Club Atlético Talleres de la provincia de Córdoba. Los tantos de los «bichitos colorados» —que actuaron como locales en el estadio del Club Ferro Carril Oeste— fueron anotados por Adrián Domenech (a los 14 minutos), José Castro (24 y 86), Carlos Ereros (36, 61 y 89), Claudio Borghi (51), Mario Videla (70), Juan Obulgen (72, en contra), Mario Olguín (74 y 75, el segundo de penal) y Armando Dely Valdez (77). La explicación de semejante diferencia radica en que, la tarde del día anterior al encuentro, el plantel profesional cordobés le comunicó a los directivos que no viajarían a Buenos Aires si previamente no se saldaba una deuda económica consistente en los sueldos del mes de septiembre y las primas del 70 por ciento del plantel. Como los dirigentes no contaban con el dinero suficiente para responder al reclamo de los futbolistas profesionales, Talleres no tuvo más remedio que presentar ante los experimentados hombres de La Paternal —muchos de lo cuales habían ganado la Copa Libertadores de América un año antes— un combinado amateur integrado por adolescentes de entre 15 y 17 años provenientes de divisiones menores. Lo llamativo es que, en medio de semejante contexto, los hombres de Argentinos Juniors no tuvieron misericordia y humillaron sin piedad a los pobres chicos.

Cien City

Pocos clubes han conseguido marcar más de cien goles en partidos de liga en una sola temporada. Uno de ellos fue Manchester City F.C., que sumó 104 gritos en la campaña 1957/58. Lo extraño de la notable eficacia «citadina» en la red adversaria —la más voluminosa del campeonato de Primera División, un tanto por encima de la producción del campeón, Wolverhampton Wanderers F.C.— apenas sirvió para alcanzar el quinto puesto. El problema de Manchester City fue que también su propio arco llegó a las tres cifras: recibió 100 tantos rivales en sólo 42 fechas. Esta abultada cifra fue producto de algunas fuertes derrotas en condición de visitante, como 8-4 ante Leicester City F.C., 6-1 frente a Preston North End F.C. o un colosal 9-2 versus West Bromwich Albion F.C. Sin juegos con el marcador en blanco, esta campaña de Manchester City tuvo, incuestionablemente, un singular atractivo. Su arquero era Bert Trautmann, un ex futbolista germano que había arribado a Gran Bretaña como soldado de paracaidismo nazi y terminó capturado al finalizar la Segunda Guerra Mundial. Pasado el conflicto bélico, Trautmann estuvo en un campo de prisioneros inglés, donde comenzó a jugar al futbol, deporte que había practicado poco y nada en su país natal. En uno de los partidos que disputó durante su cautiverio, se lesionó y prosiguió bajos los tres palos. Tan buena fue su actuación que, cuando fue liberado, le llegaron ofertas de varios clubes, como Tottenham Hotspur F.C. de Londres, cuyos dirigentes se habían enterado de su habilidad con las manos. Sin embargo, eligió vestir la camiseta de Manchester City porque le habían dicho que los ingleses del norte eran más afectuosos y porque, al cuidar el arco de un equipo menor, iba a tener más trabajo. Sin dudas, así fue. En esa temporada, 1957/58, fue cien veces a buscar la pelota al fondo de la red.

Por el contrario, hubo un equipo que sí cosechó sonrisas a pesar de los infortunios. Al finalizar el campeonato inglés de Primera División 1930/31, Blackpool F.C. había recibido 125 goles en contra en sólo 42 partidos. Sin embargo, a pesar de esta infausta media de casi tres tantos en su arco, ¡esta escuadra no descendió! Los que perdieron la categoría esa campaña fueron Leeds United AFC, con un déficit de 81 goles, y Manchester United F.C., que había sufrido 115. Pero Blackpool había sumado 32 unidades, una más que Leeds y diez por encima del equipo de Old Trafford, que había arrancado el torneo con doce derrotas al hilo.

Media goleada

El 4 de mayo de 1935, Exeter City F.C. goleó en su estadio, St. James Park, a Aldershot Town F.C. por 8 a 1, en la última jornada del torneo de la Tercera División Sur. Hasta ahí, la información no parece demasiado relevante. El detalle que hace curiosa esta historia es que el primer tiempo de este match había finalizado… ¡0 a 0!

Un resultado Franco

La victoria de F.C. Barcelona había sido contundente, 3 a 0 en su estadio de Les Corts. La revancha en Madrid, en el coliseo de Real Madrid C.F., en Chamartín, parecía un simple trámite para que el club catalán llegara a la final de la Copa del Rey de 1943, torneo que en ese período se llamó Copa del Generalísimo en honor al dictador Francisco Franco, quien gobernaba España con brazo de hierro. Pero, cuando los jugadores «blaugranas» ingresaron al vestuario la tarde del 13 de junio, se encontraron con una nefasta emboscada: allí se encontraba el temible José Moscardó, uno de los hombres de confianza de Franco. Una versión asegura que, pistola en mano, Moscardó «convenció» a los catalanes para que se dejaran ganar. Cierto o no, el equipo que se había impuesto con facilidad en el match «de ida» terminó perdiendo 11 a 1, con ocho goles «merengues» anotados en la primera etapa. La esposa del arquero de Barcelona, Luis Miró, había ido al cine con amigos esa tarde. Al salir, la mujer se desmayó apenas se enteró del descomunal resultado. Miró no volvió a jugar, se retiró ese mismo día. Algunos dicen que avergonzado por su floja actuación. Otros, temeroso de que las palabras de Moscardó dejaran de ser una simple amenaza.

Compasivos

El 28 de febrero de 1980, con las tribunas del estadio mundialista de la ciudad de Mendoza vacías, C.A. Huracán, con uno de los mejores planteles de la Primera División argentina, destrozaba al equipo semiprofesional local Gutiérrez Futbol Club 12 a 0, en la final de la Copa Vendimia. Dante Adrián Sanabria (a los 4 y 34 minutos), Miguel Brindisi (18), Roque Avallay (19), René Houseman (33, 35, 41 y 46), Carlos Babington (45, de penal) y Juan César Silva (58, 60 y 73) establecieron en la red la abismal diferencia de calidad que había entre las dos instituciones que habían llegado a ese encuentro culminante. Cuando el equipo del «globito» señaló su decimosegundo tanto, un empleado del estadio Malvinas Argentinas, hincha de Gutiérrez, escribió en el gigante tablero electrónico del coliseo: «Basta de goles, por favor». El insólito ruego ablandó a los muchachos de Huracán que, tras leer la súplica emitida a través de ese inusual canal, se apiadaron de su débil rival y no volvieron a acercarse a su área en los 17 minutos que restaban para el final.

Prioridades

Los dirigentes y jugadores de la selección de Finlandia estaban fascinados con la posibilidad de conocer París, a tal punto que el partido correspondiente a la eliminatoria del Mundial de Chile 1962 fue tomado más como un viaje de turismo que como un duro choque futbolero. Los escandinavos, que ya habían caído en casa 1-2 con la escuadra gala y 0-2 con Bulgaria y estaban prácticamente eliminados, aprovecharon su primera vez en la Ciudad Luz para visitar los puntos más atractivos de la capital francesa, como la Torre Eiffel o el Arco del Triunfo, y asistir a un espectáculo de cabaret en el célebre Casino de París... la noche previa al encuentro. Tan poca importancia le dieron al match que ni siquiera alquilaron una cancha donde realizar un último entrenamiento. El 28 de septiembre de 1961, en el Parc des Princes, el efecto del champán y la vida bohemia menoscabaron las piernas de los escandinavos para que Francia se impusiera sin esfuerzo por 5 a 1.

Sobredosis de TV

Las chicas namibias, conocidas como las «valerosas gladiadoras», estaban fascinadas con las habitaciones de su hotel de la ciudad sudafricana de Johannesburgo. Era la primera vez que participaban en una eliminatoria olímpica y estar alojadas en tan magnífico hospedaje era todo un triunfo. Tanto, que las muchachas olvidaron por qué estaban allí y se lanzaron, desinhibidas, a gozar del «room service». La farra arrancó con bebidas y dulces y, al subir la temperatura y el cachondeo, desembocó en el alquiler de seis películas porno. Al día siguiente, 24 de octubre de 2003, las jocosas namibias la pasaron muy mal en la cancha. Extenuadas, no pudieron evitar que sus rivales sudafricanas las golearan, sin piedad, 13 a 0. Al enterarse de la bacanal —la cuenta del hotel, tan implacable como voluminosa, había puesto en evidencia a las fiesteras—, los dirigentes decidieron castigar a las futbolistas y, para el encuentro revancha en Windhoek, capital de Namibia, el 7 de noviembre, se decidió realizar la concentración en un austero claustro despojado de televisores y frigobares. Más concentradas y mejor descansadas, las «valerosas gladiadoras» consiguieron un resultado mucho mejor, aunque cayeron, de todos modos, 0-8.

Desde el cielo

Morí el 17 de mayo de 1987, a los 32 años,
el día que dejé el futbol.

MICHEL PLATINI

«Cuando me muera, te alentaré desde el cielo». Esta frase, cantada así en los estadios argentinos y, con palabras más o menos, en los coliseos de todo el planeta, asegura que la pasión no tiene final y sigue, firme, más allá del último suspiro. El amor por los colores parece no tener límite en este mundo y, en muchos casos, la más férrea fe, la religión más fervorosa, no conduce hacia otro templo que una cancha de futbol. Minutos de silencio antes de un match, lanzamiento de cenizas al césped, féretros con los colores de los equipos, camisetas como mortaja y hasta velatorios en el centro del campo son algunos de los ritos fúnebres que ya son moneda corriente en el futbol que, como dice Eduardo Galeano, «es la única religión que no tiene ateos».

Homenaje en vida

El intenso frío y los 85 años de edad no amedrentaron a Fred Cope para ver a sus amados «osos» de Congleton Town Football Club, una entidad que compite en la liga regional North West Counties de Inglaterra. Ese 27 de febrero de 1993, como cada vez que su querido equipo de camiseta a bastones negros y blancos actuaba en casa, Cope se dirigió al estadio Booth Street y se sentó en una de las butacas de su pequeña tribuna. A la hora señalada, Congleton y su rival de esa tarde, Rossendale United, salieron a la cancha y se prepararon para el puntapié inicial. El referí pitó y los 22 protagonistas quedaron congelados con la cabeza gacha, en un respetuoso «minuto de silencio». El público, considerado, se puso de pie para acompañar el homenaje. Mientras se levantaba, Fred le preguntó a su vecino de asiento a quién se estaba honrando. El hombre lo miró y, sin poder evitar una sonrisa, le respondió: «¡A usted!». El anciano pensó que se trataba de una broma, pero la revista con el programa del match era muy clara: se informaba del fallecimiento del más veterano de los hinchas de Congleton Town, Fred Cope. «He estado enfermo esta semana, pero no fue tan grave», replicó con gracia el viejo. La extraña situación pronto se supo en toda la platea, lo que obligó al dirigente y editor de la publicación, Chris Phillips, a presentarse ante Cope para pedirle disculpas. «Perdóneme, pero la secretaria me había informado que usted había muerto, así que lo publiqué en el programa y le solicité al árbitro que necesitábamos un minuto de silencio», se sonrojó Phillips. A pesar de la metida de pata, la jornada terminó muy feliz: Congleton Town goleó 6-1 y el veterano hincha ganó 10 libras en el tradicional sorteo del entretiempo. No, la rifa no estuvo arreglada...

Una peripecia equiparable tuvo lugar en España, en marzo de 2001. Momentos antes del comienzo del partido entre Club Polideportivo Ejido y Unión Deportiva Almería, por la Segunda División B, jugadores, árbitro y público guardaron un minuto de silencio por el fallecimiento de la ex estrella local Miguel Filgueira, popularmente conocida como «Miguelín». Al finalizar el encuentro, Francisco Molina, un antiguo futbolista de «El Poli», que había participado del homenaje, casi muere de un ataque al ver a «Miguelín» «vivito y coleando», barriendo la vereda de su casa. Tras recuperar el aliento, el «muerto» y Molina, quien había sido capitán del equipo, fueron hasta el club para aclarar el malentendido. Polideportivo Ejido pidió públicamente disculpas y se excusó por la confusión: el que había muerto era un cuñado de «Miguelín».

La iniciativa del club italiano Hellas Verona F.C. tenía la loable intención de distinguir a su ex arquero Aldo Olivieri, titular de la selección «azzurra» campeona del mundo en Francia 1938, a quien se creía fallecido. En 1997, se dispuso rebautizar con el nombre del glorioso portero el estadio Marcantonio Bentegodi, así llamado por un dirigente que impulsó el deporte veronés en el siglo XIX. Pero la propuesta, que ya contaba con el aval de la comuna, chocó contra una férrea negativa: la del propio Olivieri, quien no había muerto. En cuanto se enteró del proyecto, el ex arquero, de 86 años, se manifestó muy ofendido por el grave error: «Espero poder vivir un poco más», sostuvo a un diario local. Olivieri falleció cinco años más tarde. El estadio se sigue llamando Marcantonio Bentegodi.

Fidelidad

Nacido en Nottingham, John Edward Leighton vistió la camiseta de Nottingham Forest F.C. durante cuatro temporadas entre 1884 y 1888. Tras su retiro, el delantero puso un negocio de artículos de escritorio y papelería a muy pocas cuadras del estadio Town Ground, la casa del club a orillas del río Trent, y jamás faltó a los partidos de su amado equipo como local. En 1898, Nottingham Forest estableció al otro lado del Trent su nuevo hogar, City Ground. A pesar de la mudanza, la pasión del ex futbolista por el color rojo no se apagó: continuó asistiendo cada encuentro sin caminar mucho más, ya que las dos canchas estaban casi unidas por un puente que cruza el curso de agua. Esta historia de amor tuvo un final de telenovela. El sábado 15 de abril de 1944, Leighton, de 79 años, sufrió un infarto mientras miraba el partido en su butaca habitual y falleció en la tribuna. Donde quería morir.

La urna

El recio portero del estadio Benito Villamarín de Sevilla se puso firme: «No puede entrar con eso». «¡Pero —replicó el joven hincha verdiblanco— tengo aquí su pase anual!» El guardia tardó unos segundos en recuperarse de la sorpresa, mas mantuvo su postura, terminante: «Aunque tenga pase, es peligroso. Está prohibido ingresar con un objeto contundente. Si lo lanza al campo o a otro sector de la tribuna, puede generar serios daños». A pesar de sentirse defraudado y angustiado por la negativa, el muchacho no se amedrentó: se dirigió a un supermercado cercano, compró un cartón de leche, lo vació en el cordón de la vereda y, con unas tijeras prestadas, improvisó un envase «permitido» para su padre. Mejor dicho, para las cenizas de su padre. El hombre, en su lecho de muerte, había pedido a su hijo seguir asistiendo a «ver» a su amado Real Betis Balompié después de que una grave enfermedad se lo llevara al más allá. Así, en un recipiente de inofensivo cartón y con su ticket para la temporada 1995/96, el difunto ingresó al estadio andaluz junto a su obediente chico para disfrutar del primer encuentro «en casa» de la temporada, una victoria 3-1 sobre Real Zaragoza SAD. Al trascender este caso y ante la gran cantidad de simpatizantes que arrojaban las cenizas de sus familiares al césped, el club sevillano decidió habilitar un sector dentro del coliseo para la construcción de pequeños nichos donde depositar las urnas. Una medida tan sentimental como lucrativa, que fue imitada por muchos equipos.

La mudanza

En 2005, Swansea City Association Football Club inició una carrera meteórica que le permitió pasar de la cuarta categoría inglesa, League Two, a la máxima, Premier League, en sólo seis años. Este vertiginoso ascenso deportivo determinó que el antiguo estadio Vetch Field quedara pequeño con sus 12.000 localidades y sus tradicionales techos británicos sostenidos por pilares. Al iniciar la mudanza hacia el moderno Liberty Stadium —con capacidad para 20.500 espectadores—, a unos 5 kilómetros de distancia del viejo coliseo, los directivos del club galés repararon en que, debajo del césped de Vetch Field, habían quedado varias pequeñas urnas funerarias con cenizas de apasionados hinchas. También, que decenas de seguidores habían sido cremados y sus restos esparcidos sobre el césped. Para respetar el descanso de todos ellos, los dirigentes decidieron trasladar las cajitas a una especie de panteón en el flamante edificio, y se tomó un gran pan de césped que, como símbolo contenedor de las cenizas lanzadas, fue colocado en el centro del nuevo campo de juego.

Un sueño hecho cenizas

Daniel «Píldora» Ocañas volaba de felicidad. El sorteo realizado por la CONMEBOL le permitiría cumplir su gran sueño: ver jugar en Argentina a su amado equipo, Club de Futbol Tigres de la Universidad Autónoma de Nuevo León. Los «felinos» de la ciudad mexicana de Monterrey, que se habían clasificado por primera vez para la Copa Libertadores, debían presentarse en el estadio Florencio Sola el 6 de abril de 2005 para disputar ante Club Atlético Banfield su cuarto encuentro por el Grupo 6, que estas dos escuadras compartirían con Caracas F.C. y Club Alianza Lima de Perú. Contento con la bendita lotería, «Píldora», uno de los integrantes de «Libres y Lokos», la barra de Tigres, corrió junto a sus compañeros de hinchada a comprar un billete de avión para viajar hacia Buenos Aires. Pero el destino quiso que esa ilusión se cristalizara de forma muy particular. Dos semanas antes del ansiado encuentro, Ocañas murió en un violento accidente automovilístico. El deceso golpeó a los muchachos de «Libres y Lokos», quienes, a pesar del infortunio, decidieron homenajear a «Píldora» haciendo realidad su sueño. Luego de que el cadáver del joven fuera cremado, sus colegas depositaron las cenizas en una urna decorada con los colores del club y la subieron con su equipaje de mano a la aeronave que los trasladó hasta Argentina. Al llegar, sortearon el control aduanero al exhibir la partida de defunción original que les había entregado la familia del muchacho. En el hotel que habían reservado, el ánfora fue depositada en una caja de seguridad para que quedara preservada de cualquier profanación. Luego, se acercaron a la concentración de los Tigres y acordaron con los jugadores un particular homenaje: el equipo salió al césped del Florencio Sola con la vasija que contenía los restos de «Píldora» y posó con ella ante los fotógrafos. Finalmente, el jarrón regresó a las manos de «Libres y Lokos» para ocupar el lugar central de la tribuna visitante y disfrutar de un brillante triunfo del conjunto mexicano 0-3. Las cenizas regresaron triunfales a Monterrey para ser arrojadas por la familia Ocañas sobre el césped del estadio Universitario, minutos antes de un encuentro ante Cruz Azul. Porque el deseo de «Píldora» era estar junto a los Tigres hasta la muerte... y después también.

Sanción inoportuna

El pequeño estadio toscano Alberto Benedetti hervía la tarde del 7 de marzo de 2010: Unione Sportiva Borgo a Buggiano 1920 empataba sin goles con la visita, Football Club Fossombrone —de la vecina provincia de Pesaro y Urbino—, y se diluían sus posibilidades de ganar la zona regional del Campionato Nazionale Dilettanti, la Serie D italiana. A los 15 minutos del segundo tiempo, el árbitro Andrea Bonavia sancionó un polémico penal y expulsó al arquero local Matteo Cherubini. El capitán de Fossombrone, el volante Francesco Marianeschi, fusiló al portero suplente Matteo Costa y en las tribunas los hinchas azules explotaron para insultar al referí, al que responsabilizaban por la derrota parcial. Uno de los más exaltados era Roberto Luporini, dirigente de Borgo a Buggiano, quien, en medio de la protesta, sufrió un infarto y murió poco después al borde del campo de juego. La trágica noticia se disparó rápidamente al césped, donde los acongojados jugadores locales suplicaron a Bonavia que detuviera las acciones. El juez consultó al «capitano» rival, Marianeschi, y con su anuencia suspendió el encuentro a los 71 minutos. Sin embargo, al evaluar lo ocurrido, el Comité de Competición emitió tres días más tarde un fallo desconcertante: dio por perdido el partido a la escuadra local, la penalizó con el descuento de otro punto y le aplicó una multa de mil euros por entender que sus futbolistas habían abandonado la cancha sin una razón válida. El cuerpo no consideró el fallecimiento de Luporini como un motivo «de fuerza mayor» que justificara la suspensión del match y castigó sin más al equipo toscano. La directiva de Borgo a Buggiano no se quedó de brazos cruzados y se presentó ante la Corte de Justicia Federal, en Roma, para quejarse por lo que estimaba una exageración. Después de analizar todo lo ocurrido, el alto tribunal desestimó la resolución del comité y ordenó la reanudación del juego. El 28 de abril, los muchachos de Football Club Fossombrone volvieron a recorrer unos 200 kilómetros para regresar al Alberto Benedetti y completar con sus colegas de Bordo a Buggiano y un nuevo árbitro, Fabio Ghellere, los 19 minutos que restaban desde la cancelación. Con diez jugadores, el conjunto local no pudo dar vuelta el marcador, que no se modificó. Pero, al menos, se dio el gusto de homenajear «en la cancha» a su querido Luporini.

Velatorios

Muchos hinchas fueron velados en campos de futbol, pero sólo uno mientras se jugaba un partido de Primera División. El 27 de marzo de 2011, durante el segundo tiempo del enfrentamiento Cúcuta Deportivo F.C.-Envigado F.C. en el estadio General Santander, por la octava fecha del torneo de Primera División de Colombia, varios integrantes de la «Banda del Indio», la «barrabrava» de Cúcuta, eludieron los controles de seguridad policiales e ingresaron a la tribuna cargando un ataúd envuelto con un trapo rojo y negro, en cuyo interior estaba el cuerpo de un adolescente. «Alex no está muerto, sigue vivo aquí adentro», cantaban unos 200 hinchas. Cristopher Alexander Jácome Sanguino, de 17 años, había sido asesinado a tiros una semana antes durante una reyerta futbolera. El pibe recibió cuatro disparos cuando participaba en un match de futbol-5 en el barrio Bellavista. Los miembros de la «Banda del Indio» tenían prohibido el ingreso al coliseo, por haber protagonizado numerosos hechos de violencia. Sin embargo, durante el segundo tiempo, los barras aprovecharon que una reja se abrió y pasaron con el cajón a cuestas sin ser contenidos por los uniformados. El presidente de la Corporación Nuevo Cúcuta Deportivo, Álvaro Torrado Sagra, se despegó del incidente y responsabilizó a «la Policía Nacional» por ser «la encargada de la seguridad del espectáculo». La madre del muchacho, al ser entrevistada por el diario local *El Tiempo*, aseveró que autorizó el insólito velatorio porque «él quería que así fuera su despedida». Cuando el referí marcó el final del juego (1-1), el cortejo trasladó el ataúd hasta la casa de la familia del muchacho, para ser sepultado al día siguiente.

Un episodio similar ocurrió en octubre de 2012 en el estadio del equipo argentino Quilmes A.C., aunque durante un encuentro de Reserva ante C.A. Unión de Santa Fe, que se desarrollaba sin público. En este caso, el féretro correspondía a un joven que había muerto durante un enfrentamiento a tiros, aparentemente entre dos bandas rivales de un precario asentamiento. El chico, además, era hijo de uno de los líderes de la «barra brava» quilmeña. La procesión fúnebre se desarrolló en una de las tribunas cabeceras a los 10 minutos del segundo tiempo del match. El arquero de Unión, Joaquín Papaleo, salió corriendo hacia el centro del campo, muy asustado. Luego, en su cuenta de la red social Twitter, aseguraría que los intrusos «tiraron un par de tiros» mientras homenajeaban al chico fallecido. El partido fue interrumpido y sólo se reanudó cuando el cortejo abandonó el estadio. El senador Aníbal Fernández, presidente de Quilmes y ex jefe de Gabinete de Cristina de Kirchner, sostuvo durante una entrevista radial: «No veo que se haya hecho nada malo».

Omertà

Pasqualino Arena, presidente del club ASD Isola Capo Rizzuto 1966, se acercó al joven referí, Paolo Zimmaro, y con lágrimas en los ojos le rogó que, antes de que comenzara el encuentro con Strongoli Calcio, hiciera un minuto de silencio para recordar a su primo, Carmine Arena, fallecido unos días antes y fanático «tifoso» de la escuadra de camiseta blanca con vivos rojos y amarillos. Zimmaro se compadeció del dirigente y, con los dos equipos formados en sus respectivos campos, pitó el homenaje ese 4 de octubre de 2004, en la previa del duelo correspondiente al Grupo A del campeonato Promozione de la región de Calabria, en la punta de la bota itálica. Por supuesto, el ingenuo árbitro —un inexperto joven de 20 años, estudiante de ingeniería— ignoraba que el finado no había sido en vida un simple e inocente hincha, sino un «capo» de la 'Ndrangheta, la poderosa mafia calabresa, ¡asesinado con tres disparos de bazooka y varias ráfagas de fusiles automáticos kaláshnikov mientras conducía su automóvil blindado! El incidente llegó rápidamente a oídos del fiscal de Crotone Franco Tricoli, quien, si bien repudió que se distinguiera a un mafioso durante un encuentro deportivo, reconoció que el referí había sido sorprendido en su buena fe. «Me hicieron la petición justo cuando estábamos bajando al campo. Me dijeron que había muerto una persona cercana al club y sólo al final del partido me enteré de la verdad», admitió Zimmaro ante el comité regional de árbitros. El joven no fue procesado por Tricoli, pero sí suspendido junto a sus jueces de línea por haber permitido el homenaje sin autorización.

Respeto castigado

Argentino del Sud y C.A. Almagro debían enfrentarse el 30 de junio de 1929 por la última fecha del torneo de Primera División de la Asociación Amateur Argentina de Football. Sin embargo, al llegar al estadio de Argentino, en la localidad de Sarandí, los integrantes de ambos equipos se enteraron de que el día anterior había fallecido Adrián Beccar Varela, presidente de la entidad madre del futbol (cinco años más tarde sería rebautizada como Asociación del Futbol Argentino, su nombre actual). Como homenaje al dirigente muerto, en vistas de que el partido no tenía gran importancia para las dos escuadras —no peleaban el título y ya se habían salvado del descenso—, los jugadores acordaron suspender el encuentro en señal de luto. Increíblemente, el loable gesto fue cuestionado con dureza por... ¡la Asociación Amateur Argentina de Football! En un fallo en extremo severo, la institución resolvió dar por perdido el encuentro a los dos clubes, por haber decidido la cancelación sin consultar a la institución. Los equipos no protestaron. Optaron por un piadoso minuto de silencio.

La amonestación

A lo largo de un siglo y medio de futbol, varios jugadores, entrenadores y hasta árbitros han fallecido mientras intervenían en un partido, ya sea por recibir un fuerte golpe o por una indisposición cardíaca. El deceso del camerunés Marc-Vivien Foé es uno de los que más trascendencia obtuvo, por haber ocurrido durante un encuentro por la Copa FIFA de las Confederaciones, en junio de 2003, ante Colombia. A los 72 minutos, mientras las acciones se desarrollaban en otro sector de la cancha, Foé se desplomó sobre la hierba tras sufrir una descompensación provocada por una miocardiopatía hipertrófica. Los médicos intentaron reanimarlo durante 45 minutos, pero el africano no reaccionó: había muerto frente a las cámaras de televisión que transmitieron el dramático suceso «en vivo y en directo» a todo el mundo.

Otro caso excepcional envolvió al defensor Goran Tunjic. En mayo de 2010, los clubes N.K. Mladost-Ždralovi y Hrvatski Sokol protagonizaban un intenso 0-0 por la quinta división del campeonato croata. A mitad del segundo tiempo, cuando la escuadra visitante peloteaba el área de N.K. Mladost, Tunjic cayó mientras disputaba el balón con un rival. Como el jugador no se levantaba, el árbitro Marko Maruncek se le acercó y, al considerar que estaba «haciendo tiempo», le sacó la tarjeta amarilla. A pesar de la sanción y los reproches del referí, el zaguero, de 32 años, continuó inmóvil en el suelo. Al ver que el muchacho seguía sin reaccionar, Maruncek, al borde de la desesperación, ordenó el ingreso del equipo médico, que descubrió que el jugador estaba muerto. Maruncek suspendió el encuentro y, por supuesto, no volcó la amarilla a su informe.

Doble homicidio

Luigi «Gigi» Meroni era la gran estrella de Torino Football Club 1906. Bajo (apenas medía 1,70) pero elegante, este mediocampista era el conductor del equipo que esa temporada ganaría la Copa

Italia y se perfilaba como un serio candidato al «scudetto». La lluviosa noche del domingo 15 de octubre de 1967, poco después que la escuadra piamontesa derrotara en su casa 2-1 a Unione Calcio Sampdoria, el defensor Fabrizio Poletti convenció a Meroni de visitar un bar del centro de la ciudad donde, aseguraba, siempre había muchas chicas guapísimas. Los muchachos se dirigieron hacia el lugar y estacionaron su vehículo sobre la avenida Re Umberto. Al cruzar hacia el establecimiento, se les fue encima un automóvil Fiat 124 cupé: Poletti logró dar un paso atrás y sólo fue rozado por el veloz vehículo; «Gigi», en cambio, fue embestido y lanzado hacia la otra mano de la vía, donde fue arrollado por un Lancia Appia en el cual quedó enganchado para ser arrastrado unos 50 metros. El centrocampista, que sufrió fracturas en ambas piernas y la pelvis y un grave traumatismo de cráneo, fue trasladado por un conductor particular al hospital Mauriziano, donde murió una hora más tarde. A su funeral concurrieron más de 20.000 fanáticos del club «granata».

El conductor del Fiat, Attilio Romero, era un joven de 19 años fanático de Torino que, vaya casualidad, tenía pegado en una de las paredes de su habitación el póster de su ídolo, «Gigi Meroni». La noche del siniestro, Romero se presentó de forma espontánea en la comisaría para declararse responsable del incidente. Fue acusado de «homicidio culposo» pero, gracias a la tarea de los eficientes abogados pagados por su riquísimo padre Andrea, que alegaron que el auto había resbalado sobre la calzada mojada, fue absuelto y se salvó de ir a prisión. No obstante, papá Romero —un afamado médico que, para sumar casualidades, era jefe de neurología del hospital Mauriziano— debió pagar una fuerte indemnización al club.

Años más tarde, exactamente 33, Attilio Romero, quien había desplegado una notable carrera como gerente de Fiat, fue elegido presidente de Torino por el empresario Francesco Cimminelli, propietario de la institución. La nueva conducción arrancó con el pie derecho: el equipo, que estaba a un paso de descender a la Serie C, cambió de entrenador y consiguió ocho victorias consecutivas que lo devolvieron a la máxima categoría. Pero, tal vez embriagado por ese éxito, el presidente comenzó a gastar el dinero que no tenía para contratar figuras que devolvieran a la escuadra el esplendor de los años cuarenta, conseguido por un fenomenal equipo que acabó destruido en un accidente aéreo. Los resultados deportivos fueron tan nefastos como los económicos y, en la temporada 2002/2003, Torino terminó último y volvió a descender con una desgracia adicional: la quiebra. Sin el apoyo de su padre, Romero fue condenado por fraude, malversación de fondos y violación de la ley de facturación. Así, el hombre que había eludido la prisión por matar al ídolo del club fue condenado a dos años y medio de cárcel y terminó entre rejas por su segundo homicidio, contra la institución.

Cuatro goles y un funeral

Meidericher Spielverein Duisburg, o simplemente MSV Duisburg, es un club alemán fundado en 1902 en Duisburgo, una ciudad del estado de Renania del Norte-Westfalia situada muy cerca de la frontera con Francia. Al cierre de la edición de este libro, «las cebras», como se conoce a esta escuadra de camiseta a rayas horizontales azules y blancas, intervenía en la Segunda División de la Bundesliga y actuaba como local en el estadio Schauinsland-Reisen-Arena, un moderno coliseo con capacidad para 31.500 espectadores. Pero, cuando esta institución era apenas el solaz de un grupo de estudiantes, su modesta cancha se encontraba pegadita a un cementerio. Como la línea central terminaba casi a las puertas del camposanto, ocurría a menudo que los árbitros debían detener el juego... ¡para dejar pasar los cortejos fúnebres! ¡Las acciones se reanudaban tras el paso del féretro y los familiares y amigos del difunto! Una escena harto curiosa para un deporte que no permite el «tiempo muerto».

El contrato

El 28 de septiembre de 1999, el presidente del club sudafricano Orlando Pirates, Irvin Khoza, registró en la asociación de futbol de Sudáfrica la incorporación de Meshack Tshepo Zwane, un durísimo defensor que ya había vestido la camiseta negra de esa institución cinco años antes. En cuanto finalizó el trámite, Khoza corrió hasta las oficinas de una compañía de seguros, a la que le entregó una copia del contrato y un certificado médico fechado ese mismo día que afirmaba que el recio zaguero gozaba de una perfecta salud. A pocas horas de haber convenido la póliza, el dirigente regresó a la aseguradora a reclamar el pago de la póliza, por una cifra equivalente a 100.000 dólares estadounidenses, porque Zwane acababa de fallecer en un accidente automovilístico. Por supuesto, la compañía no extendió un cheque demasiada alegría: al investigar el incidente, se descubrió que el futbolista efectivamente había muerto en un siniestro de tránsito, aunque el domingo 26 de septiembre, ¡dos días antes de ser inscripto en la federación! La aseguradora invalidó el contrato pero no formuló ninguna denuncia ante la Justicia y aceptó sin chistar las disculpas del directivo. Según Khoza —un acaudalado empresario conocido como el «duque de hierro», con conexiones políticas, cabeza de la South African Premier Soccer League y presidente del Comité Organizador del Mundial de Sudáfrica 2010—, todo había sido producto, simplemente, de un «malentendido».

Gol fantasma

Para los jugadores rumanos, la derrota ante Israel (0-1, el 18 de marzo de 1998) tenía una explicación en extremo «racional»: la cancha elegida por la federación para ese amistoso, de preparación para el Mundial de Francia 1998, Stadionul Steaua, estaba maldita. «Acá hay una atmósfera lúgubre», le aseguraron los futbolistas a su entrenador, Anghel Iordănescu. Varios de ellos creyeron haber visto fantasmas correteando por la cancha. Los muchachos atribuían la sombría situación a que el Stadionul Steaua se encontraba junto a un cementerio y dijeron que no querían volver a ese lugar, temerosos de que el poder de los espectros elucubrara un conjuro que los hiciera fracasar en la Copa. Los dirigentes y el técnico, tan supersticiosos como los jugadores, accedieron y buscaron otro escenario para el siguiente encuentro de práctica, ante Grecia el 8 de abril: la Arena Națională. Allí, sin terroríficos espíritus dando vueltas por la cancha, Rumania ganó ese partido 2-1 y, en Francia, la escuadra del este de Europa terminó primera e invicta en su grupo, delante de Inglaterra, Colombia y Túnez.

La suspensión

La patada lanzada por Luiggi Coluccio, defensor de Unione Sportiva Gioiosa Jonica, al delantero de ASD Bocale Calcio fue tremenda. La «roja directa» estuvo harto justificada esa tarde del 29 de octubre de 1995, en la que ambos equipos se enfrentaban por el campeonato Promozione de Calabria. Tres días más tarde, cuando

Coluccio, de 23 años, estaba solo cerrando su bar, dos hombres armados se presentaron en su establecimiento y lo asesinaron con disparos de escopeta. El crimen, según la policía, estuvo vinculado a un presunto ajuste de cuentas de la 'Ndrangheta. Otra vez. La organización mafiosa ya había incendiado un restaurante y un pequeño supermercado a la misma familia, y un hermano de Luiggi, Pasquale, había recibido una herida de bala en un brazo. Nueve días después del crimen, tras analizar el informe del árbitro, la federación decidió suspender por un partido... ¡al muerto! El titular de la comisión regional, Nino Cosentino, explicó que «el mecanismo disciplinario es inflexible» y «ya se había puesto en marcha» con la planilla que había completado el referí antes del homicidio. Para repudiar el sangriento asesinato, los futbolistas de U.S. Gioiosa Jonica enfrentaron en su siguiente partido a A.S. Sambatello Calcio con brazaletes negros. Y, para cumplir el ridículo veredicto, dejaron la camiseta «2» en el vestuario. El reemplazante de Coluccio vistió la «14». Gioiosa Jonica ganó 1-0 gracias a un gol anotado en el último minuto. Los muchachos celebraron mirando hacia el cielo.

Hombres de negro

El problema con los árbitros es que conocen las reglas, pero no saben nada de futbol.

Bill Shankly

El reglamento del futbol es tan sencillo como claro: el árbitro tiene la autoridad total para hacer cumplir las reglas de juego. Pero ¿qué ocurre cuando el referí actúa como si desconociera por completo la legislación deportiva? En marzo de 2002, en el estado brasileño de Piauí, el referí Edmílson Timoteo da Silva mostró tres tarjetas amarillas y dos rojas a un mismo jugador. El insólito caso, que se produjo durante un partido entre los conjuntos locales Ríver Atlético Clube y Oeiras Atlético Clube, comenzó con un brusco puntapié del defensor visitante Paulo Araujo, que mereció una tarjeta amarilla. Un minuto más tarde, Araujo se mandó otra dura entrada y volvió a ser amonestado. Como se dice en la tribuna, amarilla más amarilla es igual a roja, y así ocurrió, aunque, en este caso, el defensor, en lugar de encarar hacia las duchas, se quedó dentro de la cancha, y el juego prosiguió sin que el árbitro, sus asistentes ni los dormidos jugadores y cuerpo técnico de Ríver se avivaran de la irregular maniobra. Como el rudo Araujo no podía con su genio ni, aparentemente, había saciado aún su sed de sangre, poco después volvió a revolear a un rival. Da Silva, esta vez más despabilado, le mostró la tercera amarilla y la segunda —y definitiva— roja. Al finalizar el partido, el árbitro argumentó que había confundido a Araujo con uno de sus compañeros, por su parecido físico. Un argumento infantil, si se tiene en cuenta que el otro jugador tampoco había abandonado la cancha con la primera roja.

Algo más grave resultó el caso del referí inglés Graham Poll, por ocurrir durante un Mundial (Alemania 2006), rodeado de la más alta tecnología televisiva y ante millones de ojos. Durante el choque entre Croacia y Australia, jugado el 22 de junio en Stuttgart, por el Grupo E, Poll mostró tres tarjetas amarillas al defensor europeo Josip Simunic. El zaguero vio la primera amonestación en el minuto 61, y la segunda en el 90, pero continuó en el campo sin que el árbitro ni sus líneas advirtieran la anormalidad. Recién en el minuto 93, Simunic protestó un cobro del árbitro y se ganó la tercera amarilla, que ahí sí fue seguida de una roja. El reglamento otorga al referí la posibilidad de modificar su decisión si se da cuenta de que ésta es incorrecta. En estos dos casos, los hombres de negro actuaron con una inoperancia asombrosa. Lamentablemente, no fueron los únicos.

La hora, referí

Cuando el árbitro Luis Ventre pitó el final, los once futbolistas de C.A. Estudiantes de La Plata se abrazaron para festejar un impensado triunfo 1-2 ante Racing Club, el puntero del campeonato de 1957 y en su mismísimo reducto de Avellaneda. Sin embargo, como casi todas las cosas buenas, el dulce festejo «pincharrata» duró poco: mientras protagonistas e hinchas abandonaban la cancha, uno de los jueces de línea advirtió a Ventre que se le había adelantado el reloj y que aún restaban cinco minutos por jugarse. Al notar su error, el referí convocó a los protagonistas y ordenó la reanudación de las acciones mediante un «bote a tierra», tal como lo indica el reglamento. Los visitantes aceptaron la medida a regañadientes. Pocos segundos después, su descontento se transformó en bronca, porque en esos escasos instantes la «Academia» logró la igualdad definitiva mediante un zapatazo de Juan José Kellemen.

¿Qué habrá pasado con el reloj del referí inglés Thomas Saywell? El 26 de noviembre de 1898, el árbitro dio por terminado el encuentro entre Millwall F.C. y Southampton F.C., por la antigua Southern League, ¡diez minutos antes de lo que correspondía! Los directivos del equipo local elevaron una protesta y exigieron a las autoridades de la liga que se volviera a convocar a las dos escuadras para disputar el tiempo restante. Estaban encaprichados con que su escuadra podía igualar el marcador adverso en ese lapso. El tribunal dio lugar al reclamo y programó el corto match para... ¡casi cinco meses más tarde! Los hombres de Southampton aceptaron con acritud y el 12 de abril de 1899 viajaron los 100 kilómetros que separan su ciudad del estadio The Dell, del centro de Londres, al borde del

Támesis, para completar el duelo. Después de tantas vueltas, los 10 minutos transcurrieron sin que se modificara el marcador, que quedó oficializado Millwall 1-Southampton 4...

El festejo

El árbitro Rodolfo Llanes no entendía qué sucedía. Montevideo Wanderers F.C. y Rampla Juniors F.C. protagonizaban un partido muy tranquilo esa tarde del 11 de junio de 1961, por el torneo de Primera División uruguayo. Llanes advirtió que uno de sus líneas, Feliciano Cacheiro Sánchez, agitaba su banderín, pero no lograba entender la seña, puesto que él no había percibido ninguna anormalidad de ese lado del campo de juego. Intrigado por tanto aspaviento, el referí se acercó a su colaborador para preguntarle qué ocurría. Cacheiro Sánchez, fanático hincha de C.A. Peñarol, no podía dominar un ataque de euforia: «¡Gol del "Pepe" en San Pablo!». Sucedía que Peñarol jugaba, en ese mismo momento, el partido «de vuelta» de la final de la Copa Libertadores ante Sociedade Esportiva Palmeiras, en el estadio Morumbi, y el tanto de José «Pepe» Sasía le daba a la escuadra uruguaya su segundo trofeo continental. Cuando salió de su estupor, Llanes ordenó la reanudación del partido. El resto del encuentro, para evitar un eventual contratiempo, optó por ignorar a su fanático asistente.

Al dente

El árbitro Henning Erikstrup miró su reloj: el tiempo se había cumplido y, esa tarde del 18 de abril de 1960, Nørager IF vencía a Ebeltoft IF 4-3 por el torneo de Cuarta División de Dinamarca. Al llevarse el silbato a la boca para dar por terminado el encuentro, ¡sorpresa! La dentadura postiza del referí aprovechó la ligera separación de los labios para escapar de su celda. Erikstrup se agachó rápidamente para recoger sus dientes y escapar de la bochornosa situación. Justo en ese momento —no podía ser de otra forma— la escuadra visitante marcó la igualdad. Los muchachos de Ebeltoft iniciaron un vivaz festejo, mas el referí lo cortó de cuajo al anular la conquista porque, en efecto, no la había visto. Los furiosos futbolistas visitantes rodearon a Erikstrup para averiguar el porqué de su decisión y al árbitro no le quedó más remedio que admitir que priorizó su estética sobre su actividad deportiva. Uno de los jugadores le preguntó por qué no pitó el final del partido y luego recogió sus dientes. «Tenía que recuperar la prótesis antes de que alguno la pisara y la destruyera. Es muy cara», se excusó, más rojo que su tarjeta.

La compensación

Selhurst Park, Londres, 4 de enero de 1998. Córner para el equipo local, Wimbledon F.C., que iguala sin goles ante Wrexham F.C. por la tercera ronda de la F.A. Cup, ya en tiempo adicionado. Patea Neil Ardley, la pelota vuela, rebota en la cabeza de Marcus Gayle y termina en la red. ¿Un triunfo agónico? Para el árbitro, Steve Dunn, no. El inoportuno referí había soplado su silbato un instante antes, con el balón en el aire, para dar fin al match. Los futbolistas de la escuadra londinense y su entrenador, Joe Kinnear, piden a los gritos a Dunn que se suba a la parrilla para comerlo con papas esa misma noche. No hay caso: el juez se niega a ser cenado y, encima, mantiene firme su decisión de cerrar el encuentro con el tanteador en blanco. Aunque sabe que metió la pata.

Racecourse Ground, Wrexham, Gales, 13 de enero de 1998. Wrexham F.C. y Wimbledon F.C. están otra vez frente a frente en el «replay» que debe definir cuál de los dos pasa a la siguiente ronda de la célebre copa. El silbato, otra vez en boca de Steve Dunn. El match, otra vez empatado, aunque 2-2. Otra vez, ataca Wimbledon. Otra vez lanza un centro Neal Ardley y otra vez cabecea Marcus Gayle a la red. Otra vez polémica: uno de los jueces de línea levanta su banderín para marcar una supuesta posición adelantada de Gayle. Dunn rompe el «replay»: esta vez sí convalida el tanto. Según el árbitro, el goleador inglés —que ese mismo año vestiría la camiseta de Jamaica en el Mundial de Francia— está bien habilitado. Ahora son los galeses los que quieren linchar a Dunn. Mucho más cuando, a segundos del final, no concede un claro penal de Alan Kimble, quien había derribado de una patada al zaguero local Mark McGregor dentro del área. Pitazo final y Wimbledon pasa de ronda. En el viaje de regreso a casa, Dunn está tranquilo. A costa de una injusticia, se hizo justicia.

El indeciso

El reglamento autoriza al referí a modificar su decisión únicamente si se da cuenta de que es incorrecta o, si lo juzga necesario, conforme a una indicación por parte de un línea o del cuarto árbitro, siempre que no haya reanudado el juego o finalizado el partido. Esta disposición es de gran utilidad, excepto que se abuse de ella y el remedio resulte peor que la enfermedad, como ocurrió en Israel en agosto de 2009. Ese día, durante el segundo tiempo del duelo Maccabi Tel Aviv F.C.-Bnei Sakhnin F.C. de Primera División, el referí Assaf Kenan convalidó un gol del equipo local, marcado por el armenio Ilya Yavruyan, el tercero de su cuenta, que sellaba la victoria por 3 a 1. Sin embargo, segundos más tarde y a instancias de uno de sus jueces de línea, Kenan cobró una falta de un hombre de Maccabi en la jugada previa a la conquista. Hasta ahí, una decisión, se podría decir, coherente. Pero, a raíz de la vehemente protesta de los jugadores locales, insultos incluidos, el árbitro volvió a cambiar su fallo, validó el tanto de Yavruyan y ordenó que el partido se reanudara desde el círculo central. La nueva medida encendió, entonces, a los muchachos de Sakhnin, que se abalanzaron sobre el referí para reclamarle, de muy mal modo y en medio de amenazas de retirarse de la cancha, que se mantuviera firme en anular la conquista. El blandito de Kenan cedió una vez más a los reclamos y dispuso que el match continuara 2-1, frente al desconcierto de los 8.000 espectadores que se habían reunido en el Bloomfield Stadium. El marcador, de todos modos, se cerró con un inapelable 3-1 luego de que el local Sherran Yeini sentenciara el pleito a un minuto del final. ¿Si hubo algún expulsado? Kenan todavía no lo decidió.

El partido de los tres tiempos

Todo estaba preparado la tarde del primero de septiembre de 1894 para que Sunderland AFC y Derby County F.C. se enfrentaran por la primera fecha de la liga inglesa de Primera División. Bueno, casi todo: el árbitro Frederick Kirkham no había llegado al estadio de Newcastle Road por una demora del tren que había tomado en Londres. Para que el retraso no perjudicara a los espectadores ni a los futbolistas visitantes —que debían retornar a su ciudad, distante a unos 220 kilómetros—, el delegado de la Football Association, John Conqueror, decidió tomar el silbato y conducir personalmente las acciones. Kirkham finalmente arribó al coliseo, pero cuando terminaba la primera etapa, con un claro 3-0 a favor de la escuadra local. Por entender que él había sido designado como la máxima autoridad para ese encuentro, el referí, en lugar de asumir y continuar las acciones a partir del segundo período, ofreció al capitán visitante, John Goodall, la oportunidad de elegir si prefería o no volver a comenzar la contienda «de cero». Goodall, hombre práctico, eligió la primera opción, sin que se escuchara ninguna protesta entre los muchachos de Sunderland. Por el contrario, los locales siguieron actuando con la misma intensidad y, al finalizar la «segunda» primera etapa, estaban de nuevo 3-0. Tal vez como premio a su caballeresca disposición, en el complemento se levantó un fuerte viento que ayudó a Sunderland a redondear una brillante goleada 8-0. El que no quedó nada satisfecho fue el arquero de Derby, Jack Robinson, quien recibió once goles en el curioso partido de los tres tiempos.

El enemigo en casa

No hay equipo que no se queje de la actuación de los árbitros. Lo que sí resultó extraño fue que una selección despotricara contra un referí que no la había dirigido y, además, ¡era de su mismo país! El particular episodio ocurrió el 15 de julio de 2004, durante la Copa América que se disputó en Perú. Costa Rica y Chile luchaban en el estadio Modelo Jorge Basadre de Tacna por el tercer lugar del Grupo C, en el que ya habían pasado de ronda Paraguay y Brasil. El que ganaba también se sumaba a los octavos de final, ya que el reglamento de la CONMEBOL permitía la clasificación de los dos mejores terceros de los tres grupos de selecciones participantes. Ya se habían cumplido los tres minutos adicionados por el árbitro boliviano René Ortubé, y el marcador seguía igualado en uno. Aparentemente entretenido por las acciones, el referí dejó que los muchachos siguieran un ratito, hasta que llegó el gol del costarricense Andy Herrón, que clasificó al equipo centroamericano y eliminó, al mismo tiempo, a Chile y... ¡a Bolivia, tercero del Grupo A! Si Ortubé hubiera finalizado el encuentro en el momento correcto, la escuadra andina hubiera seguido en carrera. Al retornar a casa, al árbitro boliviano no lo recibieron caras de felicidad, precisamente.

Olvidos

El 6 de mayo de 2009, cuando Rosenborg Ballklub recibió a Fredrikstad F.K. por la séptima fecha de la Primera División noruega, el árbitro Per Ivar Staberg dejó en su camarín la tradicional moneda para sortear qué equipo saca primero. Para no retornar al vestuario y demorar el inicio del encuentro, Staberg tuvo una original idea: invitar a los dos capitanes, Mikael Dorsin y Hans Erik Ramberg, a practicar el tradicional juego infantil «piedra, papel o tijera» para determinar al ganador. La ocurrencia pintó sonrisas en los rostros de los 15.000 espectadores, que se divirtieron viendo cómo Ramberg precisaba de tres intentos (en los dos primeros ambos habían elegido la misma opción) para ganar su derecho a sacar primero.

Otro despistado, el argentino Oscar Sequeira, debió expulsar «de palabra» al paraguayo Celso Ayala, de C.A. River Plate, el 31 de agosto de 1997, día en el cual el equipo «millonario» perdió en su casa 1-3 ante C.A. Rosario Central. ¿Por qué? Porque había olvidado su acrílico rojo en el guardarropas. El zaguero guaraní se tomó el mal trago con bastante buen humor: «La verdad, no entendía nada. ¡Me echaron sin sacarme tarjeta!», comentó con una sonrisa al ser consultado por la prensa.

Cortina de humo

Muy molesta se mostró la UEFA con el árbitro italiano Graziano Cesari, encargado de conducir el choque F.C. Bayern München-Valencia C.F. del 28 de septiembre de 1999, por la Liga de Campeones. A pesar de que Cesari había cometido gruesos errores durante el desarrollo del juego, la asociación europea hizo hincapié en los injustificables retrasos con los que comenzaron tanto el primero como el segundo tiempo. Cuando los veedores de la UEFA le reclamaron una explicación por tal impuntualidad, el referí italiano contestó, muy tranquilo: «Estaba terminando mi cigarrillo». El vicio le costó caro a Cesari, quien fue suspendido para encuentros internacionales.

Unas dos décadas antes, en 1978, un partido de futbol de la Primera División de Tanzania fue suspendido después de que el árbitro fuera detenido por la policía en el medio de la cancha, acusado de haber fumado marihuana segundos antes del saque inicial.

El consejo

Muchos jugadores «de campo» han atajado penales en canchas de todo el mundo, al tener que reemplazar bajo los tres palos a arqueros expulsados o lesionados. Ninguna de estas hazañas contó con una ayuda notable como la que recibió el defensor chileno Cristian Álvarez, el 12 de octubre de 2002. En medio de un caldeado clásico C.D. Universidad Católica-C. Universidad de Chile, empatado 1-1, el referí Carlos Chandía concedió un penal para los visitantes. El portero local, Jonathan Walker, no pudo hacerse cargo de la defensa de su meta por lastimarse en la jugada previa, en un violento choque contra su rival Mauricio Pinilla. Como la escuadra Católica ya había realizado las tres sustituciones permitidas, Álvarez se calzó los guantes para enfrentar al lanzador Pedro González. Segundos antes de pitar la autorización del remate, Chandía, imprudente, acercó su boca a la oreja de Álvarez para decirle «a tu izquierda va a ir, tirate a tu izquierda». Dicho y hecho, el defensor voló hacia su siniestra y contuvo el disparo. La historia tuvo un final feliz para Universidad Católica, mas no para Chandía. Como su inoportuno consejo había sido captado por los micrófonos de ambiente de la televisión, el insólito percance se propagó por todos los medios de comunicación y encendió un escándalo nacional. Al día siguiente, la Asociación Nacional de Futbol Profesional abrió un expediente y, después de evaluar el caso, determinó que, si bien el árbitro no podía saber a ciencia cierta hacia dónde saldría el tiro de González, su irresponsabilidad y su enorme bocaza bien debían costarle una fecha de suspensión.

Juez de línea de 14 años

Dos minutos antes del encuentro que el 28 de abril de 1991 protagonizaron C.A. Huracán y C.A. Chaco For Ever, por la Primera División argentina, los altoparlantes del coliseo porteño Tomás Adolfo Ducó explotaron: «Si algún árbitro de la AFA se encuentra en las tribunas, solicitamos urgente su presencia en el vestuario». Sucedió que uno de los jueces de línea que debían acompañar al referí Guillermo Marconi, Oscar Pesce, no había llegado a tiempo para la cita, por lo que se tuvo que recurrir a un reemplazante improvisado. Pero, como ninguno de los presentes respondió a la convocatoria, Marconi, en un acto por lo menos arriesgado, le entregó el banderín a un adolescente de 14 años que había ido al estadio para presenciar el match... ¡como hincha de Huracán! El muchacho, Leonardo Fernández Blanco, se animó y, aunque no vistió uniforme —de riguroso negro en esos tiempos—, colaboró con el referí para que se iniciara el partido. La tarea del joven sólo se extendió hasta los 28 minutos del primer tiempo, cuando fue reemplazado por el demorado Pesce. «Marconi me dio una sola indicación: que marcara los laterales», dijo Fernández Blanco al término del encuentro. El árbitro, en tanto, explicó que su determinación estaba contemplada por el reglamento. Esa tarde, Huracán derrotó al conjunto chaqueño 4-3, pero la labor del muchacho, confeso hincha «quemero», no favoreció en absoluto al conjunto local. De hecho, al momento de su relevo, el marcador se encontraba 1-1.

Banderín por micrófono

Casi tan bizarra como el caso anterior resultó una situación acontecida en Inglaterra. El 16 de septiembre de 1972, a poco de que finalizara la etapa inicial de un trascendental Arsenal F.C.-Liverpool F.C. —segundo y puntero, respectivamente, de la liga de Primera División—, uno de los jueces de línea, Dennis Drewitt, efectuó un mal movimiento y se rompió los ligamentos. Drewitt aguantó hasta que se cumplieran los 45 minutos, mas desistió de continuar en su puesto a raíz de la gravedad de la lesión y el intenso dolor que sentía. En esos tiempos, los partidos no contaban con un cuarto árbitro, de modo que, por los altoparlantes, se preguntó si entre el numeroso público que reventaba las tribunas de Highbury (unas 45.000 personas) había algún referí habilitado para ocupar el puesto vacante durante el complemento. Como nadie se presentó, el árbitro Pat Partridge decidió cancelar el match, que se transmitía en directo por televisión. Este dato no es menor: para evitar que el juego se suspendiera y, por ende, los televidentes se quedaran sin su programa, quien se ofreció para manipular la banderita fue el comentarista Jimmy Hill, quien años antes había realizado el curso de referí para perfeccionarse como periodista deportivo. Hill ofreció su auxilio a Partridge. «Si no encuentran a otra persona mejor calificada, los ayudaré con gusto. Es una lástima que el juego se interrumpa», le indicó el comentarista al árbitro. Vestido con un traje gris, camisa negra, corbata rosa y zapatos, Hill bajó a uno de los vestuarios, donde le proporcionaron zapatillas y un conjunto deportivo celeste, más apropiados para ejercer la nueva función. De esta forma, el show pudo seguir. El duelo terminó sin goles, lo que favoreció a Liverpool: pocas fechas más tarde se consagró campeón con tres puntos de ventaja sobre Arsenal.

Vendido

Bradford City AFC y Doncaster Rovers F.C. estaban preparados para enfrentarse, el 14 de marzo de 1936, por la Segunda División inglesa. Los dos equipos estaban en la cancha pero el juego se demoraba: uno de los jueces de línea no se había presentado en el estadio Valley Parade. El árbitro a cargo del encuentro intentó encontrar un reemplazante, pero no había nadie en el lugar que aceptara actuar como asistente. Cuando el referí anunció que el match debía cancelarse, el jugador visitante George Flowers —quien había viajado como eventual sustituto pero había quedado fuera del plantel, ya que en ese entonces los cambios no estaban autorizados— se ofreció para reemplazar al línea ausente. Al finalizar la contienda, los futbolistas de Doncaster no miraron con muy buenos ojos a su compañero Flowers. Primero, porque habían perdido 3 a 1 sin ningún tipo de ayuda de su parte; segundo, porque retornaban a casa con menos dinero en el bolsillo que su infame camarada: ellos recibieron una libra y 10 chelines cada uno por haber sido derrotados, mientras que a Flowers le correspondió la paga regular de un juez de línea para un partido, de una libra, 11 chelines y 6 peniques.

El pistolero

El madrileño Francisco «Paco» Bru Sanz fue uno de los grandes jugadores españoles de principios del siglo xx. Actuó en F.C. Barcelona entre 1906 y 1911, pasó a Reial Club Deportiu Espanyol de Barcelona por cuatro temporadas y retornó al club blaugrana para terminar su carrera en 1916. Tras su retiro, Bru decidió seguir ligado al futbol pero como árbitro. Según el libro *Morbo: The Story of Spanish Football*, del periodista británico Phil Ball, el día de su debut, «Paco» fue a cambiarse al mismo vestuario que utilizaban los jugadores de ambas escuadras. Allí, ante el asombro de los 22 protagonistas, extrajo un revólver Colt de su saco y lo apoyó en uno de los bancos. Tras calzarse la ropa negra, tomó el arma, se la acomodó en la cintura del pantaloncito y la cubrió con la camisa oscura. Consciente de que 44 ojos lo observaban en medio de un gélido silencio, Bru exclamó: «Quiero garantizar que sea un partido tranquilo, teniendo en cuenta que es el primero que dirijo». Esa tarde, no se escuchó una sola queja de los jugadores en contra de los fallos del referí. Fue el encuentro más apacible en la historia del futbol español.

Resultados apócrifos

Las reacciones de los hinchas frente a un resultado adverso han generado, en innumerables oportunidades, verdaderos infiernos dentro de los estadios de futbol. En pos de detener el estallido de una olla a presión y proteger sus vidas, las de sus colaboradores y las de los futbolistas, muchos árbitros han recurrido a un insólito mecanismo de contención: la simulación. En canchas de los cinco continentes ha sucedido que un referí, en general con la participación de los jugadores como coprotagonistas, ha montado una improvisada obra de teatro para hacer creer a los espectadores que su equipo empataba o ganaba y así trastrocar el humor de la gente, aunque en realidad el partido «oficial» ya había sido suspendido. Probablemente, la más célebre de estas actuaciones ocurrió el 2 de agosto de 1962 en el estadio Urbano Caldeira de Santos F.C., donde la escuadra local enfrentaba a C.A. Peñarol en la revancha de la final de la Copa Libertadores de 1962. El equipo que conducía Pelé había vencido como visitante al uruguayo en el mítico Centenario de Montevideo, 1-2, y con un empate en casa se aseguraba su primer título continental. De hecho, Santos se fue al descanso arriba en el tanteador, 2-1, mas en el complemento los orientales sacaron a relucir su bien ganada chapa de guapos, adquirida en el «Maracanazo» del Mundial de Brasil 1950, para dar vuelta el tanteador mediante sendas conquistas del ecuatoriano Alberto Spençer (a los 49) y el charrúa José «Pepe» Sasía (a los 51). La parcial victoria visitante enloqueció a los hinchas brasileños, que comenzaron a arrojar todo tipo de proyectiles al terreno de juego. En un córner, una botella noqueó al referí chileno Carlos Robles. En el informe que elevó a la CONMEBOL, el árbitro explicó: «Transcurrían siete minutos del segundo tiempo y en circunstancias en que había cobrado un tiro de esquina a favor del equipo de Santos, al tomar mi ubicación cerca del vertical, me fue lanzada una botella, la que me pegó en el cuello. Debido a esto quedé semiinconsciente y momentáneamente ciego. Al recuperar la lucidez me encontré en los vestuarios rodeado de dirigentes. Por lo expresado más arriba, decidí suspender el match por no tener garantías para desarrollar mi misión. Personeros directivos brasileños trataban de convencerme para que continuara el partido a lo cual me negué rotundamente. Debido a mi actitud fui amenazado por el presidente de la Federación Paulista, João Mendonça Falcão, quien me dijo que si no continuaba dirigiendo el match, él, como diputado, me haría detener por la policía. Como yo mantuve mi decisión, me insultó delante de mis compañeros, (Sergio) Bustamante y (Domingo) Massaro, diciéndome "ladrón, cobarde, yo puedo probar que usted es un sinvergüenza". Otras dos personas que habían entrado al vestuario pretendiendo hacer cambiar mi actitud, los señores Luis Alonso, entrenador de Santos, y el presidente del club, Athie Jorge Coury, me insultaron y dijeron que ellos no respondían por mi vida al salir del estadio». Los hombres de Peñarol, asimismo, recibieron una lluvia de objetos —piedras, envases de vidrio de cerveza— y amenazas de muerte de espectadores, rivales y hasta de algunos policías que, supuestamente, debían protegerlos. En ese peligroso contexto, Robles sacó de su manga el as que le permitiría retornar a su casa sano y salvo. Tras una suspensión de 51 minutos, el referí regresó al campo de juego y reunió en la mitad del campo a los uruguayos Sasía, Néstor Gonçalves y el arquero Luis Maidana y les confesó que el partido ya estaba suspendido pero que haría jugar los 39 minutos restantes para distender la situación. «Muchachos, ayúdenme porque, si no, nos matan a todos», rogó el juez. El match se reanudó y en pocos minutos Santos «empató» a través de su delantero Pagão. Los hombres de Peñarol casi no volvieron a pisar el área rival, hecho que pasó inadvertido para hinchas, jugadores y dirigentes del equipo paulista, que tras el pitazo final desataron un festejo desorbitado. Ninguno, ni siquiera los periodistas, se enteraron de la puesta en escena. De hecho, periódicos como el matutino O *Estado* titularon en sus ediciones del día siguiente «Santos empató: es campeón de América». El baldazo de agua fría llegó horas después, cuando la CONMEBOL anunció la anulación de la igualdad, ratificó la victoria visitante y ordenó que ambos clubes se enfrentaran en un tercer y definitivo duelo en Buenos Aires, cuatro semanas más tarde, dirigidos por el prestigioso referí holandés Leo Horn. El 30 de septiembre, en el «Monumental» de River Plate, Santos aplastó a Peñarol 3-0 con dos goles de Pelé y otro en contra del zaguero Omar Caetano. Los brasileños tuvieron al fin su anhelado trofeo. Los jugadores orientales, al igual que el chileno Robles, al menos vivieron para contarla.

Otro referí holandés, Laurens van Ravens, fue responsable de otro festejo inútil, aunque por una situación muy distinta que nada tuvo de violenta. Van Ravens fue designado por la UEFA para el partido «de vuelta» de octavos de final de la Recopa de Europa 1971/72 entre Sporting Clube de Portugal y Rangers F.C. de Escocia. El primer juego había terminado 3-2 para los escoceses, y en la capital portuguesa el marcador se repitió a favor de los lusitanos tras 90 minutos de intensa lucha. Tal como lo indicaba el reglamento, el referí hizo jugar un tiempo extra de media hora, dividido en dos segmentos de 15 minutos. En ese período, ambos equipos anotaron un gol, que elevó el marcador global a 6-6. Van Ravens, entonces, se valió de un flamante sistema de desempates incorporado a las competencias internacionales: una serie de disparos desde el punto del penal. En esa instancia, el ágil arquero local Vitor Damas mantuvo su valla invicta —atajó tres remates y un cuarto fue desviado— para que Sporting se impusiera 2-0. La euforia que se apoderó de las tribunas del estadio Alvalade duró apenas un ratito: cuando el árbitro ingresó en su vestuario, un delegado de la UEFA le informó que el vencedor era Rangers porque, al marcar durante la prórroga, había sumado más goles «de visitante» que la escuadra portuguesa. El holandés, avergonzado, debió explicar su error en ambos vestuarios y luego se dirigió a la sala de prensa para inmolarse ante las cámaras y micrófonos, al reconocer que la victoria era, en verdad, derrota, y viceversa. Los escoceses, revitalizados, superaron en cuartos a Torino F.C., en semifinales a F.C. Bayern München y, en el partido culminante, jugado el 24 de mayo de 1972 en el Camp Nou de F.C. Barcelona, a F.C. Dinamo Moscú. Sin necesidad de pasar por la tanda de penales, por las dudas.

El goleador

Muchos referís han actuado con irresponsabilidad, pero tal vez ninguno como el inglés Brian Savill. El 22 de septiembre de 2001, Savill conducía un partido de primera ronda de la Copa Great Bromley, entre Wimpole 2000 F.C. y Earls Colne F.C., en la ciudad inglesa de Colchester. A los 80 minutos, con el marcador a favor de los visitantes 1-18, el referí marcó un tiro de esquina para los locales. Llegó el centro, un defensor rechazó de cabeza y el balón fue derechito hacia Savill. El árbitro, de 47 años, sorprendió a todos: bajó la pelota con el pecho y, sin dejar que tocara el césped, sacó un derechazo que se clavó en un ángulo del arco de Earls Colne. «No sé por qué lo hice, fue un impulso», declaró días después al ser citado por la Asociación de Futbol del Condado de Essex. La conquista, absolutamente válida según el reglamento, no desató un escándalo sólo por la abultada diferencia en el tanteador. De hecho, algunos jugadores visitantes, en lugar de quejarse por la improcedente actitud de Savill, lo felicitaron por su brillante definición. El match finalizó 2-20 y el árbitro fue suspendido por siete semanas, pero luego renunció en repudio a la dura sanción. «Esto podría haberse resuelto con una ronda de bebidas, que hubiera pagado gustoso», se quejó Savill, quien acusó a los directivos de no tener sentido del humor. De todos modos, su historia tuvo un final feliz: debido a su evidente habilidad para patear la pelota, el técnico de Wimpole 2000 le ofreció al árbitro incorporarse a su flojo equipo como delantero estelar.

Contingencias climáticas

Cada vez que Messi recibe la pelota la tierra se sacude, todo el mundo hace silencio y los entrenadores rivales hunden la cabeza entre los hombros y meten las manos en los bolsillos, como quien acaba de ver un rayo y no tiene otra opción que esperar el trueno. El aire tiembla unos segundos. Después se escucha el gol.

SANTIAGO SOLARI

Se dice que el hombre propone y Dios dispone. Y, a veces, el hombre quiere jugar al futbol pero Dios (o la naturaleza, según agnósticos o ateos) determina que la pelota no camine sobre el agua, se congele sobre la nieve o vuele, ya no por efecto de puntapiés, sino a merced de tornados y tempestades generadas por Eolo. Miles de empapadas jornadas futboleras sufrieron suspensiones y postergaciones, y otras capearon el temporal con insólitas medidas. El 18 de enero de 1879, día en el que Inglaterra y Gales disputaron su primer duelo oficial, una inagotable tormenta apremió a los capitanes a acordar un partido «corto» de dos tiempos de 30 minutos, lo que contó con el beneplácito del empapado árbitro principal inglés Segard Bastard. El encuentro se realizó en el estadio The Oval del barrio londinense de Kennington, donde la escuadra local se impuso 2-1 a pesar de jugar los primeros veinte minutos con diez hombres, debido a que el mediocampista William Clegg arribó a la capital inglesa con retraso por culpa del tren que había tomado en Sheffield, demorado por el mal tiempo.

Diga «33»

Uno de los casos «climáticos» más extravagantes se produjo en Escocia durante el helado invierno de 1963. El encuentro Airdrieonians F.C.-Stranraer F.C., pactado para el 12 de enero por la primera ronda de la Copa de Escocia, se postergó 33 veces por mal tiempo. El match finalmente se jugó el 11 de marzo en el estadio Excelsior de la ciudad de Airdrie —centro de Escocia, en la región de North Lanarkshire—, donde el equipo local se impuso por 3 a 0, con dos penales de Jim Rowan y otro gol de Tommy Duncan. Dos días después, en el mismo escenario, Airdrieonians recibió a un Rangers F.C. descansado. El club de Glasgow se impuso por un aplastante 6-0.

Lo que el agua se llevó

Puede que una tormenta no sea causa suficiente para interrumpir el rodar de la pelota, mas siempre hay lugar para un escándalo pasado por agua. En noviembre de 2003, en Turquía, la lluvia acompañó los 90 minutos del choque entre Fenerbahçe Spor Kulübü y Çaykur Rizespor Kulübü, ante la alerta actuación del referí Ali Aydin. Bueno, no tan atenta, porque Aydin amonestó dos veces al defensor colombiano de Rizespor, Gustavo Victoria, pero, un poco olvidadizo el hombre, no le mostró la roja. El encuentro finalizó 1-1 y provocó un chubasco... de quejas de los directivos de Fenerbahçe. Luego de que se presentara una demanda destinada a que se reviera el resultado, la Federación citó al árbitro para que explicara el entuerto. Aydin argumentó que no había echado a Victoria porque la primera amonestación, anotada como corresponde en la tarjeta amarilla, se había borrado con el agua de la precipitación. Lo que no aclaró fue cómo había olvidado la primera admonición. Tras analizar lo sucedido, el cuerpo ordenó la repetición del match el 18 de enero. Fenerbahçe se impuso 4-1 y ese triunfo, al final de la temporada, le permitió consagrarse campeón.

¡Rayos!

No es fácil de explicar lo que ocurrió en la República Democrática del Congo en octubre de 1998: en la provincia de Kasai se enfrentaban los equipos de dos aldeas, Bena Tshadi y Basangana, bajo un cielo plomizo que auguraba una fuerte tormenta. En medio del encuentro, comenzó la tempestad y un rayo cayó sobre la cancha.

La violenta descarga mató en forma inmediata a los once jugadores locales, pero increíblemente no afectó a ninguno de los hombres de Basangana. En un intento por aclarar lo sucedido, el diario local *L'Avenir* evaluó que el fenómeno pudo ser obra de un hechicero, en especial porque los veintidós protagonistas y el árbitro estaban desparramados y mezclados por toda la cancha.

Goleadores en la niebla

La niebla es uno de los peores enemigos del futbol. Cuando una densa nube se mete en un estadio, reinan la confusión y la oscuridad. Si no se ve, el partido no puede seguir. Aunque algunos no se den cuenta, como Richard Siddall. El 12 de septiembre de 2003, en el condado inglés de Chesire, cerca de Sheffield, Witton Albion F.C. y Stocksbridge Park Steels F.C. llevaban apenas diez minutos jugando por la Northern Premier Football League, una división semiprofesional, cuando surgió una espesa niebla que obligó a suspender el encuentro. Un rato más tarde, en los camarines, el entrenador de Stocksbridge Steels, Wayne Biggins, notó la ausencia del arquero Siddall y lo fue a buscar: el portero seguía «atento» al juego bajo los tres palos. Cuando Biggins le informó al «1» que el partido llevaba suspendido varios minutos, Siddall se puso rojo como un tomate y admitió que «estaba esperando que apareciera algún delantero rival entre la neblina». El pobre portero fue recibido en el vestuario por una lluvia de carcajadas de sus compañeros. No fue el único en sufrir este bochorno. Sam Bartram, cancerbero de Charlton Athletic F.C., también se quedó solo cuando su club visitó a Chelsea F.C. en el capitalino Stamford Bridge el 25 de diciembre de 1937, por el torneo de primera inglés. La ciudad de Londres es famosa por su maciza niebla y seguramente Bartram todavía estaría en su puesto si un policía no le hubiera avisado que el partido llevaba casi media hora cancelado.

Iban 73 minutos cuando una repentina neblina obligó al árbitro a pitar el «no va más» del duelo Oldham Athletic AFC 2-Brentford F.C. 1 por la tercera ronda de la F.A. Cup, el 8 de enero de 1927. Rápido de reflejos, el técnico visitante, Harry Curtis, mandó a sus muchachos derechito a las duchas, con la excusa de apurarse para correr a la estación de trenes y recorrer los casi 260 kilómetros que los separaban de casa —desde Boundary Park, en el Gran Manchester, hasta el suburbio londinense de Brentford—. La reglamentación de la F.A. Cup indicaba que todo partido anulado por circunstancias ajenas a su normal desarrollo debía iniciarse con el marcador y el cronómetro en blanco, y el pícaro entrenador Curtis lo sabía a la perfección. Como si lo hubiera previsto, la nube se deshizo tan rápido como llegó y el referí convocó a los equipos a retomar las acciones. Curtis se negó, al sostener que sus muchachos ya estaban bañados y asegurar que ponerse de nuevo las camisetas transpiradas podría provocarles una pulmonía. El juez hesitó aunque, finalmente, aceptó el planteo del técnico visitante y el match fue, entonces, cancelado y reprogramado «de cero» para dos días más tarde. El 10 de enero, el equipo de Brentford volvió a Boundary Park... para llevarse una contundente victoria 2-4.

Cuando visitó Moscú en mayo de 1945, antes del inicio de la Guerra Fría, a Clementine Ogilvy Spencer, la esposa del primer ministro británico Winston Churchil, le pareció una excelente idea que F.C. Dinamo Moscú realizara una gira por el Reino Unido para afianzar los entonces cordiales lazos entre ambas naciones. El equipo soviético aceptó el convite y viajó para participar en varios encuentros amistosos, entre ellos uno con Arsenal F.C. de Londres pero en la casa de Tottenham Hotspur F.C., White Hart Lane. Ese 21 de noviembre, la escuadra inglesa se imponía 3-2, hasta que una neblina se posó sobre el césped y, si bien no cerró por completo la visión, complicó bastante el trámite del juego y la tarea del árbitro ruso Nikolai Latychev. En la segunda mitad, Dinamo consiguió dar vuelta el marcador para ganar 3-4. Varios periodistas e historiadores aseveran que el equipo visitante se aprovechó del fenómeno para realizar varios «cambios» sin retirar a los sustituidos y, así, ganar el match con entre 15 y 13 jugadores frente a, «apenas», 11 ingleses. Una versión que nunca fue confirmada oficialmente pero que alimenta la extensa lista de leyendas futboleras.

En el arte de aprovechar las cuestiones climáticas al máximo, nadie ha superado al entrenador catalán Xavi Agustí. En 1972, cuando dirigía el Club Deportiu Banyoles en la Cuarta División española, Agustí viajó con sus futbolistas desde la ciudad de Bañolas a la vecina Olot, para enfrentar a Unió Esportiva Olot. Al llegar, el técnico notó que una niebla cubría el Estadi Municipal y no permitía ver más allá de diez o doce metros. Agustí le reclamó al referí que anulara el juego, mas éste, encaprichado, rechazó con altivez la observación del «míster» visitante: «Acá mando yo». El entrenador se quedó con la sangre en el ojo, pero prometió darle una lección al ensoberbecido árbitro. Apenas comenzó el match, mandó a todos sus suplentes a calentar detrás del arco de Olot con una misión: en cada tiro de esquina, uno o dos de ellos debían meterse en el área y mezclarse con sus compañeros, amparados por la cortina nubosa.

Banyoles ganó ese día 0-1 con un tanto de cabeza, tras un córner, anotado por un jugador «fantasma» que «desapareció» de la cancha luego de que titulares y suplentes celebraran la conquista en un enorme ramillete. Pero la cuestión no terminó allí: antes del final, Agustí ordenó a uno de los suplentes quedarse en el campo hasta que terminara el encuentro. Cuando el referí pitó, el técnico se le acercó y le pidió que contara los futbolistas del equipo visitante. El colegiado quedó estupefacto al sumar doce hombres de Banyoles en cancha. «¿Ves cómo no se podía disputar el partido?», ironizó. La clase había finalizado.

El discurso del rey

Esta historia está también relacionada con una caprichosa niebla, pero merece un lugar destacado por su singular contexto, su increíble desarrollo y su fantástico final. El primero de enero de 1940, cuatro meses después de que el rey británico George VI declarara la guerra a Alemania y al siniestro Adolf Hitler, los clubes escoceses Hibernian F.C. y Hearts of Midlothian F.C. se reunieron en Easter Road para disputar un nuevo clásico de Edimburgo ante unas 14.000 personas. El match fue autorizado para distraer un poco a la nerviosa población y también su transmisión radial, mas el temor de un ataque por parte de la Luftwaffe, la fuerza aérea nazi, obligó a que se tomaran algunas medidas. Aunque la capital escocesa estaba esa tarde cubierta por espesas nubes, la dirección de la British Broadcasting Corporation (BBC) ordenó de manera tajante al periodista Bob Kingsley (un apellido que significaría en español «pequeño rey» o «reyecito») que, a lo largo de su relato, remarcara varias veces que el encuentro se jugaba bajo un sol radiante. La idea de esta consigna era que, si un eventual espía germano escuchaba la señal, no pudiera orientar una acción bélica aérea contra Edimburgo. Kingsley aceptó y se preparó para desplegar todas sus habilidades en pos de describir las acciones del duelo deportivo y, al mismo tiempo, engañar con sus comentarios climáticos a los enemigos.

Nunca imaginó que su esfuerzo sería sobrehumano. Segundos antes del inicio del derby, las nubes descendieron y se transformaron en una espesa niebla que cegó a los hinchas, a los jugadores, al árbitro y al propio Kingsley. El periodista, que no veía a 3 metros de su nariz, no sólo tuvo que inventar el entorno meteorológico sino que debió «relatar» un partido completamente ficticio. Pases, disparos, atajadas, faltas y goles inexistentes fueron descriptos unos tras otros con excepcional detalle bajo un cielo tan diáfano como el carbón. De todos modos, ¿quién iba a poder retrucarle algo al relator? El público veía tan poco como él y los futbolistas no podían hilvanar dos pases seguidos. Tan invisible era lo que ocurría del otro lado de la línea de cal, que Kingsley, al borde de la disfonía y de un colapso nervioso, no se enteró de que el juego había terminado y extendió su narración diez minutos más allá del pitazo final. Encima, su «apasionante empate 3-3» había sido, en realidad, una electrizante victoria de Hearts 5 a 6. Suele afirmarse que los relatores de futbol dicen muchas tonterías. Seguramente ninguno podrá superar el trabajo de Kingsley ese día. Pero, a su favor, hay que resaltar que lo hizo por una buena causa.

Neblina infame

Everton F.C. peloteaba a Woolwich Arsenal F.C. (llamado hoy simplemente Arsenal F.C.) en el estadio londinense Manor Ground, el 26 de noviembre de 1904. Los «toffees» («golosinas», como se conoce a este club de la ciudad de Liverpool porque cerquita del lugar donde se estableció su hogar, Goodison Park, había una famosa tienda de dulces) se imponían con comodidad 1-3 y escalaban a la cima de las posiciones del torneo de Primera División inglés. Sin embargo, la victoria no llegó a consolidarse porque, a sólo 14 minutos del final, la tradicional y compacta niebla de la capital británica apareció de improviso para cubrir con su opaco manto todo el terreno de juego. El referí suspendió las acciones y pocos días después la Football Association dictaminó que el encuentro volviera a jugarse «de cero» más adelante. Everton protestó el fallo, mucho más cuando se determinó que ese partido se intercalara al final de la temporada entre otros dos duelos, ante Manchester City F.C. y Nottingham Forest F.C., con un agravante: los «toffees» debían afrontar tres duelos en cuatro días, todos como visitantes. A pesar de las quejas, Everton se presentó a jugar cada encuentro. El viernes 21 de abril, cayó 2-0 en Manchester; al día siguiente, regresó a Londres para cambiar su triunfo 1-3 por una derrota 2-1 con Woolwich Arsenal, esta vez a pleno sol; el lunes 24, la escuadra de Liverpool derrotó a Nottingham Forest 0-2, mas esta victoria no alcanzó para apoderarse del título de campeón, que quedó para Newcastle United, ¡por solamente un punto de diferencia!

Revuelo

El 4 de febrero de 2009, el estadio de la Asociación Deportiva Municipal de la ciudad costarricense de Pérez Zeledón fue atacado por un feroz tornado. Esa tarde, mientras se desarrollaba un partido de Primera División entre el equipo local y Club Sport Herediano, jugadores, árbitros y entrenadores debieron escapar hacia el túnel para protegerse de un torbellino que amenazaba con arrasar el coliseo. Los hinchas también abandonaron las tribunas cuando algunas chapas de cinc se desprendieron de los techos y las vallas. La escena más dramática se produjo cuando uno de los futbolistas estuvo a punto de ser decapitado por un cartel de publicidad que había sido levantado por el vendaval y lanzado, descontrolado, hacia el centro de la cancha.

En abril de 2011, otro tornado se metió en una cancha durante un partido infantil en Japón. La tromba hizo huir de inmediato a jugadores y entrenadores y, como quedó sola, se puso a jugar con los bancos de suplentes, que acabaron en la copa de un árbol situado a varios metros.

El cantante

Hacia 1906, A.C. Milan incorporó un arquero holandés llamado François Knoote, quien además descollaba como cantante lírico y había actuado con éxito en la Metropolitan Opera de Nueva York. Por la calidad de su desempeño bajo los tres palos, Knoote era considerado el portero titular del equipo, aunque tenía una curiosa actitud: sólo se entrenaba o jugaba los días sin lluvia y con el terreno seco, para cuidar su garganta de un eventual catarro que afectara su carrera como intérprete. Su mayor anhelo era intervenir en una ópera en el famoso Teatro Alla Scala milanés. Los viernes, cuando los jugadores se reunían para armar el equipo del domingo, Knoote pasaba primero por la galería Vittorio Emanuele II —situada en el centro de la ciudad, frente al Duomo—, donde había un barómetro con el cual pronosticar eventuales tormentas. Si el instrumento vaticinaba mal tiempo (algo relativamente común en la populosa capital lombarda), el holandés dejaba su puesto al arquero suplente, Attilio Trere. Una tarde, mientras Milan actuaba en su antigua cancha con Knoote en el arco, una nube «pasajera» cubrió de manera repentina el cielo y descargó un breve aguacero. En medio de una jugada, los futbolistas milaneses se dieron cuenta de que su arco había quedado vacío. ¡El portero se había refugiado de las gotas en el vestuario! Milan continuó el match con diez hombres, uno de ellos en el puesto abandonado, y Knoote sólo retornó a la cancha cuando el nubarrón se disipó y volvió a brillar el sol.

Viento de cola

Situada sobre el Golfo de México, la ciudad de Veracruz recibe durante seis meses cada año (de septiembre a febrero) un fenómeno conocido como «norte», consistente en fuertes ráfagas provenientes de ese punto cardinal, que alcanzan velocidades de hasta 130 kilómetros por hora. El intenso viento no elude, desde luego, el estadio Luis Pirata Fuente, la casa del Club Deportivo Tiburones Rojos —bautizada así en homenaje al fallecido goleador Luis de la Fuente y Hoyos—. Lo curioso del caso es que el coliseo tenía un gran portón detrás de uno de sus arcos por los que se colaban las potentes corrientes. En realidad, se metían sólo si la enorme puerta se abría... ¡cuando hacia ese arco atacaban los equipos visitantes! Los ventarrones dificultaban las llegadas de los rivales y empujaban el balón, como un delantero más, para favorecer las embestidas de Veracruz. Lamentablemente para los Tiburones, la treta naufragó después de que varios equipos se quejaran ante la Federación mexicana de que el pícaro portón se corría un tiempo y se cerraba otro, según la escuadra local atacara o defendiera. En 2003, la entidad, severa, ordenó clausurar el acceso. El desventurado portón fue expulsado y, en su lugar, se levantó una adusta pared.

Patinada

La región del centro-norte de Inglaterra sufrió uno de sus inviernos más crudos entre fines de 1962 y principios de 1963. Bradford, Leeds y, sobre todo, Halifax fueron blanco de violentas nevadas. El hielo acumulado complicó especialmente el estadio Sahy, casa del club Halifax Town AFC de la Tercera División, que quedó inutilizado para la práctica del futbol. Frente a esta complicación, los dirigentes debieron alquilar otros coliseos y, para compensar la pérdida económica, decidieron habilitar su cancha como... ¡pista de patinaje! Con el correr de los meses, la nieve comenzó a derretirse a la par de la producción del desbancado Halifax Town. El equipo terminó último en la tabla y descendió a la Cuarta División.

Decisión térmica

El delantero inglés John Salako tomó, a mediados de 1995, una decisión sorprendente: rechazó un contrato por dos millones de libras esterlinas (unos 3,2 millones de dólares) para pasar del equipo londinense Crystal Palace F.C. a Newcastle United F.C., apodado como «las urracas». ¿Cuál fue la razón para su negativa? El propio Salako, en ese momento de 26 años, explicó que se negó a cambiar de escuadra porque no quería mudarse a la ciudad de Newcastle upon Tyne, «tan al norte», porque allí iba a sufrir «el horror del frío». Esa población se encuentra situada a unos 400 kilómetros al norte de la capital británica, muy cerca de la frontera con Escocia, región donde los inviernos son tan largos como crudos. Además del dinero, Salako desperdició la posibilidad de continuar su carrera en la Premier League inglesa, ya que Crystal Palace se encontraba en la segunda categoría. Por el monto que le ofrecían, el atacante podría haber hecho un esfuerzo: le sobraba dinero para comprarse todos los calefactores de Newcastle.

Las piedras del descenso

A fines de 1894, el panorama estaba muy difícil para Walsall Town Swifts F.C., «padre» del actual Wallsall F.C. y uno de los fundadores de la Segunda División inglesa. Este club necesitaba con urgencia un triunfo para desentenderse del descenso —en realidad, con la desafiliación para los que terminaban al fondo de la tabla de la que, en ese momento, era la última categoría profesional— y el 29 de diciembre de 1894, ante Newcastle United F.C., una victoria valía tanto como el oro. Sin embargo, el primer tiempo fue desastroso para los dueños de casa: primero, porque uno de sus hombres, Robert Willis, sufrió una lesión que lo obligó a abandonar la cancha; segundo, porque con un hombre de más, «las urracas» se hicieron un festín y se retiraron victoriosas al descanso, 0-3. En el complemento, Walsall salió a vender cara su derrota y, a pesar de la desventaja numérica, en pocos minutos logró descontar dos veces y colocarse a centímetros del empate. A los 78 minutos, cuando la igualdad parecía un hecho, un negro nubarrón cubrió el cielo y descargó una vehemente granizada. La furia de la tormenta, expresada en enormes piedras de hielo, obligó al referí a suspender el partido, para preservar la salud de los futbolistas. Pocos días después, la Football Association resolvió cristalizar el resultado a favor de Newcastle, fallo que fue apelado por los directivos del equipo derrotado, que consideraban que todavía quedaban 12 valiosos minutos para revertir la derrota. Empero, tras un segundo análisis, la entidad ratificó su decisión. Al finalizar la temporada, Walsall se hundió en el último de los tres descensos a pesar de sumar los mismos puntos que Lincoln City F.C., que conservó su lugar en la divisional gracias a una mejor diferencia de goles a favor. Un año después, este club retornó a la Segunda División, aunque con un nuevo nombre: Walsall F.C. El Town Swifts había quedado sepultado bajo una fría capa granizada.

Dile a la lluvia

Ya se ha visto aquí que, cuando la lluvia es abundante mas no suficiente para ahogar el ardor futbolero, suelen surgir extrañas (y húmedas) situaciones. En 1899, los clubes de Bruselas Racing Club y Athletic and Running Club se enfrentaron por el torneo de Primera División de Bélgica en medio de un copioso aguacero que sólo motivó a tres espectadores. El equipo visitante se impuso por 0-3, de modo que el partido tuvo un promedio de... ¡un gol por espectador!

C.A. Talleres de Córdoba y C.A. Rosario Central comenzaron con media hora de demora su encuentro del 25 de abril de 1999, por la novena fecha del Torneo Clausura argentino: una tormenta había borrado las líneas demarcatorias de la cancha, que debieron pintarse nuevamente un ratito antes del pitazo inicial.

El 16 de julio de 1995, durante la Copa América que se disputó en Uruguay, los organizadores utilizaron un helicóptero para secar el césped del estadio Centenario, sobre el cual había caído muchísima agua y debían jugarse dos partidos consecutivos: Colombia-Paraguay y Uruguay-Bolivia.

Lo que el viento convirtió

El gol que F.C. Dinamo de Kiev le marcó a Maccabi Haifa F.C. el 29 de febrero de 2012 debe ser único. Ambos equipos jugaron ese día un amistoso en la villa deportiva de la institución israelí, en medio de un vendaval. El viento, que soplaba muy fuerte, pareció complicar más a los dueños de casa, que perdían 0-4 a los 60 minutos de juego. En ese momento, el arquero local, Assaf Mendes, cortó con sus manos un centro ucraniano y lanzó la pelota al suelo para sacar un potente y alto disparo hacia el mediocampo rival. Pero una violenta ráfaga se cruzó en su camino y «pateó» el balón hacia la meta israelí, con inusitada dureza. La pelota realizó un serpenteo vivaz y se clavó junto al palo derecho del arco de Maccabi, sin que el pobre Mendes pudiera reaccionar para evitar su insólito gol en contra. Tanto los muchachos de Dinamo como el árbitro se solidarizaron con el portero: los primeros no celebraron el tanto y el referí suspendió el match de inmediato.

La tormenta perfecta

Las Islas Feroe integran un pequeño archipiélago en el Atlántico Norte, entre Escocia, Noruega e Islandia. Si bien este pequeño estado autónomo depende políticamente de Dinamarca, en materia futbolera su Federación consiguió la «independencia» en 1985 y desde entonces su selección participa en las eliminatorias mundialistas y sus equipos, de los distintos torneos continentales europeos. A pesar del ímpetu de sus futbolistas e hinchas, Islas Feroe nunca se clasificó para un mundial y sus equipos jamás accedieron a instancias decisivas en la Liga de Campeones de la UEFA. Probablemente, el mayor éxito fue conseguido en 1993 por el club Havnar Bóltfelag

Tórshavn, que consiguió clasificarse para la primera ronda de la hoy desaparecida Copa de Campeones de Copa de Europa con un poquito de ayuda divina. El 17 de agosto, en el partido «de ida» disputado en Letonia, Havnar Bóltfelag cayó 1-0 ante el local RAF Jelgava. Dos semanas más tarde, el primero de septiembre, la escuadra isleña logró remontar la desventaja y pasar al cuadro principal del certamen con un marcador global 3-1. ¿Cómo lo consiguió? Gracias a que el avión que trasladaba al club lituano no pudo aterrizar en Tórshavn —capital del archipiélago y hogar de Havnar Bóltfelag— porque una peligrosa tormenta cubría toda esa zona del Atlántico Norte. La UEFA, en un fallo al menos polémico, le dio por perdido el choque a RAF Jelgava, 3-0, lo que allanó el camino del equipo feroés a la siguiente ronda. La alegría por la «milagrosa» clasificación duró poco, porque en el duelo siguiente, frente a F.C. Universitatea Craiova de Rumania, Havnar Bóltfelag cayó por un inapelable tanteador de 7-0, producto de dos amplias derrotas: 4-0 en Craiova y 0-3 en el estadio Gundadalur de una soleada Tórshavn.

Deshielo

En mayo de 1958, los directivos del club inglés Everton F.C. anunciaron con bombos y platillos una incorporación extraordinaria para su estadio Goodison Park: el primer sistema de calefacción colocado bajo el césped de un campo de juego, destinado a derretir la nieve y evitar las suspensiones de partidos por esta contingencia climática. El emprendimiento consistió en un circuito de unos 20 kilómetros de cable eléctrico enterrados a centímetros de la superficie, que emitía el calor necesario para disolver el hielo acumulado en la cancha. El día que fue probada, horas antes de un encuentro y después de una fuerte nevada, la red respondió muy bien y disolvió todo el hielo. De todos modos, el match no pudo jugarse porque... ¡la cancha se inundó! Los avezados ingenieros habían olvidado acondicionar los drenajes para que se escurriera rápidamente toda el agua acumulada, en un volumen muy superior al de una lluvia «convencional». Dos años y varios pantanos más tarde, los ingenieros debieron desenterrar los cables, modificar su estructura y ampliar las alcantarillas para impedir que la cancha se convirtiera en un lago con cada nevada.

Suspensión original

Muchos partidos de futbol fueron cancelados por copiosas lluvias. Varios, por granizo, niebla o nieve. Algunos, por fuertes vientos, torbellinos, huracanes. Lo que sucedió el 29 de agosto de 2005 es un caso único, extraordinario en 150 años de historia del futbol: un encuentro se suspendió por... ¡la presencia de un iceberg! Sí, leyó bien: ¡un gigantesco témpano de hielo! El increíble suceso tiene una explicación, desde luego, enmarcada en un complejo contexto. Ese día jugaron una de las semifinales de la Copa de Groenlandia F.C. Malamuk, de la ciudad de Uummannaq, y Nagdlunguaq-48, de Nuuk, la capital groenlandesa. Casi cubierta por completo de hielos eternos, la isla de Groenlandia no posee demasiados lugares donde establecer un campo deportivo, y el único resquicio que los fanáticos de la pelota hallaron en Uummannaq es un terreno rocoso y carente de césped situado sobre la gélida bahía de Baffin. Para acceder a la cancha —rodeada por el mar y escarpados y altos acantilados—, jugadores, árbitros y espectadores deben movilizarse en lanchas y pequeños barcos, que atracan en un muelle montado a pocos metros del campo de juego, paralelo a uno de los laterales. Ese día del verano boreal, mientras los muchachos de Malamuk y Nagdlunguaq-48 se disputaban el balón, uno de los casi mil hinchas que se congregaron a disfrutar del peculiar cotejo advirtió que un iceberg de gran tamaño —a pesar de que sólo se asoma una octava parte de su volumen— se acercaba peligrosamente al pequeño puerto y amenazaba con destruir las cientos de naves allí amarradas. El simpatizante dio la alarma y todo el mundo —el referí, los líneas y los futbolistas incluidos— dejó la pelota a un lado para correr hacia las embarcaciones, zarpar y evitar, aunque en otra escala, un *Titanic*. Un largo rato más tarde, cuando el témpano pasó —no sin dejar un reguero de «cubitos» para el whisky junto a la línea de cal— y se derritió el peligro de imitar a Leonardo di Caprio, el juego se reanudó y culminó con una victoria visitante 1-3.

Golpe a golpe

Me quedaré en el futbol aunque sea como banderín del córner.

Derek Dooley, ex jugador inglés que sufrió la amputación de una pierna

La lesión muscular no amargó a Demetrio Albertini, mediocampista de A.C. Milan. Todo lo contrario. Aunque los futbolistas tienen terror a desgarros y fracturas, para el volante lombardo se trató de una bendición. En medio de un año 1996 muy intenso (Serie A, Liga de Campeones, Copa de Italia, Eurocopa con la selección «azzurra»), la dolencia cayó como anillo al dedo, literalmente, para casarse con la hermosa modelo Uriana Capone y poder disfrutar de una romántica luna de miel. Una lesión bienvenida, aunque no tan feliz como la provocada por un pelotazo en el rostro de Khiat Ahmed. En 1961, Ahmed, de 20 años, había perdido la voz cuando un proyectil explotó a su lado durante un combate de la Guerra de la Liberación que Argelia promovió para independizarse de Francia. Tres años más tarde, en medio de un partido de Primera División de esa nación del norte de África, el muchacho —devenido futbolista— recibió un violento balonazo que lo derribó y aturdió varios minutos. Cuando Ahmed se recuperó, ¡milagro! ¡Había recuperado el habla! ¿Sus primeras palabras? Durísimos insultos para el árbitro por un presunto mal fallo.

Dos benéficos ejemplos de la diosa Fortuna, que no siempre aparece para socorrer a los futbolistas. Sobre todo, cuando las magulladuras no brotan del contacto físico propio del juego sino de inesperadas situaciones.

Fuera de la cancha

La cancha es el escenario donde las lesiones deportivas más graves suelen suceder. La magnitud del daño en general se corresponde con un violento encuentro entre dos jugadores lanzados a toda velocidad detrás del balón. Sin embargo, muchos futbolistas han sido blanco de traumatismos tremendos del otro lado de la línea de cal, inclusive a kilómetros de un estadio.

En 2001, durante su estadía en Leeds United F.C., el inglés Rio Ferdinand padeció una distensión de ligamentos de una rodilla mientras... ¡miraba televisión! La afección se produjo cuando el gigante defensor internacional se arrellenaba frente al aparato en un sillón de su casa, con un pie sobre la mesa de café, sonó el teléfono y Ferdinand intentó incorporarse para atender. El zaguero debió permanecer tres semanas sin jugar a causa de su extraño accidente.

Otro británico, Darren Bent, quedó fuera de su equipo, Charlton Athletic F.C., por seis semanas luego de rebanarse un dedo cuando fileteaba cebollas en la cocina de su casa de Londres. El profundo tajo, que seccionó varios tendones, se produjo cuando Bent, de 22 años, preparaba una cena especial para celebrar su nuevo contrato por cuatro años con el club capitalino.

Un accidente doméstico obligó al arquero del equipo español F.C. Barcelona Carlos Busquets a desplegar sus habilidades manuales dentro de su propia casa, para atajar en el aire una plancha caliente que amenazaba con caer sobre su hijo. La destreza del portero evitó que su pequeño Aitor se lastimara, pero las quemaduras de segundo grado recibidas en ambas manos obligaron a Busquets a dejarle el puesto a Jesús Angoy cuando el conjunto catalán enfrentó a C.D. Tenerife, el 12 de noviembre de 1995.

Otro portero, Santiago Cañizares, flamante campeón con Valencia C.F. en 2002, había sido confirmado como arquero titular de España para el Mundial de Corea-Japón. Después de dos copas sentadito en el banco con la camiseta «13», le tocaba la oportunidad de mostrarse bajo los tres palos con la «1». Sin embargo, todo se derrumbó cuando un insólito incidente combinó excesiva coquetería con algo de torpeza: el 17 de mayo, pocas semanas antes de la Copa del Mundo y mientras se encontraba concentrado con el equipo ibérico en un hotel de la ciudad de Jerez de la Frontera, Cañizares intentó ponerse un poco de perfume Acqua di Gio, de Armani, pero el frasco resbaló de sus manos (justo le pasó esto a un arquero...), cayó al suelo y estalló en pedazos. Uno de los trozos de vidrio se clavó en un dedo del pie y provocó un profundo corte que seccionó un tendón. El arquero fue operado mas no llegó a recuperarse a tiempo, por lo que debió ceder la titularidad al joven guardavalla de Real Madrid C.F., Iker Casillas. «Santi», otra vez, siguió el Mundial sentado en una silla.

Al «1» de Southampton F.C., David Beasant, le sucedió algo similar días antes del comienzo de la temporada 1993/94: intentó tomar un frasco con mayonesa, pero el envase de vidrio esquivó sus manazas y aterrizó sobre su pie. Beasant (tercer arquero de Inglaterra en el Mundial de Italia 1990) se cortó los ligamentos del tobillo, hecho que lo mantuvo inactivo ocho semanas.

Tras una exitosa actuación en F.C. Schalke 04 y Hertha Berliner S.C., 500 partidos de liga y 6 con la selección, el portero alemán Norbert Nigbur debió retirarse en 1980 luego de que se le rompiera el cartílago de un menisco... ¡al levantarse de la mesa del restaurante donde había almorzado!

El guardameta danés Michael Stensgaard, titular de la selección sub-21 de Dinamarca, acababa de llegar a Liverpool F.C. en 1994 con la firme intención de adueñarse de los arcos de Anfield Road, el célebre estadio rojo. Unos días antes del debut, intentó en su casa desplegar la tabla de planchar para alisar algo de ropa. La movida fue fatal: terminó con el hombro dislocado. Stensgaard nunca jugó para Liverpool y recién tres años más tarde pudo recobrarse de forma parcial para atajar un puñado de partidos para F.C. Copenhagen, antes de retirarse muy joven.

Los arqueros están abonados a este capítulo. Cuando vestía los colores de Liverpool F.C., el inglés David James sufrió una fuerte contractura en la espalda cuando se estiró en su cama para alcanzar el control remoto de su televisor. James, quien integró la selección inglesa en tres mundiales (Corea-Japón 2002, Alemania 2006 y Sudáfrica 2010, en esta última edición como titular), fue apodado, desde entonces, «Calamidad».

El 29 de febrero de 2004, Hertha Berliner S.C. se imponía como visitante por un estrecho 1-2 a Hannoverscher Sportverein von 1896 en el AWD-Arena. A minutos del final, mientras la escuadra local luchaba por el empate, un rapidísimo contragolpe de Hertha terminó en el tercer tanto, que liquidó el pleito. La alegría por la conquista desbordó el banco de relevos berlinés y eyectó al feliz arquero suplente, el húngaro Gabor Kiraly, quien saltó al césped a abrazarse con sus compañeros. Pero tanto júbilo no fue gratis para el portero magiar: en esa carrerita, se desgarró los músculos de una pantorrilla y tuvo que permanecer inactivo dos meses.

El galés Andy Dibble, portero del club Barry Town F.C., realizó en diciembre de 1998 la atajada más encendida de la historia. Al arrojarse al suelo en pos del balón, durante un match ante Carmarthen Town F.C., Dibble se quemó desde el hombro a la cadera con la cal de la línea de fondo. Marcado como una cebra, con una franja de carne viva de diez centímetros de ancho, el arquero necesitó injertos de piel para superar el terrible daño. Además, le ganó un juicio por 20.000 libras a su club, responsable de que el canchero hubiera utilizado por error un producto corrosivo para delimitar la cancha del estadio Jenner Park.

A mediados de 1999, Thomas Myhre tuvo la desgracia de fracturarse el tobillo derecho durante un entrenamiento con la selección noruega. «Cuatro semanas más tarde —relató el entonces arquero del club inglés Everton F.C. a la prensa—, me estaba preparando para ir al hospital cuando me resbalé al salir de la bañera y se me quebró un hueso pequeño del otro pie. No fue el mejor verano que he tenido». No, sin dudas.

El 29 de febrero de 2004, la victoria de Fenerbahçe S.K. sobre su clásico rival, Galatasaray S.K., liberó una cascada de alegría entre los hinchas y los jugadores de la escuadra negra y blanca. Hechizado por el carnaval desatado en el Şükrü Saracoğlu Stadium, el feliz arquero local, Wolkan Demirel, se acercó a su parcialidad e intentó quitarse la camiseta para arrojarla a la tribuna. Pero el portero se desnudó con tanta torpeza que se lesionó los ligamentos de un hombro y debió quedar fuera de acción durante tres semanas.

Una contractura lumbar puede afectar a cualquiera. El portero de Paris Saint-Germain F.C. Lionel Letizi se perdió dos partidos a causa de una, en 2002. ¿Cómo se lastimó el desventurado Letizi? Mientras jugaba al Scrabble en la concentración con sus compañeros Jérôme Alonzo y Laurent Leroy, el arquero se agachó a levantar una pieza caída y... ¡crack!

Ya fuera del área, hay una extensa lista de insólitos casos que envolvieron a «jugadores de campo». Uno de ellos correspondió al italiano Alessandro Nesta, quien se rompió el tendón de una muñeca jugando al Guitar Hero con su Play Station. El jugador de A.C. Milan estuvo un mes alejado de las canchas, período que, de haber sido arquero en lugar de defensor, seguro hubiera sido más extenso.

El perro es el mejor amigo del hombre, salvo que el hombre sea futbolista. Si no, pregúntenle al zaguero galo Julien Escudé, quien, el 25 de agosto de 2002, se rompió los ligamentos de su rodilla izquierda mientras paseaba su mascota. El desgraciado caso no sólo significó una larga convalecencia, sino que se produjo seis días antes de que Escudé formalizara su traspaso del club francés Stade Rennais F.C. a Manchester United F.C. de Inglaterra. La transferencia jamás se cristalizó. Darren Barnard padeció la misma lesión en 2002, cuando actuaba como mediocampista izquierdo de Grimsby Town F.C. de Inglaterra, aunque en un contexto diferente: el futbolista galés se accidentó en su casa al pisar un charco de pis de su cachorrito. La caída sobre las duras baldosas de su cocina lo descartó de las canchas cinco meses, período en el que disfrutó de la dulce compañía de su perro.

Una hinchazón en el dedo gordo del pie derecho impulsó al inglés Darius Vassell a una particular atención médica... de su propia mano. El atacante de Aston Villa F.C. tomó un taladro eléctrico y efectuó una hendidura que permitiera drenar sangre y líquidos acumulados debajo de la uña. ¿El resultado? La uña voló, la herida se infectó y el autodidacta doctor Vassell se perdió varios partidos. «Realmente no entiendo por qué trató de resolver el problema él mismo, habiendo profesionales disponibles para hacerlo», bramó el entrenador del «villano» equipo de Birmingham, Graham Taylor, inflado de bronca, más hinchado que el dedo gordo del futbolista.

En febrero de 2012, el volante argentino de Valencia C.F. Ever Banega fue con su automóvil a cargar combustible a una gasolinera cercana a la ciudad deportiva del club. El muchacho olvidó accionar el freno de mano del vehículo y, cuando bajó a tomar una manguera del surtidor, fue atropellado por su propio coche, que le fracturó la tibia y el peroné de su pierna izquierda. El anormal siniestro le costó a Banega perderse decenas de partidos de su club y la selección argentina. El británico David Batty, estrella de Leeds United AFC, también se lesionó al ser atropellado. En este caso, el volante inglés recibió «apenas» una rotura de su tendón de Aquiles tras ser arrollado... ¡por el triciclo que conducía su hija de tres años de edad!

El goleador inglés Charlie George tuvo una extensa carrera por los equipos Arsenal F.C., Derby County F.C., Southampton F.C. y Nottingham Forest F.C., entre otros. George colgó los botines en 1983, después de quince años como profesional y un inesperado contratiempo: se rebanó el dedo gordo del pie derecho con una cortadora de césped, mientras intentaba podar su jardín.

¿Más? En la década de 1970, el noruego Svein Grøndalen se perdió un encuentro con su selección tras chocar contra un alce cuando trotaba por un bosque. El mediocampista inglés de Tottenham Hotspur F.C. Alan Mullery también se quedó fuera de un partido internacional, ante Sudáfrica en 1964, por una contractura en el cuello surgida mientras... ¡se afeitaba!

En 2002, el croata Milan Rapaic no pudo iniciar la temporada con su equipo, HNK Hajduk Split, por lastimarse un ojo con una tarjeta de embarque en el aeropuerto. En 2006, el congoleño Leroy Lita, delantero de la escuadra inglesa Reading F.C., juró por todos los santos haberse desgarrado un músculo de la pierna al desperezarse en la cama, luego de despertarse. Dos años más tarde, Lee Thorpe, atacante de otro equipo de Inglaterra, Rochdale AFC, se rompió el brazo en tres lugares mientras disputaba una «pulseada» con un compañero en el autobús que trasladaba al equipo hacia Darlington, para un partido de la League Two.

El escocés Kevin Kyle se ufanaba de ser un excelente padre. El delantero del club inglés Sunderland F.C. no eludía un cambio de apestosos pañales de su pequeño Max, de ocho meses. Mucho menos, alimentar al bebé, aunque ello representara un peligro para su propio físico. La tarde del 30 de marzo de 2006, Kyle, de 24 años, se encontraba sentado en la cocina de su casa, listo para darle la leche a su niño, acomodado sobre su muslo izquierdo. Con la mano derecha, el atacante intentó sacar la mamadera de un jarro con agua hirviendo, con tanta torpeza que el recipiente cayó de la mesa y volcó su humeante líquido sobre el muslo derecho del futbolista... ¡y sus testículos! Max se salvó de milagro, pero su torpe padre debió ser internado para tratarse la humillante quemadura. Kyle estuvo un par de días caminando como John Wayne y hasta se perdió un partido.

La temporada anterior, un compañero del escocés, el argentino Julio Arca, había sido hospitalizado y perdido un partido al ser picado por una medusa cuando nadaba en el Mar del Norte.

En 2006, Sascha Bender, del equipo regional alemán Sportverein Stuttgarter Kickers, se perdió un encuentro a causa de una pesada broma a un compañero, el nigeriano Christian Okpala: mientras compartían la habitación en la concentración, Bender lanzó un pedo a la cara del africano, que reaccionó con un certero trompazo al rostro de su colega. «Me estaba provocando permanentemente, se tiraba pedos todo el tiempo», afirmó Okpala. Nadie lo juzgó.

No sale

Fábio Baiano no daba más. Con un fuerte dolor en el muslo izquierdo, producto de una contractura que lo obligaba a renguear, el volante ofensivo de Sport Club Corinthians Paulista decidió dejar la cancha. Pero, cuando se acercó a la línea de cal a la altura del banco de suplentes del estadio Pacaembú de la ciudad brasileña de San Pablo, el entrenador del «timao», Tite, le salió al cruce. «Usted no sale, se queda dentro del campo», ordenó el técnico. Ese día, 26 de septiembre de 2004, Corinthians, que empataba sin goles con Goiás Esporte Clube por el campeonato brasileño de Primera División, ya había efectuado los tres cambios autorizados por el reglamento y no podía darse el lujo de quedarse con un hombre menos cuando todavía quedaban 15 minutos, ya que necesitaba una victoria que lo acercara a la clasificación para la Copa Libertadores. Empero, Baiano, muy afligido por su dolencia, no quería acceder al mandato de Tite. Jugador y entrenador protagonizaron, entonces, una fuerte discusión mientras el partido continuaba. «Me quedo, pero no me pienso mover», zanjó el entredicho el jugador, a regañadientes. Mas el amor por la pelota pudo más y a los 89 minutos, cuando un pase lo encontró solito en el mediocampo, Baiano se lanzó a toda velocidad hacia el área rival y, cuando se le interpuso el único defensor que quedaba en la retaguardia visitante, sacó un derechazo tremendo que, tras volar 25 metros, pegó en el travesaño, picó dentro del arco y se durmió en la red. El goleador corrió a abrazarse con Tite y cerró su desahogo con un indulgente «tenías razón». Corinthians consiguió así un emotivo triunfo 1-0 que, aunque no alcanzó para entrar en la Libertadores, permitió al conjunto paulista acceder a la Copa Sudamericana.

Unos diez años antes, el 26 de mayo de 1993, ocurrió una situación muy parecida, aunque en un contexto mucho más trascendental. En el Olympiastadion de la ciudad alemana de Munich, Olympique de Marseille jugaba su segunda final de la Liga de Campeones de la UEFA ante el poderoso y laureado A.C. Milan de Italia, que ya había ganado ese trofeo cuatro veces. A sólo diez minutos del pitazo inicial, el zaguero marfileño Basile Boli, una de las estrellas de la escuadra francesa, sufrió una lesión muscular que no le permitía correr y apenas caminar. Boli le pidió el cambio a su entrenador, el belga Raymond Goethals, pero éste, en lugar de atender la solicitud de su jugador, tomó un walkie talkie y le transmitió lo que ocurría al presidente del club, Bernard Tapie. «Espera unos minutos», ordenó el dirigente. Pasaron varios y el defensor se acercó a Goethals para preguntarle qué esperaba para sustituirlo. «Es el de arriba el que no quiere», respondió. El «de arriba» era Tapie, el mandamás. Boli volvió al juego y, tres minutos más tarde, tras un tiro de esquina, marcó de cabeza el único gol del encuentro que le dio a la escuadra marsellesa su ansiado trofeo continental. Poco después, en el entretiempo, el héroe fue atendido por un kinesiólogo y pudo completar los 90 minutos sin necesidad de ser reemplazado. Tapie, desde su palco, celebró «su» título.

Solidario

El delantero de Unione Calcio Sampdoria Fabio Bazzani saltó a cabecear el balón y... ¡Pum! Le aplicó un codazo en el rostro a Cesare Natali, su rival de Atalanta Bergamasca Calcio. El golpe —absolutamente accidental, ocurrido el 7 de noviembre de 2004 durante un encuentro de la Serie A italiana disputado en el estadio Atleti Azzurri d'Italia— abrió una profunda y sangrienta herida en la cara de Natali, quien debió ser asistido por los médicos del club local del otro lado de la línea de cal. Para sorpresa de espectadores, los árbitros y el resto de los futbolistas, Bazzani, en lugar de continuar tras la pelota, esperó fuera de la cancha a que su colega se recuperara y sólo retornó al juego tres minutos después, junto al defensor herido. La actitud caballeresca fue muy elogiada por los hinchas y la prensa, aunque Bazzani minimizó su decente acción. «No soy ni me siento un santo. Es que muchas veces del futbol se muestra la peor cara. Existen códigos. La lealtad y el respeto por el rival no son tan raras como puede parecer desde afuera», aseguró el futbolista. Natali, de todos modos, agradeció el gesto: «Fabio se portó de primera. Creo que le dio un poco de miedo verme sangrar tanto. Aun sin querer, me dio con el codo para defender la pelota. El haberme esperado creo que fue una manera de pedirme disculpas». El match terminó sin goles pero los espectadores disfrutaron la actitud de Bazzani como una goleada de «fair play».

El duro

A lo largo de su prolífica carrera en Rochedale AFC, Crewe Alexandra F.C., Plymouth Argyle F.C., Stockport County F.C., Blackburn Rovers F.C. y Chesterfield F.C., Frank Lord sufrió un sinnúmero de lesiones: se fracturó las piernas en tres oportunidades, una vez un brazo y otra la mandíbula; se rompió cuatro dedos, se fisuró las costillas, se dislocó un codo, sufrió un esguince de tobillo y varios cortes en la cara. A pesar de tantas adversidades, Lord hilvanó una trayectoria de 15 años, con 354 partidos jugados y 172 goles anotados entre 1953 y 1968. Un verdadero irrompible.

Corazón de león

Harry Lyon se ganó el estatus de «héroe legendario» del club inglés Wigan Athletic F.C. en un increíble match jugado en Springfield Park, ante Doncaster Rovers F.C., el 17 de noviembre de 1965. Esa jornada, ambos equipos se reencontraron para destrabar un empate a dos de primera ronda de la F.A. Cup, ocurrido cuatro días antes en Belle Vue, el antiguo estadio de Doncaster Rovers. La historia comenzó muy mal para Wigan: la visita abrió el marcador casi de inmediato y Lyon, atacante estrella, abandonó el campo en camilla a los 19 minutos, tras recibir una terrible patada en el tobillo izquierdo, que los 7.000 espectadores creyeron roto. Sin embargo, en el vestuario, un médico revisó a Lyon y notó que no había fractura, pero sí ligamentos muy dañados y un hematoma gigante. No obstante, el corazón de Lyon era más grande que la inflamación: ordenó al galeno efectuar un fuerte vendaje y que le suministrara aspirinas que bajó... ¡con whisky! Tras el entretiempo y decenas de besos a la botella de sabroso licor escocés, Lyon, revitalizado por el potente cóctel de analgésicos y alcohol, regresó con nuevos bríos al campo de juego. Su actuación fue descomunal: marcó los tres goles que le dieron a Wigan la victoria y el pase a la siguiente ronda de la Copa. Dos fueron anotados con la pierna herida. Los hinchas locales celebraron extasiados la hazaña extraordinaria, que el propio ídolo no pudo festejar: los vapores de la pócima habían nublado la cabeza de Lyon, quien en la cancha estuvo en cuerpo pero no en alma. Tras una larga ducha en el vestuario, el goleador volvió en sí de su borrachera y admitió a sus emocionados compañeros que no recordaba un solo detalle de su increíble gesta.

Hat-crack

Que un defensor central marque tres goles en un solo partido (lo que algunos periodistas llaman «hat-trick») es raro. Pero mucho más extraño fue el caso de un zaguero de West Ham United F.C., Alvin Martin, quien el 21 de abril de 1986, ante Newcastle United por la Primera División inglesa, consiguió una tripleta ante tres arqueros diferentes. ¿Cómo pudo ocurrir una situación de estas características? ¡A costa de lesiones! Esa tarde, en el estadio londinense Upton Park, Martin empujó con su pierna derecha un centro desde la izquierda de Alan Devonshire y doblegó la resistencia del portero galés Martin Thomas. En la segunda mitad, ya con el tanteador 4-0, Thomas chocó ante un delantero local y se lastimó los ligamentos del hombro derecho. Como el arquero no pudo continuar, fue reemplazado por el único suplente autorizado en ese entonces por la Football Association, el volante Ian Stewart, pero el buzo verde se lo calzó el mediocampista Chris Hedworth. Pocos segundos más tarde, Martin volvió al área rival para cabecear a la red un córner desde la derecha lanzado por Mark Ward, que venció las manos de Hedworth y aumentó a cinco la cuenta de la escuadra dueña de casa. En esa jugada, el improvisado arquero chocó, en su intento por evitar la conquista, contra su poste derecho y se fracturó la clavícula, por lo que también debió abandonar la cancha. Esta vez sin sustituciones, Newcastle quedó con diez hombres y su delantero Peter Beardsley bajo los tres palos. A seis minutos del final y con el marcador 7-1, el zaguero visitante Glenn Roeder cometió una tosca falta sobre el atacante Tony Cottee dentro del área, que derivó en un lógico penal. El defensor escocés Ray Stewart era el encargado de disparar desde los 11 metros, pero cedió la oportunidad a Martin pues su nombre era reclamado a los gritos por los hinchas. Con un derechazo cruzado, Martin consiguió el octavo tanto de West Ham y completó esta insólita tripleta ante un «hat-trick» de arqueros.

¡Sos un muerto!

Tras nueve temporadas en la Bundesliga (de 1990 a 1994 en F.C. Nürnberg Verein für Leibesübungen y de 1994 a 1999 en Karlsruher Sport-Club Mühlburg-Phönix), a Christian Wück se le había cortado una carrera de 153 partidos, 18 goles y un exitoso paso por el seleccionado juvenil alemán. A los 25 años, cansado de tantas lesiones en una de sus rodillas, dos operaciones y 13 meses sin jugar, Wück dijo «basta» y comenzó a evaluar su retiro. Sin embargo, antes de colgar los botines, el muchacho recibió una llamada de la ciencia, que está en constante evolución. El futbolista viajó a Bélgica, donde un especialista le trasplantó el menisco y los ligamentos de un donante muerto, un hombre de 50 años que había fallecido por un ataque cardíaco. Wück se recuperó con rapidez, gracias a que el injerto no requirió de drogas para evitar rechazos, como ocurre con los órganos, porque, según los médicos, el cuerpo recibe los cartílagos y fibras como tejido propio. Con su «nueva rodilla», el mediocampista pudo jugar una temporada más en Verein für Leibesübungen Wolfsburg y otras dos en Deutscher Sport-Club Arminia Bielefeld.

Pelotazo

«Si vuelves a marcar, va a ser el último gol de tu vida», le advirtió el fiero defensor de Altrincham F.C. con acritud. Un ultimátum demasiado cruel para un partido de juveniles inglés en 1924. Sin embargo, William «Dixie» Dean, promesa descollante de Tranmere Rovers F.C., no se amedrentó y, pocos minutos después, volvió a enviar la pelota a la red. Fue su último contacto con el balón: la jugada siguiente, el salvaje zaguero cumplió su amenaza y le aplicó una despiadada patada en la entrepierna. Dean cayó fulminado, doblegado por el dolor. Un compañero de equipo intentó frotarle la zona golpeada, mas el delantero le gritó: «No lo froten, córtenlo». El muchacho fue hospitalizado de inmediato y debió afrontar la extirpación de un testículo, reventado por la bestial infracción. Pero Dean se recuperó y, en vez de acobardarse, desató una enorme carrera con 447 partidos de liga y 390 tantos, además de 18 gritos en 16 juegos con la selección de Inglaterra. Dean sigue siendo el dueño del récord de goles en una sola temporada del futbol inglés: con la camiseta de Everton F.C., marcó 60 en el campeonato 1927/28.

Se rompen pero no abandonan

Hasta 1970, cuando la FIFA autorizó las sustituciones de jugadores, muchos futbolistas se vieron obligados a permanecer dentro de la cancha para no dejar a su equipo en inferioridad numérica, aun padeciendo lesiones terribles. Algunos casos emblemáticos correspondieron al torneo más importante, la Copa del Mundo. En los cuartos de final de Francia 1938, el arquero checo Frantisek Planicka se mantuvo firme bajo los tres palos, ante Brasil, aunque había sufrido una fractura. Algunas versiones aseguran que se había roto el radio de uno de sus brazos; otras, una clavícula. El portero soportó estoico el segundo tiempo y el alargue, que se extinguió con un empate. Dos días más tarde, para la revancha, Planicka fue reemplazado por Karel Burket.

En la semifinal de Suiza 1954, el argentino nacionalizado uruguayo Juan Hohberg se negó a dejar el campo de juego ante Hungría, a pesar de haber sufrido un infarto, y en Chile 1962, otro «oriental», Eliseo Álvarez, siguió corriendo detrás de la pelota con una fractura del peroné de la pierna izquierda.

Estas medidas extremas pueden justificarse por la trascendencia del certamen y el veto a los cambios. Tal vez no se entienda por qué el volante portugués del equipo español Valencia F.C., Manuel Fernandes, haya jugado 75 minutos con el peroné roto. Fernandes se lastimó a los 15 minutos del choque con Getafe C.F., el domingo 5 de abril de 2009. A pesar de haber notado un dolor en su tobillo izquierdo, el mediocampista lusitano pudo terminar el match, sostenido en la tibia (el hueso más grueso de la pantorrilla), su desarrollada masa muscular y el vendaje preventivo que usan los futbolistas. Cuando el médico del club valenciano, Antonio Giner, diagnóstico la quebradura, Fernandes fue operado y se perdió el resto de la temporada.

En 1999, el arquero de Club Nacional Football de Uruguay, Gustavo Munúa, jugó todo el superclásico ante C.A. Peñarol, por la Copa Mercosur, con una fractura en el antebrazo izquierdo. Munúa se había lesionado varios días antes, en un partido de la liga local contra Club Deportivo Maldonado, al chocar contra un rival. A la mañana siguiente de ese encuentro, el portero notó una molestia, pero el médico de Nacional sólo le recetó hielo para desinflamar la extremidad dañada. Tras el duelo con Peñarol, el guardameta descubrió que la hinchazón se había agravado, por lo que recurrió a otro especialista, un traumatólogo. Este experto advirtió de inmediato el problema y operó ese mismo día al arquero del seleccionado «charrúa» subcampeón en el Mundial Juvenil de Malasia 1997.

Un mes después de la peripecia de Munúa, Claudio Arzeno, defensor argentino de Real Racing Club de Santander de España, marcó un gol con la cara frente a Reial Club Deportiu Espanyol de Barcelona. El impacto con la pelota no sólo derribó al ex zaguero de Independiente, sino que le fracturó la nariz. Tras ser asistido por el médico del plantel cantábrico, Arzeno se repuso y continuó dentro del terreno de juego los 65 minutos que restaban para el final del match. «Ni se me pasó por la cabeza dejar el campo. Pensé que no era nada, ya que podía respirar por la boca», explicó el central al término del encuentro, empatado en dos goles.

En uno de los cotejos de la gran campaña de 1960, que le permitió a su equipo, C.A. Los Andes, lograr el ascenso a la Primera División argentina, el arquero León Goldbaum fue atropellado por un jugador del equipo contrario. El golpe le fracturó tres costillas y lo sentenció a utilizar un yeso. Pero a Goldbaum nada lo achicó: al sábado siguiente se calzó el buzo con el número «1» arriba de la durísima caparazón y salió a la cancha con sus compañeros.

Seguimos con arqueros, porque en agosto de 2009 al guardameta argentino de Asociación Club Deportivo Cali, Sebastián Blázquez, le diagnosticaron una quebradura de peroné... ¡dos semanas después de ocurrida la lesión! Para colmo, en ese período, Blázquez intervino en dos partidos, convencido de que sólo se trataba de una contractura muscular. «En ningún momento me imaginé que había jugado dos partidos con semejante lesión», reconoció el arquero. La fractura ocurrió el 18 de agosto, en un entrenamiento previo a un match contra Club Universidad de Chile, por la Copa Sudamericana. «Me pegaron una patada en el peroné izquierdo, a media altura de la pierna, fue como un chiste de un compañero que me quiso hacer perder estabilidad. Yo pensaba que sólo era un golpe, ni pensaba en un hueso roto. Me infiltré (para jugar contra Universidad de Chile) pero terminé con mucho dolor. En la semana mejoré un poquito y al domingo siguiente (23 de agosto) enfrenté a Quindío. En el primer tiempo no tuve problemas, pero a los 15 minutos del segundo empecé a sentir dolor y pedí salir». La semana siguiente, relató el arquero, «seguimos con la recuperación, trataba de trabajar. Llegó el jueves y no mejoraba para poder jugar ante Tolima (30 de agosto) y me dieron descanso. Pensábamos que sin exigirme podía mejorar». En los primeros días de octubre, como el malestar persistía, «hicimos una resonancia magnética y salió que tenía fractura, el hueso roto de punta a punta». Un récord increíble.

El diagnóstico

En mayo de 1929, en un partido muy cerrado entre C.A. Huracán, el puntero del torneo amateur argentino (y futuro campeón), y C.A. Independiente, disputado en Parque de los Patricios, el arquero visitante Néstor Sangiovanni chocó contra un delantero del «globito» y quedó tendido varios minutos. Por ese entonces, lo habitual era que el club local aportara el médico para los 22 protagonistas. De este modo, el portero de Independiente, responsable principal de que el marcador estuviera en blanco, fue revisado por un facultativo hincha de Huracán. El pícaro galeno, al ver una oportunidad servida en bandeja para darle una manito a su equipo, antepuso su pasión al juramento hipocrático: afirmó que Sangiovanni tenía tres costillas fracturadas y llamó una ambulancia para trasladar al «1» a un hospital cercano. El arco, entonces, fue cubierto por el defensor Ernesto Chiarella y el conjunto de Avellaneda continuó con diez hombres. A pesar del ardid, la ventaja numérica conseguida por el malicioso doctor no le impidió a Independiente derrotar a Huracán 1-2. Fracasada su gestión, el médico finalmente reconoció su «error» a los dirigentes visitantes y admitió que Sangiovanni no había sufrido quebraduras y sólo tenía un fuerte machucón. Al menos, no pasó una factura por su consulta.

Gritón

El arquero de Manchester United F.C. Alex Stepney se levantó de muy mal humor el 19 de agosto de 1975. Apenas comenzó el duelo con Birmingham City F.C., en St. Andrews, el «1» visitante inició una serie de fuertes gritos para ordenar a sus defensores. Más irascible que nunca, Stepney despotricó una y otra vez con fuertes vociferaciones y groseros insultos. De pronto, como por arte de magia, el portero dejó de emitir los ardientes sonidos que ya estaban hartando a sus compañeros. Los jugadores de Manchester pensaron que Stepney había entrado en razón y modificado su huraño carácter de esa tarde. ¡Nada de eso! ¡El arquero se había dislocado la mandíbula de tanto gritar! Tras ser asistido por un médico, el chillón, muy dolorido, debió dejar la cancha. Sin chances para efectuar sustituciones, su puesto fue ocupado por el volante Brian Greenhoff y la escuadra visitante siguió con diez, lo que no fue obstáculo para imponerse a Birmingham por 0-2.

Las instrucciones de Hirschl

Para afrontar el campeonato de 1938, C.A. River Plate contrató como técnico a Emérico Hirschl, un colérico húngaro que se caracterizaba por tratar a sus jugadores de muy mala manera. Sin embargo, a pesar de esta peculiar cualidad del europeo, que no era vista con buenos ojos por los futbolistas, sus rezongos dieron frutos en más de un oportunidad. La tarde del 7 de agosto de ese año, por la fecha 15 del torneo de Primera División, el entrenador del conjunto «millonario» se encontraba en problemas para armar la escuadra que debía enfrentar a Racing Club en Avellaneda. Hirschl, quien no le encontraba «la vuelta» a la formación por tener a varias de sus estrellas lesionadas, advirtió que en una de las tribunas se encontraba una de ellas, Luis María Rongo, un gran delantero que, precisamente, padecía una dolencia muscular. El entrenador convocó al atacante al camarín a través de los altoparlantes del estadio y, cuando el atacante se presentó, le tiró una camiseta y le ordenó: «Juegue y gane, porque, si no, le rompo la cabeza». «Motivado» por las indicaciones tácticas del húngaro, Rongo salió a la cancha y, a pesar de la afección, anotó los tres tantos con los que la escuadra de la banda roja derrotó a la «Academia» 2-3.

Reportero médico

El 28 de agosto de 2011, A.A. Argentinos Juniors y C.A. Independiente disputaron un insulso partido del Torneo Apertura argentino que se esfumó sin goles. Uno de los responsables de que el marcador quedara en blanco fue el arquero visitante, Hilario Navarro, quien tuvo estupendas intervenciones a pesar de sufrir una fuerte molestia en la espalda. Navarro —quien actuó a pesar de estar aquejado por una lumbalgia— se pasó los 90 minutos estirando sus músculos y articulaciones y debió ser atendido un par de veces por el kinesiólogo Gabriel de Brasi. En el segundo tiempo, el dolor se agudizó y el portero, en pleno partido, recurrió desesperado a una asistencia singular: le entregó un analgésico en aerosol a un reportero gráfico que se encontraba detrás del arco y le pidió que se lo aplicara en la zona afectada. Gracias al auxilio del hombre de prensa, Navarro pudo completar el match con su arco invicto. El fotógrafo no fue denunciado por mala praxis.

Punto de quiebre

Un episodio anormal tuvo como escenario la cancha del equipo francés Association Sportive Nancy-Lorraine a mediados de 1971, durante un partido de Primera División: en la primera etapa, dos defensores, Jean Pierre Borgoni y René Woltrager, chocaron entre sí y se quebraron la pierna derecha y la cadera, respectivamente. La desgraciada jornada se extendió en el complemento, porque el arquero Jean Paul Krafft se fracturó el cráneo al colisionar con otro compañero, Eddy Dublin.

Bobby Blackwood, zaguero del equipo inglés Colchester United F.C., se fracturó la mandíbula en agosto de 1966 tras chocar contra Les Allen, delantero de Queen's Park Rangers F.C. en un juego de Tercera División. Tras una recuperación de cuatro meses, Blackwood regresó a la cancha casualmente ante QPR. ¡El defensor volvió a fracturarse la mandíbula en una nueva colisión con Les Allen!

La victoria que C.A. River Plate consiguió por 3 a 1 ante su archirrival C.A. Boca Juniors, el 19 de noviembre de 1933, tuvo un sabor muy especial, porque el millonario debió actuar con un hombre menos durante 80 minutos, ya que entonces no estaban permitidas las sustituciones. A los 10 minutos, el defensor Roberto Basílico se fracturó un brazo tras chocar con el delantero xeneize Francisco Varallo. Esta fatalidad fue muy curiosa porque el zaguero, en el «Superclásico» anterior, jugado el 2 de julio, se había quebrado la clavícula tras ser embestido por... ¡Varallo!

El árbitro francés Patrick Lhermite es un buen ejemplo de que los referís no están exentos de ser blanco de complicaciones. El 20 de abril 2003, durante un partido de Le Championnat entre las escuadras Association de la Jeunesse Auxerroise y Le Havre Athletic Club Football Association, Lhermite fue atropellado de forma accidental por un futbolista y sufrió una doble fractura de tibia y peroné. El juez debió ser retirado en camilla y reemplazado por el cuarto árbitro, Jean Marc Rodolphe, quien completó la media hora de juego que restaba.

En este sentido, más sorprendente es lo que ocurrió con Eli Cohen, técnico del club israelí Hapoel Akko AFC. El 21 de septiembre de 2011, mientras se jugaba el primer tiempo de un match entre este conjunto y Hapoel Tel Aviv F.C. por la Primera División de ese estado de Oriente Medio, uno de los defensores de Akko, Roei Levi, detuvo un avance rival con un violento despeje hacia la tribuna. Bueno, no exactamente, porque el balón, en lugar de caer en las gradas, dio de lleno en el brazo de Cohen, su propio entrenador, quien estaba parado detrás de la línea de cal y a sólo un par de metros del impulsivo Levi. El golpe fracturó un par de huesos de la mano de Cohen, quien de ningún modo se dejó amedrentar por el percance: para el segundo tiempo, volvió al banco de suplentes con un aparatoso vendaje. Lo que la prensa no difundió es qué le dijo el técnico a su dirigido durante el descanso.

Epidemia

El año 1996 no fue nada bueno para el club Middlesbrough F.C. de Inglaterra. Fracturas, desgarros, torceduras, gripes y otros maleficios minaron el rendimiento de su plantel profesional. Tan fatídica resultó la epidemia que las lesiones y enfermedades alcanzaron a 23 jugadores. Para el partido de Premier League del 21 de diciembre, ante Blackburn Rovers F.C., «Boro» no pudo juntar once futbolistas en buen estado, por lo que decidió no presentarse. La decisión irritó a los dirigentes de la Premier League, que decidieron sancionar a Middlesbrough con una quita de tres puntos. De esta forma, la escuadra del norte de Inglaterra, que había sumado 42 unidades, pasó a 39 y descendió al quedar debajo de Southampton F.C. y Coventry City F.C., que habían reunido 41. «Hemos bajado por una decisión tomada a puerta cerrada por hombres grises vestidos con trajes grises», se quejó el presidente de «Boro», Steven Gibson. A pesar de la crisis sanitaria, Middlesbrough había llegado esa temporada a las finales de la Copa de la Liga y de la F.A. Cup, en las que cayó ante Leicester City F.C. y Chelsea F.C., respectivamente. La amargura, al menos, duró sólo una temporada. Con un plantel bien sanito, «Boro» obtuvo el segundo puesto en la tabla de la Segunda División y recuperó su lugar de privilegio para la Premier League 1998/99.

El embustero

El libro francés *Les incroyables du football* asegura que, en la década de 1930, el equipo galo F.C. Sochaux-Montbéliard tenía en sus filas un delantero inglés de apellido Cropper, que utilizaba una dentadura postiza. La periodista Sylvie Lauduique-Hamez afirma que, durante un match de liga, Cropper ingresó al área rival y, tras un leve contacto con un defensor, se dejó caer de forma aparatosa. Mientras el británico aterrizaba sobre la hierba, escupió la prótesis. El referí, al ver los dientes por el suelo, creyó que el golpe había sido bestial y marcó penal para Sochaux. Gracias a este ardid, «los cachorros» (como se conoce a esta escuadra situada en el este de Francia, muy cerquita de Suiza, fundada por la familia Peugeot para que sus empleados desarrollaran una actividad recreativa) ganaron el encuentro, y Cropper dos premios Oscar: uno, a la mejor actuación; otro, a los mejores efectos especiales.

El color del dinero

En el futbol, la pelota es la única que no recibe dinero. Sin embargo, se lleva la mayoría de los golpes.

VICENT ROCA, humorista francés

A Hill Drury no le importaba que la Football Association hubiera aprobado el profesionalismo cuatro años antes, en julio de 1885. Drury, defensor tenaz del deporte amateur, aceptó lucir la camiseta de Middlesbrough F.C. en la temporada 1889/90 a cambio de que se respetaran algunas condiciones. La primera, no recibir ningún tipo de salario por su actuación; la segunda, que el equipo del centro de Inglaterra le permitiera abonar sus propios gastos de viaje, comida y alojamiento cuando les correspondiera actuar como visitantes; la tercera, sin dudas la más curiosa de las tres, que sólo se le permitiera ingresar a jugar al estadio Linthorpe Road Ground después de... ¡pagar su propia entrada!

La romántica postura de Drury resulta hoy poco menos que incomprensible. No obstante, no son pocos los futbolistas que, en la actual etapa hiperprofesional, tienen prioridades por encima del dinero. El brasileño Marcos Roberto Silveira Reis, conocido sólo por «Marcos», vivió en 2002 una situación discordante: a nivel selección, bebió las mieles del éxito como arquero titular del campeón del Mundial de Corea y Japón. Pero, con la camiseta de su club, Sociedade Esportiva Palmeiras de San Pablo, fue el portero más goleado del Campeonato Brasileño de Primera División y, de yapa, se fue al descenso. A pesar de recibir una oferta millonaria para continuar en Arsenal F.C. de Inglaterra, Marcos optó por extender su vínculo con Palmeiras y quedarse a pelear por el regreso a la máxima categoría brasileña. El conjunto paulista retornó de inmediato gracias al aporte de Marcos, que en 20 años de carrera sólo jugó para la selección y su «Verdão».

Más chocante aún podría parecer hoy la rigurosa postura del club norirlandés Crusaders F.C., que a fines del siglo XIX cobraba dos peniques por partido a cada jugador «por el honor de vestir su camiseta». Drury, Marcos y los orgullosos muchachos de Crusaders son hermosos ejemplos de que las relaciones entre futbolistas y equipos no sólo se basan en contratos millonarios.

Ningún pescado

En 1977, los dirigentes del club ÍF Fuglafjørour, de la Segunda División de las Islas Feroe, contrataron a un técnico sueco para que condujera al equipo a la Primera División de ese Estado de origen normando. El entrenador Ronny Gunnarson, quien ya había dirigido con éxito un conjunto de segunda categoría de su país, aceptó el desafío, pero reclamó a cambio mil dólares estadounidenses de sueldo mensual, tres meses de vacaciones anuales pagadas, un pasaje aéreo en primera clase a Suecia al año, una casa de 125 metros cuadrados habitables con teléfono a cuenta del equipo y... pescado fresco gratis todos los días. Los directivos accedieron a todos los caprichos de Gunnarson, cuyo trabajo dio frutos rápidamente: un año después de su llegada, ÍF Fuglafjørour consiguió su ansiado ascenso a la Primera División; la temporada siguiente, ganó el único título de liga de su historia.

Mucho y poco

En junio de 1999, cuando trascendió que S.S. Lazio había vendido a su delantero Christian Vieri a F.C. Internazionale Milano por la escalofriante cifra de 48,5 millones de dólares, el periódico vaticano *Osservatore Romano* desaprobó con vehemencia la onerosa transferencia. «Es una ofensa para los pobres. Asuntos como éste son antieducativos. Porque es cuando la gente se escandaliza, aunque sin saberlo, provocando un juicio bien preciso, porque escándalo, etimológicamente, quiere decir insidia, insidia al deporte y a los valores que éste representa», se quejó el diario del Estado pontificio. Por el contrario, ningún dirigente religioso ni social congregó a los manifestantes para repudiar lo que bien podría haberse entendido como «explotación» contra el italiano Giuliano Grazioli, quien rubricó un contrato con el equipo regional inglés Stevenage F.C. por tres bolsas de papas fritas y una barra de chocolate. Encima, gracias a los goles de Grazioli, el humilde Stevenage llegó a la cuarta ronda de la F.A. Cup 1997/98, donde igualó como local, ante el riquísimo Newcastle United F.C., 1-1. Al término del encuentro, Grazioli, autor del tanto de su equipo, compartió la conferencia de prensa con el otro goleador, Alan Shearer, por quien el conjunto del norte de Inglaterra acababa de pagar 25 millones de dólares. En el desempate, disputado en St James' Park, Newcastle pudo imponer su valioso plantel para vencer a su débil oponente, aunque por un estrecho 2-1.

Un dicho popular asegura que «lo barato sale caro». No parece éste el caso del peruano José «Chemo» del Solar, quien decidió jugar gratis en su segundo regreso al club del que era hincha, Universitario de Deportes. Del Solar comenzó su carrera profesional en el conjunto «crema», luego pasó por Universidad Católica de Chile, C.D. Tenerife, U.D. Salamanca, Real Club Celta de Vigo y Valencia C.F., todos de España. Tras un paso por Besiktas Jimnastik Kulübü de Turquía, retornó a Universitario y, tras una temporada en Yellow Red Koninklijke Voetbalklub Mechelen de Bélgica, volvió a su primer amor para terminar allí su carrera deportiva en 2002. El mediocampista, de 33 años y todavía titular en la selección peruana, decidió colaborar con el empobrecido equipo limeño y jugar de forma gratuita, a pesar de haber recibido una oferta para firmar un jugoso contrato con Barcelona Sporting Club de Ecuador. Con el invalorable aporte de Del Solar, Universitario ganó el Torneo Apertura 2002.

Tampoco se escucharon quejas por el acuerdo suscripto entre el arquero Szvonko Cindrich y el club ecuatoriano Panamá Sporting, de Primera División. Cindrich, un agente de seguros y propietario de casas de artículos electrónicos en Guayaquil, acordó en 1998 pagar los sueldos y premios de sus compañeros, además de su alimentación, medicina y otros gastos, a cambio de jugar cada domingo. Así le fue a Panamá: de 22 partidos, ganó 2, empató 3 y perdió 17, con 58 goles en contra. Finalizó último y se fue al descenso.

Trueques

En el futbol, el dinero no lo es todo, ya se ha dicho en este capítulo. A veces, los contratos o las transferencias se acuerdan en especias o por trueques. En Argentina, por ejemplo, el atacante izquierdo rosarino Gabino Sosa —quien integró la delantera de la selección albiceleste durante gran parte de la década de 1920— firmó su primer convenio profesional con el C.A. Central Córdoba por una muñeca para su hija enferma. C.A. Huracán compró en 1928 el pase de Máximo Federice, de Almafuerte F.C., con trescientas chapas de cinc que le habían sobrado a la institución de Parque de los Patricios cuando construyó su primera tribuna techada. Diez años más tarde, C.A. Boca Juniors saldó la transferencia de un defensor de Ferro Carril Oeste, Arcadio López, con los tablones de las tribunas de su viejo estadio. Esos maderos acogieron durante años a los hinchas que concurrieron a la cancha del barrio capitalino de Caballito.

El club holandés Philips Sports Vereniging (PSV) fue fundado por los empleados de la empresa Philips. Por ello, no sorprende que, en julio de 1990, esta institución haya obtenido los servicios del volante rumano Gheorghe Popescu a cambio de la entrega de artículos electrónicos y nuevos sistemas de iluminación y comunicaciones para el estadio de F.C. Universitatea Craiova.

En 1998, el arquero rumano Valentin Bargan pasó del club regional Recolta Plaza al equipo Stemmic Buda a cambio de un nuevo salario que duplicaba el anterior, más un camión cargado con leña para la chimenea de su helada casa.

Sigamos en Rumania, por un ratito más: en 1998, F.C. Corvinul Hunedoara, de la Segunda División, cedió a su estrella, Robert Nita, a A.S. Cimentul Fieni por dos toneladas de cemento.

Más sabrosos fueron los traspasos que en ese mismo país protagonizaron los delanteros Marius Cioara e Ion Radu: en 2006, Cioara pasó de F.C. Municipal Uzina Textila Arad a Regal Hornia de la Cuarta División, por... ¡15 kilos de salchichas de cerdo! En 1998, Radu fue vendido por C.S. Jiul Petroşani a F.C. Râmnicu Vâlcea —dos equipos de la Liga 3 de ascenso— por dos toneladas de bifes de cerdo. El presidente de Jiul Petroşani justificó el acuerdo en que «vamos a vender la carne y con ese dinero pagaremos el salario de los jugadores».

En Noruega, el goleador Kenneth Kristensen fue transferido, en 2002, de Vindbjart FK a IF Fløya (ambos de la tercera categoría) por su propio peso en langostinos. El acuerdo se rubricó como si se tratara de la ceremonia previa a una pelea de boxeo: Kristensen, de 22 años, se subió en calzoncillos a una balanza para que los directivos de ambos equipos registraran que su «valor» en mariscos equivalía a 75 kilos.

El defensor Ernie Blenkinsop protagonizó una transferencia burbujeante en 1921, cuando pasó del club amateur Cudworth Village F.C. a Hull City AFC por cien libras y un barril de cerveza. Sus ex compañeros, agradecidos, brindaron en su honor.

En 1927, Manchester United F.C. pagó la transferencia de Hugh McLennan a Stockport County F.C. con... ¡tres heladeras!

En diciembre de 1999, un tribunal de Río de Janeiro ordenó a Fluminense F.C. saldar una deuda que mantenía con su ex estrella Renato Gaúcho con los derechos de otro futbolista. «Flu» cedió al volante Leandro Coronas Ávila, quien se encontraba en ese momento a préstamo en su clásico rival, C.R. Flamengo, para ser rematado con una base de 500.000 dólares. Mas hubo un arreglo económico entre Renato y Flamengo y el mediocampista siguió vistiendo la camiseta negra y roja de «Fla».

Volvamos a Rumania, porque allí parece que el trueque es el medio más común y efectivo: al no poder pagar su cuenta del gas, que ascendía a unos 20.000 dólares, el equipo A.S. Nitramonia Fagaras entregó a dos de sus mejores zagueros, Gabor Balazs e Ioan Fatu, a C.S. Gaz Metan Medias. Como su nombre lo indica, Gaz Metan Medias era propiedad de un consorcio que manejaba gran parte del fluido de Rumania. A su crisis económica, Nitramonia Fagaras sumaba un pésimo momento deportivo, ya que acababa de descender a la Tercera División. En cambio, el otro club, reforzado con Balazs y Fatu, subió, como un globo inflado con gas, a la primera categoría.

Queremos menos

En marzo de 1970, los jugadores del equipo chileno Deportivo Magallanes solicitaron a los dirigentes que les redujeran el sueldo el 10 por ciento para evitar la transferencia de Alfonso Lara, un talentoso mediocampista que también vestía la camiseta nacional. La comisión directiva planeaba vender a su estrella y, con el producto de la operación, solucionar los problemas financieros que aquejaban a la institución. La sugerencia fue aceptada y Lara, quien era el mejor pago del plantel, continuó en Magallanes.

Otro caso notable: en el año 2000, el técnico alemán Michael Skibbe renunció a la dirección del plantel profesional de Borussia 1909 e.V. Dortmund a causa de la mala campaña que desarrollaba en la Bundesliga. Como tenía un compromiso firmado por tres años más, los dirigentes lo convencieron para que siguiera en el club con las categorías juveniles. Skibbe aceptó, pero al tratarse de una responsabilidad menor, exigió que primero le bajaran el salario.

Pedigüeño

William McCracken fue el mejor defensor irlandés de su tiempo. Nacido en 1883, llegó a la selección verde a los 19 años, como representante del club Distillery F.C. de Belfast. Dos años más tarde, el zaguero cruzó el mar de Irlanda para incorporarse a Newcastle United F.C., equipo para el que jugó 432 partidos de liga en 20 años. El 15 de febrero de 1908, Irlanda enfrentó a Inglaterra en Belfast, match para el que fue convocado el afamado McCracken. Pero, minutos antes de saltar al césped, el codicioso defensor exigió a los dirigentes de la Irish Football Association que se le pagara cinco veces el dinero estipulado para los jugadores que participaran en un partido internacional. La respuesta fue un «no» tajante. McCracken fue echado y reemplazado por Alex Craig, quien actuaba en Rangers F.C. de Escocia. El exigente zaguero recién volvió a vestir la casaca verde 11 años más tarde, en 1919, pero en esa ocasión se cuidó muy bien de no abrir su enorme bocota.

El boicot

En septiembre de 1969, después de haber actuado en sólo dos partidos, el delantero paraguayo Fabián Muñoz, contratado por el conjunto boliviano The Stronguest, devolvió la prima, los premios y los sueldos cobrados y retornó a Asunción, su ciudad natal. Antes de tomar el micro de regreso a su patria, Muñoz explicó con muy buenas formas a los azorados dirigentes y al entrenador, Eustaquio Ortuño, que había tomado esa determinación luego de notar que sus compañeros, deliberadamente, no le pasaban la pelota. Según el guaraní, el «boicot» lo había hecho «fracasar ante el público» que había pagado la entrada para verlo actuar. Sin dudas, una excentricidad.

Incentivo

Para motivar a los futbolistas en pos de mejorar los resultados, dirigentes, entrenadores y hasta hinchas célebres suelen prometer premios en efectivo, modernos televisores, relojes de oro y hasta automóviles. En ese contexto, llamó la atención la extrema medida adoptada por los dirigentes de C.F. Sporting Mahonés, un equipo de la Tercera División de España: después de tres meses sin triunfos, la comisión directiva comunicó a sus jugadores y al cuerpo técnico que les reduciría el salario hasta que se advirtiera una mejora en los resultados y se abandonara el último lugar de la tabla. La amenaza despertó a los aletargados futbolistas, que enseguida hilvanaron una serie positiva que, con 14 victorias y 11 empates, le permitió a Sporting Mahonés despegar de los últimos puestos y terminar la temporada en el noveno lugar de su grupo, entre veinte competidores.

Cheque en blanco

Al célebre futbolista inglés Stanley Matthews se le fue la mano a la hora de exigir condiciones para vestir la camiseta del equipo egipcio Zamalek Sporting Club para un encuentro amistoso ante Botafogo de Futebol e Regatas de Río de Janeiro, que tuvo lugar en 1961. El delantero británico exigió un viaje de ida y vuelta en un lujoso avión privado, ocho días de estadía en el hotel cinco estrellas Hilton, un seguro de vida por 500.000 libras esterlinas y un cheque en blanco por sus servicios que, según dijo a los directivos del equipo africano, llenaría «sin abusar de confianza». Tanto ansiaban en Egipto ver a Matthews con la camiseta de Zamalek, que sus dirigentes aceptaron todos los caprichos sin chistar.

Más opulencia. Para festejar en forma conjunta su cumpleaños y el cincuentenario del club Al Ahli, que dirigía personalmente, el jeque árabe Jaled Abdallah organizó un partido contra el equipo danés Brøndby IF e invitó al argentino Diego Maradona para reforzar su escuadra. Para este match exclusivo, Jaled Abdallah abonó a Maradona un cachet de 250.000 dólares por sus servicios. El match se llevó a cabo el 11 de noviembre de 1987 en la ciudad de Jeddah, reino de Arabia Saudita, ante unos 40.000 espectadores y el club local, fortalecido con la presencia del entonces «10» de SSC Napoli de Italia, se impuso a su rival europeo por 5 a 2. Maradona, quien ese día marcó dos tantos, no sólo recibió 2.777,77 dólares por cada uno de los minutos que duró el partido: también embolsó una cimitarra engarzada en diamantes, un escudo de oro macizo y una medalla del mismo metal valioso con incrustaciones de piedras preciosas.

El sucesor

Más allá de los montos, en dinero u otros bienes, el mundo del futbol ha sido espacio de extravagantes acuerdos entre equipos, jugadores y técnicos. En 2001, el Club Deportivo Guadalajara protagonizó un embrollo que pareció salido del guión de una telenovela mexicana. En pocas horas, se destituyó a un entrenador, se intentó contratar a otro, se amnistió al echado y finalmente se lo volvió a despedir. La farsa fue montada en febrero de 2001, cuando la comisión directiva del conjunto rayado —popularmente conocido como «las chivas»— pretendió cortar su vínculo con el técnico Jesús Bracamontes por los malos resultados alcanzados por la escuadra de Jalisco. Pero, cuando se intentó contratar a otro conductor, la junta se topó con la negativa de sus principales candidatos, todos en funciones en otras instituciones. Frente a la necesidad de poner a alguien al timón del plantel, que dos días después debía enfrentar a C.F. Pachuca, los dirigentes le ofrecieron el puesto a... ¡Bracamontes! Éste aceptó continuar —o, se podría decir, sucederse a sí mismo— por el amor que sentía por «las chivas», con las que había debutado como futbolista profesional. Sin embargo, en su siguiente presentación, Guadalajara cayó en casa 0-1 y se concretó, de manera definitiva, la despedida de Bracamontes. A su reemplazante, Jorge Dávalos Mercado, no le fue mucho mejor: sólo dirigió tres encuentros. Dos empates y una derrota fueron suficientes para que siguiera los pasos de su antecesor.

Entretiempo

El entretiempo es un período de descanso, de relax entre las dos mitades de un partido de futbol. Un momento en el que no pasa nada sobre el césped, pero que suele ofrecer situaciones muy calientes en los vestuarios, ideales para romper tratos. En 2003, Iraty Sport Club, un equipo de la liga del estado brasileño de Paraná, se fue a los vestidores con una goleada en contra 1-4, encima como local, ante Prudentópolis Esporte Clube. Su ansioso presidente, Sergio Malucelli, no quiso esperar hasta el final del partido para descargar su bronca por la humillante paliza: apenas terminada la primera mitad, bajó al vestuario y echó ahí mismo a Marco Antonio, el arquero del equipo.

Otro que «aprovechó» el período de supuesta quietud y reposo para dar rienda suelta a su furia fue el entrenador argentino Néstor Clausen. En octubre de 2006, el ex defensor —campeón del mundo en México 1986— renunció a su cargo en Football Club Sion en el intermedio de un partido que su equipo, puntero de la Super Liga de Primera División suiza, perdía 0-1 ante F.C. La Chaux de Fonds, de la segunda categoría, por la Copa Nacional helvética. Clausen argumentó que sus jugadores no lo respaldaban. El resultado final de ese encuentro pareció darle la razón: ganó Sion 3 a 1.

En 1999, el presidente del equipo alemán Sport Club Fortuna Köln, un millonario de mal carácter llamado Jean Löring, echó a su entrenador, el ex arquero internacional Harald «Toni» Schumacher, en el descanso de un encuentro de Segunda División que perdían 0-2 ante S.V. Waldhof Mannheim. Schumacher abandonó de inmediato el Südstadion y se marchó a su casa para gozar por televisión cómo su flamante ex equipo, dirigido por el propio Löring, perdía 1-5.

¡Un arquerazo!

Poco antes del comienzo de la temporada 1981/82, el entrenador de RCD Espanyol de Barcelona, José María Maguregui, intentaba encontrar un arquero para reforzar su escuadra. La búsqueda estaba complicada: eran tiempos en los que los videos no circulaban con frecuencia, no existían los CD ni los canales de cable con una vasta oferta de programas deportivos y el mercado internacional —restringido por los cupos, ya que aún no se habían dictado las leyes comunitarias europeas— ofrecía más dudas que certezas. Enterado de las necesidades de Maguregui, un vivísimo agente llamado Michel Basilevich se presentó una tarde en las instalaciones del club catalán junto a uno de sus clientes, un belga grandote de prominente mostacho y largo cabello rizado llamado Theo Custers. Basilevich le aseguró al técnico que Custers era un guardameta de excepción que podría cubrir con creces sus necesidades, mas el entrenador, aunque agradecido por el ofrecimiento, contestó que prefería dejar pasar la propuesta porque, según explicó, en ese momento no había en el predio jugadores para organizar una práctica en la cual probar al belga. Basilevich, quien, muy inteligente, había calculado perfectamente la hora de su presentación para que, en efecto, en ese momento no hubiera «intrusos» que hicieran peligrar su plan, sugirió a Maguregui realizar una serie de diez penales para que el técnico pudiera hacer su evaluación. Maguregui no sólo mordió el anzuelo al aceptar, sino que se tragó la caña entera al consentir que fuera el propio Basilevich que ejecutara los disparos. Fueron los tres a una de las canchas y Custers se lució: atajó un penal, dos, tres, el cuarto se le escapó por poquito. Cuando el portero contuvo el quinto, Maguregui paró la prueba. «No sigas, Michel, está fichado. No puedo dejar pasar esta oportunidad: ¡Es un porterazo!». El ingenuo entrenador nunca se enteró, por no saber nada del idioma francés, que el arquero se había destacado gracias a la substancial ayuda del propio Basilevich, quien le había anunciado, al grito de «droite» (derecha) y «gauche» (izquierda), el lugar donde irían a parar cada uno de sus lanzamientos. Aunque escapó por un pelo del descenso, Espanyol fue uno de los tres equipos más goleados de esa temporada.

Echado por ganar

Puede ocurrir que un club no renueve el contrato a un futbolista o un entrenador luego de un éxito deportivo. Probablemente, el caso más notable sucedió en 1998, cuando Real Madrid C.F. destituyó al alemán Jupp Heynckes una semana después de que el conjunto «merengue» ganara la Liga de Campeones de la UEFA. El presidente de Real Madrid, Lorenzo Sanz, indicó que, a pesar de la gran victoria, la decisión, irrevocable, se había tomado mucho tiempo antes. El alemán se convirtió así en el primer técnico despedido después de obtener el máximo galardón europeo para los clubes.

Pero nada se compara al caso revelado por José Antonio Soto, entrenador de un equipo juvenil del club Asociación Deportiva Ceuta. En 2009, Soto denunció ante la prensa haber sido destituido por haber conducido a sus jugadores a ganar un partido, ¡luego de que los dirigentes le hubieran pedido que perdiera! A.D. Ceuta derrotó por 4 a 2 a Unión África Ceutí, que necesitaba los puntos para ganar el campeonato. Según el técnico, sus propios directivos «me dijeron que me tenía que dejar perder con el U.A. Ceutí y, si no, meter (en la cancha) un cadete que ya había jugado por la mañana para que luego U.A. Ceutí reclamara el partido. No hice caso, jugamos mejor y gané el partido. Pero, ahora, me han echado por teléfono por no obedecer sus órdenes», se quejó el insubordinado Soto. Lo que no se supo es qué motivaba a los dirigentes de A.D. Ceuta para pretender que su propio club jugara para atrás.

Llorando en el espejo

Luego de comprar Brentford F.C., un equipo profesional de la Cuarta División de Inglaterra, el empresario Ron Noades tomó una medida insólita: nombró como entrenador del equipo a... Ron Noades, él mismo. Parecía un simple capricho de millonario. Sin embargo, el nuevo patrón armó un equipo con muy buen criterio y, en su primera experiencia desde un banco de suplentes, en la temporada 1998/99, logró un resultado excelso: Brentford salió campeón y subió a la tercera categoría. La temporada siguiente, en su nuevo nivel, el equipo concretó una buena campaña y, si bien no alcanzó a pelear por otra escalada, eludió con holgura la zona del descenso. Meses más tarde, en noviembre de 2000, por la primera ronda de la afamada F.A. Cup, Brentford enfrentó a Kingstonian F.C., un equipo semiprofesional del sudeste de Londres y varias categorías inferior. Empero, Kingstonian se impuso por un inapelable 3-1. Enfurecido por la humillante derrota, Noades (el presidente del club) echó a Noades (el técnico), en el único caso del futbol en el que un hombre se despidió a sí mismo.

La boda

Poco antes del comienzo de la temporada 1999/2000, el club Cádiz C.F., que debía participar en la Segunda División B (tercera categoría de España), contrató al mediocampista central bosnio Darko Ljubojevic por 170.000 euros. Sin embargo, el volante balcánico no fue habilitado porque, según el reglamento, para actuar en ese nivel de competencia debía contar con la nacionalidad ibérica o ser europeo comunitario. Ljubojevic intentó obtener la ciudadanía portuguesa, mas como el trámite se demoraba, uno de los directivos del club gaditano propuso que el bosnio se casara con una mujer local que él conocía y así pudiera conseguir el permiso para trabajar como futbolista. Pero la boda fracasó porque, al iniciarse los trámites maritales, se descubrió que la «novia», que doblaba en edad al jugador, tenía antecedentes penales por ejercicio de la prostitución, robo e intimidación. Cuando caducó su permiso de residencia, Ljubojevic intentó obtener una prórroga, que también naufragó: el muchacho figuraba en una lista de «criminales de guerra» con pedido de captura internacional de Interpol. Aunque se trataba de un homónimo, el trámite amenazaba con quedar congelado varios meses hasta que se aclarara oficialmente esa particular situación. Tanta burocracia hartó al bosnio, que además había sufrido quemaduras e insolaciones con el intenso sol del Mediterráneo y una fuerte gastroenteritis, aparentemente, por consumir el agua local. Sin jugar un solo segundo con la camiseta de Cádiz, el mediocampista armó la valija y se volvió a su país para continuar su carrera en F.K. Borac Banja Luka. No, su «amada» novia no viajó con él.

La más corta

Va a ser muy difícil que alguien destruya el récord de Leroy Rosenior como entrenador de Torquay United F.C. de Inglaterra: fue técnico del equipo del condado de Devon por solamente... ¡diez minutos! El ex delantero de las escuadras londinenses Fulham F.C. y West Ham United F.C. había sido convocado para una segunda etapa en Torquay (ya había trabajado allí como entrenador entre 2002 y 2006) por el propietario del equipo, Mike Bateson. El 17 de mayo de 2007, Rosenior llegó a las oficinas del estadio Plainmoor y, a las 15:30, ofreció una breve conferencia de prensa en la que firmó su nuevo contrato. Pero, apenas diez minutos más tarde, el flamante conductor recibió un amargo llamado de Bateson a su teléfono celular. El dirigente le explicó que acababa de vender sus acciones a un grupo liderado por el empresario Cris Boyce, quien no quería al ex atacante como técnico y había puesto como condición para la transferencia que Rosenior fuera despedido. Bateson cumplió con este requerimiento de inmediato y convirtió al infeliz Rosenior en un protagonista de lujo del libro Guinness.

Desplante

A fines de mayo de 2004, el entrenador portugués José Mourinho dejó su cargo en el Futbol Club Oporto después de una exitosa temporada, que culminó con el preciado trofeo orejón de la Liga de Campeones de la UEFA en la vitrina del equipo lusitano. Para reemplazar al reputado técnico, el presidente de Porto, Jorge Nuno Pinto da Costa, decidió emplear al italiano Luigi Delneri, quien había adquirido enorme fama por su notable trayectoria con el equipo véneto A.C. Chievo Verona. Sin embargo, a solamente 45 días de haberlo contratado, Pinto da Costa echó a Delneri. La tajante determinación nada tuvo que ver con el trabajo del italiano. Al temperamental presidente lo enfureció que el entrenador no se hubiera presentado a una cita en su despacho. «Creo que Delneri no ha sabido adaptarse a los rigores de un club como el F.C. Porto. Faltó a una reunión conmigo y sólo avisó por fax», explicó el severo Pinto da Costa, en una entrevista. El puesto de Delneri fue ocupado por el español Víctor Fernández quien, a fin de ese mismo año, condujo a Porto a ganar la Copa Intercontinental ante Once Caldas de Colombia, en Japón. Delneri siguió el encuentro por televisión, desde Roma. Parece que no felicitó a Pinto da Costa por su éxito. Ni siquiera por fax.

El arreglo

La anécdota se repite: un futbolista juvenil desdeñado por el club del que surgió, obligado a buscar nuevos rumbos, explota en otra institución y luego es reincorporado, fortuna mediante, por el mismo equipo que lo formó y echó. Uno de los que protagonizó esta particular «ida y vuelta» fue el inglés delantero Charles Buchan. Marginado por Arsenal F.C. en 1910, este delantero recaló en Sunderland AFC para anotar 209 goles en 370 partidos. La fenomenal potencia del goleador llamó la atención del entrenador de Arsenal, Herbert Chapman, quien decidió contratar al exiliado atacante a una década y media de su despedida. Al negociar el precio de la transferencia, a Chapman le pareció excesivo que su colega de Sunderland, Bob Kyle, exigiera 4.000 libras, un dineral en esa época. El técnico de los «gunners» efectuó una contraoferta que conformó a Kyle y selló el trato: 2.000 libras y cien libras más por cada gol que Buchan marcara en su primera temporada en el club londinense. Lo que Chapman no tuvo en cuenta fue que Buchan metió ese campeonato... ¡21 tantos! Arsenal terminó pagando 4.100 libras, ¡más dinero del que originalmente había pedido Sunderland por el pase de su delantero!

El regreso

La aventura tuvo su precio. Los muchachos del club húngaro Attila F.C. de Budapest habían intervenido en varios amistosos futboleros en Francia a lo largo de 1934 pero, a la hora de juntar las monedas para pagar el viaje de regreso, no había un solo centavo. Sin plata, invertida en suculentos manjares franceses —comidas, vinos y mujeres—, los jugadores se vieron forzados a echar mano a una operación extrema: «vender» a una de sus estrellas, el mediocampista Ladislas Smid, a Racing Club de la ciudad de Lens. El equipo cobró 13.000 francos, una importante cantidad que superaba con holgura el dinero requerido para retornar a Budapest. Smid se quedó feliz en su nueva tierra, que lo abrazó como a un hijo. El volante, que jugó 16 años para Racing y vistió cuatro veces la camiseta de la selección «bleu», murió a los 75 años sin haber abandonado nunca su patria adoptiva.

Infeliz Navidad

Hay distintas maneras para comunicar una destitución. Pocas, sin dudas, tan crueles como la que padeció el ex arquero Félix Mourinho, entrenador del portugués Rio Ave Futebol Clube. La noche del 24 de diciembre de 1974, Mourinho se encontraba en casa junto a toda su familia disfrutando de la tradicional cena navideña cuando sonó el teléfono. Quien llamaba era el presidente de Rio Ave, y no precisamente para desear felices fiestas. Como una antítesis de Papá Noel, el directivo regaló al técnico... ¡su despido! Esa fue una «nochemala» para la familia Mourinho. Uno de los que estaba sentado a la mesa, con 13 años, era José, quien pocos años después sería jugador de Rio Ave, aunque en una posición diferente a la de su progenitor: mediocampista. Luego de una carrera discreta por clubes lusitanos muy modestos, la mayoría de divisiones de ascenso, y apenas 94 partidos disputados con sólo 13 goles marcados, José sí siguió los pasos de Félix cuando en 2000 se volcó a la dirección técnica. Su trayectoria en este plano fue muy exitosa, probablemente por haberse curtido desde chico en el difícil mundo del deporte profesional. Hasta la edición de este libro, José poseía el récord de haber ganado los torneos de Primera División de cuatro países europeos distintos —Portugal con F.C. Porto, Inglaterra con Chelsea F.C., Italia con F.C. Internazionale Milano y España con Real Madrid C.F.—, además de haber conseguido dos Ligas de Campeones de la UEFA con Porto e Inter y ser nombrado varias veces como «mejor técnico del mundo» por la FIFA y prestigiosos medios de comunicación como *Onze*, *World Soccer*, BBC y *La Gazzetta dello Sport*, entre otros. «Sé todo acerca de los altibajos del futbol, sé que algún día voy a ser despedido», dijo una vez José durante una entrevista. Al menos, el infausto regalo de esa Navidad de 1974 le sirvió para aprender una valiosa enseñanza, que no desaprovechó.

Sueños de campeón

En pos de priorizar su vida personal sobre el vertiginoso mundo del futbol, el ex director técnico Argentino Geronazzo tomó una medida sorprendente: como le gustaba mucho dormir la siesta, para evaluar futuros empleos, tomó un compás y, en un mapa de la ciudad de Buenos Aires, trazó un círculo de treinta cuadras de radio... ¡alrededor de su casa! Su objetivo, explicó, era trabajar sólo con clubes que quedaran cerca de su domicilio para así no perderse nunca el reparador descanso vespertino.

La transferencia

Ivan Arthur Broadis llegó al club inglés Carlisle United F.C. en agosto de 1946, luego de vestir la camiseta de Manchester United F.C. dos temporadas, aunque en poquitos partidos. Con apenas 23 años, los dirigentes de la institución que entonces competía en la Tercera División Norte vieron en este muchacho un gran potencial, por lo que le ofrecieron actuar como delantero y entrenador al mismo tiempo. Broadis se convirtió así en el técnico más joven de un equipo de liga de todo el mundo. De la mano del jugador-entrenador, Carlisle tuvo buenas temporadas aunque nunca llegó a ascender a la Second Division. Tres campañas más tarde, los directivos se reunieron con Broadis para explicarle que necesitaban vender algún futbolista para engordar las debilitadas arcas de la institución. ¿Qué hizo el técnico? ¡Se transfirió a sí mismo a Sunderland AFC, en su momento una de las más poderosas escuadras de Primera División! El excepcional traspaso no cayó muy bien a hinchas, jugadores y dirigentes, aunque el monto pagado por Sunderland —18.000 libras, una cantidad fabulosa en esos tiempos— endulzó el mal sabor de la insólita venta.

Jugó para los dos

Pelé abandonó el futbol el 1 de octubre de 1977 en un encuentro homenaje entre Santos F.C. y New York Cosmos, en el que jugó un tiempo para cada equipo. Esta licencia de vestir las dos camisetas en un mismo partido se volvió muy común en presentaciones amistosas, a beneficio o de reconocimiento a alguna figura recién retirada, pero sólo ocurrió una vez de manera oficial. Este excéntrico episodio comenzó el 26 de diciembre de 1932, cuando Charlton Athletic F.C. y Port Vale F.C. se enfrentaron por la Segunda División inglesa. La escuadra visitante se imponía por 1-4 con una gran actuación de su defensor izquierdo, Jim Oakes, hasta que el match debió ser suspendido por una densa niebla que repentinamente cubrió por completo el estadio The Valley, situado en la zona este de Londres. Como ya se explicó aquí varias veces, el antiguo reglamento indicaba que todo encuentro interrumpido por cualquier eventualidad ajena a su desarrollo debía volver a jugarse por completo, por lo que este duelo fue postergado para el año siguiente. En enero de 1933, los dirigentes de Charlton decidieron contratar a Oakes para reforzar su equipo, que navegaba en la zona baja de la tabla. El zaguero aceptó el traspaso, que se concretó por un monto de 3.000 libras. Varias semanas más tarde, el 26 de abril, Charlton y Port Vale volvieron a enfrentarse en The Valley para resolver la disputa pendiente. Con el invaluable aporte de Oakes, Charlton revirtió el marcador y, de perder 1-4, pasó a ganar 2-1. El defensor se convirtió, así, en el único futbolista en jugar dos veces el mismo partido, una con cada equipo, y en ambas se retiró vencedor. Sin embargo, la historia no tuvo final feliz para Oakes ni para la escuadra londinense: a pesar de esta victoria y del buen trabajo del zaguero, Charlton terminó último y se fue al descenso. Port Vale, en cambio, logró mantener la categoría.

De un vestuario al otro

Albert Pape ingresó al vestuario visitante de Old Trafford y comenzó a vestirse con los colores de su equipo, Clapton Orient —actual Leyton Orient F.C.—, para enfrentar ese 7 de febrero de 1925 a Manchester United por la Segunda División inglesa. Pero, antes de que el delantero terminara de calzarse el uniforme completo, fue llamado aparte por su entrenador, Peter Proudfoot, quien le comunicó que ese día no iba a actuar para Clapton porque acababa de ser transferido por 1.070 libras... ¡a Manchester United! Pape aceptó con gusto la propuesta de los «diablos rojos» y pasó de un vestuario al otro para debutar con su nuevo equipo esa misma tarde. Nunca en la historia del futbol se cumplió de modo más perfecto la denominada «ley del ex», según la cual los clubes suelen ser goleados por sus antiguos jugadores: Manchester United se impuso a Clapton Orient por 4 a 2 con un tanto de su nueva estrella, Albert Pape.

Paraíso e Infierno

Un seleccionador que gana es Luis XIV y Versalles. Si pierde, es Luis XVI y la guillotina.

MICHEL HIDALGO, ex entrenador francés

No sólo en la Biblia existen el Paraíso y el Infierno. En el futbol, cada victoria es una catapulta al éxtasis y cada derrota, la causa para guardar luto por una semana. Asimismo, los fanáticos comparan la obtención de un campeonato con el nacimiento de un hijo, en tanto que un descenso puede generar más lágrimas que el fallecimiento de un familiar. Bill Shankly, un escocés que dirigió con gran éxito a Liverpool F.C. entre 1959 y 1974, proclamó una vez que «algunos piensan que el futbol es una cuestión de vida o muerte. Están equivocados. Es mucho más importante que eso». El hincha reacciona por emociones y no por razones. Algunos equipos deberían contar con gigantes hospitales en sus instalaciones para atender los agitados corazones de sus sufridos seguidores. Como Racing Club de Estrasburgo, que en 2001, con el paraguayo José Luis Chilavert en su arco, tuvo una temporada para el infarto por su extraña irregularidad: ganó la Copa de Francia, pero descendió de la Primera División (Ligue 1 o Le Championnat) a la Segunda. Lo curioso del caso es que, al año siguiente, este hecho se repitió con otro equipo: F.C. Lorient. El 11 de mayo de 2002, este conjunto bretón, que pasaba sus últimos días en la Ligue 1 porque ya había perdido matemáticamente la categoría, se impuso 1-0 a S.C. Bastia en el Stade de France de París por la final copera. Como si esta coincidencia no fuera lo suficientemente sorprendente, hay que remarcar que Racing y Lorient fueron dirigidos esas dos temporadas por el mismo entrenador: Yvon Pouliquen.

En Suiza, un mismo equipo tiene el récord de goles en una final de Copa Nacional, tanto a favor como en contra. En 1935, F.C.

Laussane-Sports venció a Fussball Nordstern Basel 1901 por 10 a 0 y, dos años más tarde, cayó ante Grasshopeers Club Zürich, ¡también 10-0!

Echemos un vistazo a las más agitadas montañas rusas futboleras, a los campeones más asombrosos y a los ascensos y descensos más emocionantes y disparatados.

Ascensores

«Suben y bajan, parecen ascensor», es un cantito muy común de los hinchas en las canchas sudamericanas, dedicado a esos equipos con numerosos cambios de categorías. Yellow Red Koninklijke Voetbalklub Mechelen, un equipo de la ciudad belga de Amberes mejor conocido como K.V. Mechelen o Malinas, en español, tiene un interesante palmarés: ganó cuatro veces la liga belga de Primera División y la Recopa de Europa 1987/88. Empero, lo más curioso en la historia de este reconocido club —que juega como local en el estadio Argos Achter de Kazerne— es que ha experimentado 23 ascensos y descensos entre las dos primeras categorías.

Mucho más movidita es la historia de Birmingham City F.C., que tiene en su haber el récord mundial de variaciones de escalafón, con 28. Pero, a diferencia de Mechelen, Birmingham City visitó tres categorías. Esta escuadra del centro de Inglaterra posee en su haber doce ascensos a Primera y dos a Segunda, con doce caídas a Segunda y dos a Tercera.

En este campo, la campaña más vertiginosa estuvo a cargo de otro conjunto inglés: Ipswich Town F.C., que en la temporada 1956/57 jugaba en una liga regional del sur de Inglaterra, una tercera categoría nacional. De la mano de su entrenador, Alfred «Alf» Ramsey, «The Blues» ganaron el torneo y obtuvieron el ascenso a la Division Two. Ipswich Town conquistó ampliamente en 1960/61 la Division Two y, la temporada siguiente, 1961/62, se coronó campeón de la Division One (todavía no había sido creada la Premier League) al imponerse sobre gigantes como Arsenal F.C., Liverpool F.C. o Manchester United F.C., entre otros. Pero este modesto equipo fue por más y, en la Liga de Campeones de la UEFA 1962/63, eliminó primero al monarca maltés Floriana F.C. (4-1 de visitante y 10-0 en suelo británico) y luego llegó a derrotar a A.C. Milan, como local, por 2 a 1. Ipswich Town fue finalmente eliminado por el equipo italiano —que ganaría esa misma edición de la Champions League—, al caer 3-0 en Italia. Debido a su magnífico trabajo, Ramsey fue designado técnico de la selección de Inglaterra, a la que conduciría a su único título en la Copa del Mundo, ganado como local en 1966. En tanto, su puesto en el encumbrado equipo de Portman Road recayó en Jackie Milburn. Bajo su dirección, Ipswich recibió 121 goles en sólo 42 partidos, quedó último en la tabla y descendió a Segunda. Así, esta escuadra pasó de una liga regional a codearse con la realeza europea en la Liga de Campeones y retornar a una división de ascenso en sólo... ¡siete años!

Otro caso insólito de «ascensores» fue protagonizado por el club dinamarqués Kjøbenhavns Boldklub: este equipo ganó las ligas de Primera División de 1948, 1949 y 1950, pero en 1951 descendió a Segunda. La temporada siguiente, Kjøbenhavns ganó el torneo de ascenso y regresó a la máxima divisional... ¡que ganó en 1953!

Entente Sportive Sétifienne de Argelia consiguió un «doblete» extraordinario: tras ganar el torneo de Primera División 1986/87, este club se clasificó para disputar la Copa Africana de Clubes Campeones de 1988. La participación en los dos frentes obligó a Entente Sportive Sétifienne a descuidar la liga local y, a mediados de 1988, cuando finalizó la temporada siguiente, el vigente monarca se fue al descenso. Sin embargo, la contienda internacional prosiguió y el 9 de diciembre, tras golear 4-0 a Heartland Football Club de Nigeria, Entente Sportive Sétifienne se consagró campeón africano. De esta forma, por única vez en la historia del futbol, el mejor equipo de un continente se encontraba en la Segunda División de su propio país.

Desde abajo

En el apartado anterior se mencionó que Ipswich Town F.C. fue campeón de la Primera División inglesa la temporada siguiente a haber ascendido desde la segunda categoría. Este caso no es excepcional, ya que se ha repetido en casi todas las ligas del mundo. Sólo en Inglaterra ha sucedido cinco veces: a Ipswich se le suman Liverpool F.C. (1904/05, 1905/06), Everton F.C. (1930/31, 1931/32), Tottenham Hotspur F.C. (1949/50, 1950/51) y Nottingham Forest F.C. (1976/77, 1977/78).

El hecho más raro le cupo a un club de República Dominicana, Deportivo Pantoja: ascendió a Primera en 1999 y ganó el torneo siguiente en la máxima categoría, pero recién en 2001 porque no se realizó ninguna competición en 2000, debido a problemas organizativos. Deportivo Pantoja descendió en 2002, volvió a subir en 2003 y fue campeón de Primera en 2005, otra vez con una temporada de diferencia porque tampoco se realizó el certamen de 2004.

El ascensorista

Para hablar de «altibajos», nadie como el galés Nathan Blake, dueño de una de las carreras profesionales con más alternancias de la historia. El muchacho arrancó con el pie derecho, al ascender con Cardiff City F.C. en la temporada 1992/93 de la League Division Three (cuarta categoría inglesa) a la Two. El torneo siguiente, descendió con Sheffield United desde la Premier League. Luego protagonizó, de manera consecutiva, tres cambios de categoría al hilo, con Bolton Wanderers: en la campaña 1995/96 bajó de la Premier, en la 1996/97 regresó y en la 1997/98 volvió a descender. Para el ciclo 1998/99, Blake pasó a Blackburn Rovers, pero no abandonó su costumbre: perdió su lugar de privilegio en la Premier pero retornó dos años después (2000/2001). Ya en Wolverhampton Rovers, ascendió a la máxima división inglesa en 2002/03, aunque con ese mismo equipo descendió doce meses más tarde. En apenas 11 años, Blake cambió de categoría, por campeonatos o declives, nueve veces: sumó cuatro ascensos y cinco descensos. Las únicas temporadas que mantuvo su estatus fueron 1994/95, con Sheffield United, y 1999/2000, con Blackburn. Sin dudas, una carrera no apta para cardíacos.

Murieron sin las botas puestas

Perder la categoría luego de una temporada de malas actuaciones es doloroso para jugadores e hinchas. Pero más difícil de digerir es un descenso que se consuma como consecuencia de circunstancias que tienen lugar fuera de la cancha, como la experiencia sanitaria de Middlesbrough F.C., narrada en el capítulo sobre lesiones, o las descalificaciones de Juventus F.C. y A.C. Milan por arreglo de partidos, o la desaparición del gigante escocés Rangers F.C. por problemas financieros. Más colorido, absolutamente, fue el fracaso del Club Deportivo Acuario Sport, de la Tercera División de Perú. En 1998, este equipo bajó por solamente dos puntos de diferencia con su más próximo oponente, aunque bien pudo haberse salvado, porque recibió un descuento de tres unidades de parte de la Federación por no presentarse a jugar uno de los partidos, que además se le dio por perdido. ¿Qué ocurrió? Los futbolistas habían llegado al estadio rival, pero no pudieron saltar al césped porque los utileros se habían olvidado los botines en su cancha de El Callao.

Fatídicos

La carrera del islandés Hermann Hreioarsson no parece muy exitosa. Este muchacho nacido en Reykjavík en 1974, tiene en su haber el escalofriante récord de cinco descensos de la Premier League de Inglaterra. Esta nefasta seguidilla arrancó en la temporada 1997/98 con Crystal Palace F.C.; siguió en la 1999/2000, con Wimbledon F.C.; en la 2001/2002, con Ipswich Town F.C.; en la 2006/07, con Charlton Athletic F.C.; y terminó con Portsmouth F.C. en la 2009/10. La quinta fue la vencida y el «amuleto» Hreioarsson fue enviado sin escalas de regreso a casa, como deportista deportado.

Otro fenómeno es el arquero alemán Jürgen Rynio: tras descender de la Bundesliga (Primera División de Alemania) con Karlsruher Sport-Club Mühlburg-Phönix en la temporada 1967/68, pasó al equipo que se había consagrado campeón ese torneo, F.C. Nürnberg Verein für Leibesübungen. Créase o no, de la mano del bueno de Rynio, Nürnberg perdió la categoría, ¡un año después de coronarse campeón! No, el calvario no culminó allí: el fulminado portero fue transferido a Borussia 1909 e.V. Dortmund, club con el que, dos años después… sí señor: ¡volvió a descender! En 1976, ¡sorpresa! Rynio ascendió desde la segunda categoría a la Bundesliga con F.C. Sankt Pauli von 1910, pero los festejos duraron poco, porque en menos de un año ese club de Hamburgo retornó a la división secundaria. El arquero siguió su carrera en Hannoverscher Sportverein von 1896, equipo con el cual jugó seis temporadas en primera… hasta descender finalmente en 1986.

El portero colombiano-argentino Carlos Navarro Montoya también luce un ramillete de dolorosos descensos. En España, experimentó tres caídas consecutivas desde la Primera División: con Club de Futbol Extremadura (1996/97), Club Polideportivo Mérida

(1997/98) y Club Deportivo Tenerife (1998/99). Luego, en Argentina, su infeliz derrotero prosiguió por Nueva Chicago, equipo con el que se hundió en 2007, al perder la Promoción con Tigre. Empero, bien podría atribuirse a Navarro Montoya cierta responsabilidad en otros dos descensos: en la primera mitad de la liga 2003/04 atajó en Chacarita Juniors, uno de los condenados esa temporada, y en el primer semestre de la campaña 2007/08, en el Club Olimpo de Bahía Blanca, que también sufrió la caída a la segunda categoría. Si bien a la hora del hundimiento Navarro Montoya ya había abandonado el barco, lo cierto es que fue parte de su tripulación durante el desdichado viaje. Así, este arquero tiene en su equipaje nada menos que la notable marca de seis descensos desde la Primera División.

¿Para qué te quejaste?

La campaña 1993/94 del club alemán F.C. Nürnberg Verein für Leibesübungen era lo suficientemente mala para que sus propios dirigentes intervinieran para cambiar una injusticia por... una tragedia. El 23 de abril de 1994, la escuadra bávara viajó a la cercana Munich para enfrentar al gigante F.C. Bayern München en su estadio Olímpico. Con el marcador 1-0, un córner desde la derecha para el equipo local cayó en los pies del defensor Thomas Helmer, quien debajo del travesaño y a cinco centímetros de la línea de gol empujó la pelota... ¡afuera! Al tremendo error del zaguero muniqués lo sucedió otro mucho peor del árbitro Hans-Joachim Osmers y su asistente Jörg Jablonski, quienes, de manera increíble, dieron «gol» para el conjunto local. Los jugadores de Nürnberg se quejaron, pero no hubo caso: Osmers se mantuvo firme y el match continuó como si nada. Los visitantes cayeron finalmente 2-1 y sus dirigentes corrieron a la sede de la federación germana con un video del encuentro que demostraba claramente que la pelota impulsada por Helmer no había cruzado la meta visitante. Se trataba de un inobjetable «gol fantasma». Tras analizar la situación, la entidad dio lugar a la queja de los representantes de Nürnberg y ordenó que el partido volviera a jugarse «de cero». Así se hizo: los dos clubes regresaron al Olympiastadion el 3 de mayo, esta vez conducidos por el árbitro Bernd Heynemann. Bayern München se impuso en esta segunda oportunidad por 5 a 0, lo que condenó al descenso a su rival, ¡por diferencia de goles! Los directivos de Nürnberg no volvieron a protestar nunca más por un arbitraje.

Ascenso gaseoso

El equipo serbio Fudbalski Klub Obilić nunca había ganado nada. Fundado en 1924, esta escuadra había competido en distintas ligas, siempre dependientes de la serpenteante historia balcánica, sin haber probado jamás la miel de la victoria. El éxito, empero, llegó al fin a partir de la temporada 1996/97, de la mano de Željko «Arkan» Ražnatović, un líder paramilitar que tuvo un nefasto rol en la guerra que despedazó la ex Yugoslavia en la década de 1990 y a quien se acusó por miles de crímenes de lesa humanidad. Con el apoyo económico de Ražnatović, Obilić ascendió primero a la división mayor y, a la temporada siguiente, se impuso a los «gigantes» de su país (F.K. Crvena Zvezda —«Estrella Roja», en español— y F.K. Partizan, ambos de Belgrado) para coronarse campeón con una notable performance que incluyó 27 triunfos, 5 empates y una sola derrota. Luego de que «Arkan» fuera asesinado en enero de 2000 —se cree que su homicidio fue perpetrado por un policía con lazos en una organización mafiosa serbia— trascendieron distintos testimonios que aseguraban que el título de F.K. Obilić tuvo mucho que ver con insólitas maniobras delictivas. Desde el anonimato, un futbolista denunció a la revista inglesa *FourFourTwo* haber permanecido secuestrado unos días hasta que finalizó el encuentro de su equipo con Obilić. Otros afirmaron haber sido amenazados de muerte para no anotar goles al club de Ražnatović. Pero la versión más espeluznante aseveraba que, en el vestuario visitante del Stadion F.K. Obilić, se había instalado una cañería que lanzaba un inodoro gas tranquilizante mientras allí se cambiaban los futbolistas rivales. Esta acusación llegó a oídos de la UEFA, que evaluó la posibilidad de prohibir la participación del conjunto serbio en la Champions League 1998/99 por sus presuntas conexiones con el hampa. Para evitar sanciones, «Arkan» renunció como presidente y nombró como reemplazante a su esposa Svetlana. La variante fue tomada en Serbia como una insulsa formalidad. Al menos hasta la muerte de Ražnatović, varios equipos prefirieron eludir los vestidores y, por las dudas, cambiarse dentro de su micro.

Segundones

El torneo de Primera División de Bélgica 1899/00 reunió diez equipos que fueron divididos en dos zonas, cuyos ganadores debían resolver el título en un duelo final «de ida y vuelta». En la primera zona, Racing Club de Bruselas y Royal Antwerp Football Club, de Amberes, igualaron en puntos (14) al tope de la clasificación. Como entonces no se tomaba en cuenta la diferencia de goles, debieron enfrentarse en un encuentro extra para definir al finalista. Así, la escuadra capitalina —que casualmente había tenido una mejor aunque inútil diferencia de gol— ganó 1-0 y luego se coronó al aplastar al primero del otro grupo, Club Brugge Koninklijke Voetbalvereniging, por un global de 11-1, producto de dos triunfos 8-1 y 0-3. Los dirigentes de Royal Antwerp quedaron al rojo con el título que se les había escapado y también con la definición del certamen. Por considerar injusto que Racing hubiera definido el título con Brugge, una escuadra claramente inferior, decidieron que, la temporada siguiente, no competirían en Primera sino en la segunda categoría. La medida cayó muy mal entre los jugadores. Excepto el arquero René Moreels, los diez restantes decidieron abandonar en masa el club y recalar en otra escuadra, Koninklijke Beerschot Voetbal en Atletiek Club, su clásico rival de Amberes, que sí actuaría en Primera. Con su nueva camiseta, violeta y blanca, y un flamante formato de competencia, «todos contra todos» en una sola zona, los ex hombres de Royal Antwerp lograron que Beerschot se consagrara como el equipo más goleador de la temporada. Sin embargo, esto no fue suficiente para ganar el campeonato. Otra vez fueron relegados al segundo lugar por Racing Club de Bruselas, que se quedó con el título por apenas un punto de ventaja.

Campeón desde la playa

Los cálidos rayos del sol de junio acariciaban en el Caribe y el Mediterráneo los cuerpos agotados de los futbolistas dinamarqueses. La exigente temporada 1991/92 había culminado con sabor amargo para la selección nórdica, por no clasificarse para la Eurocopa de Suecia. Sin embargo, apenas diez días antes del inicio del torneo continental, los rubios jugadores fueron convocados de urgencia por el técnico Richard Møller-Nielsen. Yugoslavia, que había calificado por encima de Dinamarca, se estaba despedazando con los bombardeos y matanzas de la cruel Guerra de los Balcanes. Imposibilitada para competir en un torneo deportivo, la selección de Europa Oriental dejó su sitio a la escuadra que había quedado en segundo lugar. Nielsen tuvo muchas dificultades para reunir a sus hombres, al punto que la estrella del equipo, el delantero de F.C. Barcelona Michael Laudrup, prefirió quedarse a descansar bajo el sol. Con un equipo basado en la seguridad del arquero Peter Schmeichel, el talento de Brian Laudrup (hermano de Michael) y los goles de Henrik Larsen, el conjunto dinamarqués alcanzó una sensacional victoria que se desarrolló «de menor a mayor». La selección vikinga comenzó su camino con un empate sin goles ante Inglaterra y una derrota ante el equipo anfitrión por 1-0. A partir de allí, fue imbatible: venció 2-1 a Francia, por penales a Holanda en una electrizante semifinal que había culminado 2-2, y doblegó a Alemania, en la final, por 2 a 0. El éxito dinamarqués fue un golpe al futbol hiperestructurado y en extremo previsor: demostró que también se puede ser campeón con jugadores más relajados, sin tanta presión ni agobiante estrés.

Doble descenso

Cuando salieron a la cancha, el 20 abril de 2002, C.A. Platense y C.A. Racing de Córdoba tenían un objetivo común: ganar para mantenerse en la B Nacional, la segunda categoría argentina. Una derrota significaba el descenso; una igualdad se resolvía según otros resultados. El duelo terminó en parda, 2-2, con tantos de Diego Graieb y Luis Velázquez, para el local, y de José Luis Fernández y Carlos Bertola, de penal, para el club cordobés. Como también se sucedieron sendos empates en los encuentros de los otros clubes comprometidos con el «promedio del descenso», Godoy Cruz Antonio Tomba y El Porvenir, Platense y Racing perdieron juntos la categoría. Hasta el cierre de esta edición, éste fue el único match cuyo resultado condenó a bajar a sus dos protagonistas.

Parejo

Durante la temporada 1983-84, cuando todavía se otorgaban dos puntos por victoria, un torneo del ascenso rumano fue tan equilibrado que uno de los equipos se fue al descenso a pesar de sumar sólo dos unidades menos que el subcampeón. El certamen VIII de la Tercera División, con 16 competidores, fue ganado por Clubul Sportiv Mureșul Deva, con 38 puntos. Segundo quedó Clubul Sportiv Profesionist U.M. Timișoara, con 31, al igual que otras dos escuadras que tuvieron peor diferencia de gol. Dos conjuntos sumaron 30 y nueve, 29 puntos. Clubul Sportiv Ghelari, penúltimo con una diferencia de gol de -17, perdió la categoría junto a Club Sportiv Minerul Aninoasa, que había reunido «sólo» 28 unidades. Sin dudas, se trató de la competencia futbolera más pareja de la historia.

Campeón sin jugar

La Copa del Rey es en la actualidad uno de los torneos más prestigiosos y competitivos del mundo. Por ello, resulta asombroso que Athletic Club de la ciudad española de Bilbao haya ganado este certamen sin haber disputado un solo partido. Sí, leyó bien: el equipo vasco se consagró campeón de la Copa del Rey de 1904 sin haber llegado a pisar el césped del Campo de Tiro al Pichón de Madrid, escenario de la competencia. Esta particular situación tiene, desde luego, una explicación. Esta segunda edición del Campeonato de España, hoy conocido como Copa del Rey, fue organizada en la capital española por la Asociación Madrileña de Clubs de Football. Se inscribieron para intervenir Athletic Club de Bilbao, Club Español de Football de Barcelona (actual Reial Club Deportiu Espanyol de Barcelona) y cuatro escuadras madrileñas —Club Español de Madrid, Madrid F.C. («padre» de Real Madrid), Moncloa F.C. e Iberia F.C.— que debían participar en una eliminatoria regional para entrar en semifinales. De entrada, Athletic pasó a la final porque su rival, Español de Barcelona, decidió no viajar a competir. Por el otro lado, el 19 de marzo, Moncloa goleó 4-0 a Iberia mientras Madrid F.C. y Español empataron 5-5. Los jugadores de estas dos últimas escuadras se negaron a dirimir la paridad en un alargue, por lo que los organizadores ordenaron repetir el match al día siguiente. Pero los muchachos de Madrid no se presentaron, al sostener que el reglamento del torneo prohibía expresamente que se jugaran dos partidos en días consecutivos. Así, el 27 de marzo se cruzaron en la semifinal Español y Moncloa, mas este juego se suspendió cuando el defensor «local» Alfonso Hermúa sufrió una doble fractura de tibia y peroné. Como Español ganaba 1-0 al momento de la interrupción, reclamó pasar a la final y enfrentar en esta instancia a Athletic. Durante una asamblea de la Asociación Madrileña de Clubs de Football reunida para resolver el caso, el presidente de la entidad, Ceferino Rodríguez Avecilla, propuso aceptar el reclamo. Claro: don Ceferino era, al mismo tiempo, presidente de Español, por lo que su moción fue rechazada. Para destrabar el conflicto, se recurrió a un sorteo que favoreció a Español, mas Athletic se negó a enfrentarlo por entender que, de acuerdo con el reglamento del campeonato publicado inicialmente, este equipo no había ganado las eliminatorias regionales: había igualado un juego y no había definido el siguiente. Frente a este nudo gordiano y la imposibilidad de resolver rápidamente el justo pedido del equipo bilbaíno, sumado al apremio de sus jugadores para retornar a su ciudad y a sus ocupaciones, la Asociación Madrileña decidió consagrar como ganador a Athletic Club por su condición de campeón vigente, puesto que se había coronado el año anterior. Así, los vascos levantaron la copa de plata donada por el rey Alfonso XIII sin transpirar una gota ni vestir su camiseta albirroja.

Ascenso y papelón

Después de dos humillantes temporadas en la B, Racing Club concretó su retorno a Primera División en 1985, al ganar una liguilla octogonal. La escuadra de la ciudad bonaerense de Avellaneda ascendió junto a otro importante equipo, C.A. Rosario Central, que se había consagrado campeón del torneo. Una vez relajadas las alegrías por el regreso a la máxima categoría, los dos equipos se encontraron con un inesperado contratiempo: la AFA había modificado el calendario futbolero, que pasó de extenderse como el almanaque (de enero o febrero a diciembre) a desarrollarse igual que las ligas europeas, a partir de julio/agosto de un año hasta mayo/junio del siguiente. Esta reestructuración —que había incluido la eliminación del Torneo Nacional, que en 1985 se había extendido entre febrero y septiembre— dejó a Racing y a Central, a principios de 1986, seis meses sin jugar, sin recaudaciones ni ingresos generados por la transmisión televisiva de partidos, hasta que arrancara el campeonato 1986/87. Frente a esta complicada situación, que se agravaba porque había que pagar los salarios de los futbolistas, Rosario Central decidió «alquilar» sus hombres a otros clubes. La mayoría se dividió entre C.A. Los Andes (de la B) y C.A. Platense (de la A). Racing, en tanto, tomó un camino parecido, con un resultado bochornoso: por 150.000 dólares, arrendó su equipo completo (salvo su entrenador, Alfio Basile, y tres jugadores, cuyos contratos habían vencido y ya habían pasado a otras instituciones) al club Argentino de Mendoza, que debía afrontar un torneo provincial para tratar de clasificarse para el campeonato Nacional B, la nueva segunda categoría que, desde julio, mezclaría equipos metropolitanos con representantes de todo el país. El acuerdo determinaba que los futbolistas se entrenaran en Buenos Aires y viajaran los viernes para jugar los domingos. Racing salió a la cancha con la camiseta de siempre —la de Argentino de Mendoza también es celeste y blanca a rayas verticales— para enfrentarse a equipos que, en la previa, debían ser muy inferiores en calidad. Pero la performance estuvo inmensamente lejos de su estatus de equipo de Primera División: la «Academia», uno de los cinco clubes «grandes» de Argentina, no pudo siquiera pasar a la segunda vuelta del certamen mendocino. La primera ronda del torneo otorgaba la clasificación para la siguiente fase a los cuatro primeros de la tabla, ¡y Racing-Argentino quedó quinto! Un papelón para un plantel que menos de un año después también sería quinto, aunque en el campeonato de Primera División, unas cuatro categorías superior al jugado en tierra mendocina. Mucho más notable si se tiene en cuenta que esos mismos futbolistas ganarían, dos años después de la vergüenza, la Supercopa Sudamericana, al vencer en la final al poderoso Cruzeiro Esporte Clube de Brasil.

Veloz

El ascenso más acelerado de la historia del futbol tuvo como protagonista a un club de Nepal, Manang Marshyangdi Club. Este equipo —radicado en Katmandú, la capital nepalesa— fue fundado a principios de 1982 y ese mismo año ganó el ascenso desde la cuarta categoría a la tercera. En 1984, esta escuadra pasó a la Segunda División y un año después, en 1985, subió a la liga de honor. La diligente carrera de Manang Marshyangdi no terminó allí: estrenó su asistencia en Primera con dos títulos al hilo, en 1986 y 1987. Con tres ascensos y dos títulos nacionales en solamente seis años, la carrera de esta escuadra de Nepal fue, sin dudas, de gran altura.

A pesar de la adversidad

Un equipo puede levantar una copa sin terminar invicto el torneo. Esta circunstancia es muy común con el sistema de ligas «todos contra todos» y hasta en la Copa del Mundo: Alemania, Argentina y España fueron campeones a pesar de haber perdido un match en la ronda de grupos. Lo que sí parece imposible es ganar un certamen diseñado mediante un cuadro de «eliminación directa» luego de haber sido, precisamente, liquidado. No obstante, «aunque usted no lo crea», ha ocurrido. El caso más afamado sucedió en los Países Bajos, en 1970. Fue muy difícil armar el cuadro para la Copa de Holanda de ese año, debido a que se habían inscripto 53 equipos. La Koninklijke Nederlandse Voetbal Bond (Real Federación Holandesa de Futbol) determinó entonces que los clubes comenzaran a eliminarse y que, al llegar a cuartos de final con siete equipos, se sorteara la octava plaza entre los perdedores de la ronda anterior. El azar favoreció a Amsterdamsche Football Club Ajax, que había perdido en esa instancia 2 a 1 con A.Z. '67 Alkmaar. Empero, a partir de cuartos, Ajax fue imparable: primero derrotó 2-1 a AFC Door Wilskracht Sterk, luego 1-0 a GVAV-Rapiditas en semifinales y por último 2-0 a Philips Sport Vereniging (PSV) en la final.

El trofeo

El delantero Oliver Howard Vaughton ostentaba, al momento de la publicación de este libro, un récord de más de 120 años: haber anotado la mayor cantidad de goles en un solo partido internacional con la camiseta de Inglaterra. El 18 de febrero de 1882, el atacante le metió cinco tantos a Irlanda, que esa tarde fue aplastada por 13 a 0. Esta marca no fue superada, aunque sí igualada por tres futbolistas: Steve Bloomer, Willie Hall y Malcolm Macdonald. Además de este privilegio, Vaughton ha gozado de una distinción única: a lo largo de su carrera, tuvo dos veces en sus manos el trofeo de plata de la F.A. Cup, aunque como jugador sólo ganó una final y nunca fue entrenador ni dirigente de un club campeón. ¿Cómo lo consiguió, entonces? La primera vez ocurrió el 2 de abril de 1887, cuando su equipo, Aston Villa F.C., venció a West Bromwich Albion F.C. 2-0 en la final del certamen, disputada en el estadio Kennington

Oval de Londres. Ocho años después, el 20 de abril de 1895, Aston Villa —ya sin Vaughton en su equipo— volvió a ganar la competencia, otra vez ante West Bromwich Albion, pero 1-0 y en el estadio del club londinense Crystal Palace. La copa viajó así a Birmingham, feudo del equipo campeón. Unos meses más tarde, el trofeo fue exhibido a los hinchas desde la vidriera de una tienda de Newtown Row, en el centro de la ciudad. La noche del 11 de septiembre, un ladrón destruyó la vitrina y sustrajo el valioso objeto de plata, que nunca fue recuperado. La F.A. multó a Aston Villa, responsable de la integridad del trofeo, y le ordenó comprar uno nuevo. Avergonzado por la humillante pérdida, el club asumió sus culpas y se contactó con su ex estrella Vaughton, quien era platero de profesión, para encargarle la confección de una nueva pieza que reemplazara la robada. El ex delantero aceptó la labor y, de esta forma, volvió a tener la copa en sus manos... en su taller y sin necesidad de volver a calzarse los pantalones cortos.

Campeón sin medalla

Fuera de Gran Bretaña, el primer torneo de futbol «oficial» se jugó en Buenos Aires en 1891, organizado por la Argentine Association Football League, una entidad que desapareció al finalizar ese mismo certamen. Esta competencia reunió solamente a cinco equipos —Belgrano Football Club, Buenos Aires and Rosario Railway, Buenos Aires Football Club, Old Caledonians y Saint Andrew's—, que se enfrentaron «todos contra todos» en dos rondas. Finalizado el certamen, Old Caledonians y Saint Andrew's habían sumado la misma cantidad de puntos, 13, producto de seis triunfos, un empate y una derrota cada uno. Tal como indicaba el reglamento de la competencia, la Asociación declaró campeonas a las dos escuadras, pero a la hora de la entrega de premios, surgió un problema: sólo se había confeccionado un juego de once medallas, de modo que no había distinciones para todos los protagonistas. Para salvar este imprevisto, se decidió que los dos ganadores disputaran un partido «extra» para determinar quién se quedaba con las preseas. Así, el 13 de septiembre, en la cancha de Flores Polo Club, Saint Andrew's derrotó por 3 a 1 (con tres tantos de Charles Douglas Moffatt, dos de ellos en tiempo suplementario) a Old Caledonians F.C., que de esta manera fue campeón sin corona... ni medalla. Este match tuvo un condimento extra: los 22 jugadores y el árbitro eran de nacionalidad escocesa, de modo que el primer título argentino fue... ¡cien por cien británico!

Cuádruple desdicha

La campaña 2001/2002 del equipo alemán TSV Bayer 04 Leverkusen fue casi perfecta. Protagonista en todos los frentes, este equipo tuvo el privilegio de pelear tres títulos en once días: Bundesliga, Copa de Alemania y Liga de Campeones de la UEFA. El «casi» se debe a que, para su desgracia, no ganó ninguno de esos tres torneos. En la Bundesliga, Leverkusen llevaba una considerable ventaja sobre Borussia 1909 E.V. Dortmund, pero un empate ante Hamburger S.V. y dos caídas al hilo (1-2 en casa ante Sport-Verein Werder von 1899 E.V. Bremen y 1-0 como visitante de F.C. Nürnberg Verein für Leibesübungen) lo bajaron de la punta. El 4 de mayo, Leverkusen derrotó como local, 2-1, a Hertha Berliner S.C,. pero Borussia Dortmund venció por el mismo marcador a Werder Bremen y se consagró por sólo un punto de diferencia. Una semana después, el 11 de mayo, en el Estadio Olímpico de Berlín, Leverkusen perdió por 4 a 2 la final de la Copa de Alemania (DFB-Pokal) frente a Fußball-Club Gelsenkirchen-Schalke 04. El 15 de mayo, en Hampden Park (Glasgow, Escocia), la escuadra germana fue derrotada por 2 a 1 por Real Madrid C.F. en el match culminante de la Liga de Campeones continental. Para algunos de los futbolistas de Leverkusen, quedaría una pesadilla más ese mismo año. Carsten Ramelow, Bernd Schneider y Oliver Neuville sufrieron, con la camiseta de Alemania, la final del Mundial de Corea y Japón, ante Brasil, en el International Stadium Yokohama japonés. La selección sudamericana se impuso por 2 a 0 y fue «pentacampeona», para desgracia de los tres hombres de Bayer, más otros dos, el delantero Michael Ballack y el arquero Hans-Jörg Butt, que debieron sufrir el cuarto infortunio al hilo desde el banco.

¿Grandes equipos?

La cifra asusta... si se la mira de manera parcial. El club islandés Knattspyrnufélagið Fram (mejor conocido como Fram, de la capital Reikiavik) se arroga un récord asombroso: ganar seis ligas nacionales consecutivas, entre 1913 y 1918, sin derrotas y con apenas un empate en ese extenso período. Claro que, cuando uno se vale de una lupa para ver la «letra chica» de esta historia, aparecen graciosas sorpresas. Primero, que en esas seis temporadas, este equipo apenas disputó... ¡ocho partidos! Los primeros dos torneos, además, los obtuvo porque no se presentaron oponentes. La única igualdad, ocurrida en 1916, se produjo ante Knattspyrnufélag Reykjavíkur, 2-2, y en ese campeonato Fram apenas intervino en tres encuentros —el tercer participante fue Knattspyrnufélagið Valur—. Atención, que para 1918 la liga islandesa ya tenía cuatro equipos, al sumarse Knattspyrnufélagið Víkingur. En síntesis, el «laureado» Fram logró seis títulos consecutivos, si bien apenas disputó ocho partidos ante sólo tres rivales.

Más seria fue la campaña de Athletic Club Sparta Praha Fotbal, cuádruple campeón nacional de la ex Checoslovaquia entre 1920 y 1923. Los números de esta escuadra praguense son algo más respetables porque, en ese ciclo, ganó 51 partidos al hilo para consagrarse tetracampeón.

Tal vez la más brillante de este tipo de hazañas «cien por cien» triunfadoras corresponda al equipo escocés Rangers F.C. de Glasgow. En la temporada 1898/99, esta escuadra se coronó vencedora de la liga nacional con 18 victorias, cero empates y cero derrotas entre diez clubes, algunos de ellos de excelsa estirpe, como su vecino Celtic F.C. o Heart of Midlothian F.C. e Hibernian F.C., ambos de Edimburgo.

«No hay peor cuña...»

«... que la del mismo palo», asegura un viejo refrán. Otro dicho, bien futbolero, advierte que siempre se cumple «la ley del ex». De los miles de casos que han dado crédito a esta norma, tal vez el más filoso es el que sufrió Manchester United F.C. con el eficaz delantero escocés Dennis Law. Law vistió la camiseta roja 11 años, entre 1962 y 1973, período en el que sus goles ayudaron a ganar la F.A. Cup en 1963 y las ligas de Primera División de las temporadas 1964-65 y 1966-67. A mediados de 1973, el escocés fue dejado libre por United y pasó al clásico rival de la ciudad, Manchester City F.C. Sin sus goles, United tuvo una flojísima campaña que lo dejó a las puertas del descenso. El 27 de abril, en un estadio Old Trafford repleto, desbordado por un público muy nervioso que invadió la cancha varias veces, las dos escuadras se encontraron para disputar un encuentro decisivo: si el local perdía, bajaba a la segunda categoría. Quiso el destino —a veces muy cruel— que Law, a nueve minutos del final y con un exquisito taco, venciera al arquero local, Alex Stepney, para cerrar el marcador 0-1 para City y enviar al descenso, al mismo tiempo, a United. El goleador no sólo no celebró su conquista, sino que terminó el partido con lágrimas surcando su rostro, dolorido por ser el verdugo de su amado ex club.

El arquero salvador

Brunton Park hervía la tarde del 8 de mayo de 1999. Carlisle United F.C. igualaba en un gol con Plymouth Argyle F.C. y se caía de la Nationwide League Division Three, el cuarto nivel del futbol inglés. El referí asistente ya había levantado el cartel y gran parte de los cuatro minutos de tiempo agregado se habían extinguido. A 180 kilómetros de allí, Scarborough F.C. acababa de empatar por el mismo marcador en su casa, McCain Stadium, con Peterborough United F.C. y, con ese punto, mantenía la categoría. Con solamente un ramillete de segundos por jugar, todo parecía liquidado. Sin embargo, a Carlisle le quedaba una bala: un tiro de esquina desde la derecha cedido por la defensa de Plymouth Argyle. Perdido por perdido (o, mejor dicho, perdido por empatado), el entrenador local, Nigel Pearson, le ordenó a su arquero James «Jimmy» Glass que cruzara la cancha y fuera a buscar un milagro con su 1,93 metros de altura. Glass —quien había llegado a préstamo desde Swindon Town F.C. y apenas había jugado dos partidos esa temporada— obedeció y se metió en el área rival. Graham Anthony lanzó el córner y la pelota cayó en la cabeza de Scott Dobie, quien sacó un misil que fue tapado por el portero visitante, James Dungy. Pero Dungy dio rebote y Glass, dentro del área chica, sacó un fortísimo derechazo que mandó la pelota a la red y el descenso a 180 kilómetros de distancia. El arquero fue sepultado por una montaña de compañeros y cientos de hinchas que no pudieron contener la euforia y saltaron a la cancha para celebrar la asombrosa salvación, una de las más emocionantes del futbol mundial.

Campeones secos

Se estima que Coritiba F.C., de Brasil, es el único equipo que ganó un campeonato de liga con más goles en contra que a favor. En 1985, a lo largo de 29 fechas de un Brasileirão que se jugó por grupos, Coritiba marcó 25 tantos y recibió 27, con una diferencia de -2. Su récord fue de 12 victorias, 7 empates y 10 derrotas, con un promedio de 0,862 conquistas por partido, uno de los peores del certamen.

Otro acontecimiento increíble ocurrió en Suecia al finalizar la liga nacional de 1998: Allmänna Idrottsklubben (mejor conocido como AIK) se consagró campeón a pesar de ser el equipo que marcó la menor cantidad de goles de todo el certamen. AIK consiguió apenas 25 tantos en 26 partidos, dos por debajo de Bollklubben Häcken (penúltimo) y uno menos que Östers Idrottsförening (último), los dos conjuntos que descendieron. El secreto del triunfador estuvo en los goles en contra: sólo recibió 15, casi la mitad del segundo menos vencido.

Descenso extraordinario

Nunca un equipo logró una performance tan increíble como la que encarnó Manchester City F.C. en las temporadas 1936/37 y 1937/38 de la Primera División de Inglaterra. El equipo «celeste» fue el máximo goleador de ambos torneos, con un desenlace diametralmente opuesto: ¡fue campeón en el primero y descendió en el segundo! En el primer certamen, Manchester City sumó 107 tantos, que bastaron y sobraron para calzarse la corona. El segundo de la tabla, Charlton Athletic F.C., apenas reunió 58, casi la mitad. Una temporada después, los gritos «citadinos» bajaron a 80, aunque de todos modos fueron un récord para la categoría. Manchester City reunió, por ejemplo, tres goles más que el campeón, Arsenal, y 25 más que el octavo, Sunderland AFC, que apenas logró 55. Además, consiguió victorias rimbombantes: a Derby County F.C., 13 en la tabla general, lo aplastó 6-1 en casa, Main Road, y 7-1 como visitante. Empero, tanta eficacia en la red resultó inútil, porque Manchester City quedó penúltimo, 21 entre 22 contendientes, y descendió junto con West Bromwich Albion F.C., el colista. Un desenlace injusto para un equipo tan efectivo, que jamás se repitió.

Arco cambiado

El mejor lugar para defender es el área contraria.

JOCK STEIN

En este libro se citó la frase de Eduardo Galeano que califica el gol como «el orgasmo del futbol». Por supuesto, esta referencia comprende de manera exclusiva la alegría que significa vulnerar la meta rival. Difícilmente un jugador pueda disfrutar al marcar... en el arco propio. No hay crimen peor para la grey de la pelota. Cuando la pasión doblega la razón, los infortunados zagueros son burlados, insultados, amenazados, agredidos y hasta llegan a pagar con su vida el pecado de equivocarse de meta. Un precio demasiado alto, como el que afrontó Andrés Escobar por anotar el autogol que eliminó a Colombia del Mundial de Estados Unidos 1994. Escobar fue acribillado a tiros a la salida de una discoteca de Medellín por Humberto Muñoz Castro —guardaespaldas de dos empresarios sospechados de mantener vínculos con el narcotráfico—, quien, mientras disparaba, le recriminaba su desventurada acción.

En el capítulo sobre goleadas asombrosas se describió el caso del equipo Stade Olympique de l'Emyrne de Madagascar, en el que 149 tantos fueron anotados en contra de forma deliberada. Descartada esta excepcional situación, los «autogoles» genuinos generan dos estados de ánimo opuestos: decepción-bronca en el equipo desfavorecido, entusiasmo-risa en la escuadra que recibe tan inesperado regalo. De hecho, se han registrado casos de equipos que han ganado un encuentro sin tirar una sola vez al arco rival, gentileza de un traspié del oponente. Uno de los más célebres de los últimos tiempos se produjo en la victoria de Granada C.F. sobre Real Madrid C.F., por la Liga de Primera División de España, en febrero de 2013. La escuadra andaluza se impuso 1-0 sin rematar a la valla «merengue», con un único tanto en contra marcado, vaya paradoja, por la gran estrella y máximo goleador de la institución capitalina: el portugués Cristian Ronaldo.

Algunos autogoles son el resultado de la mala fortuna, como un mal pique o un rebote inesperado. Otros, en definitiva, de la tosquedad de los protagonistas. Aquí repasaremos los más inconcebibles.

Uno por dos

La minuciosa investigación efectuada para la elaboración de este trabajo se topó con un hecho único: un gol adjudicado a dos futbolistas. El registro oficial de la Football Association de Inglaterra otorgó un tanto del club londinense Chelsea F.C., conjuntamente, cincuenta y cincuenta —o, para decirlo de forma más apropiada, «fifty-fifty»—, a Jack Froggatt y Stan Milburn. La asombrosa y excepcional conquista se produjo el 18 de diciembre de 1954 en el estadio Stamford Bridge de la capital británica y así fue asentada en la planilla por el árbitro Arthur Ellis. Para que la infrecuente situación haya adquirido un carácter todavía más extraño, hay que resaltar que Froggatt y Milburn no vestían la camiseta de Chelsea, sino la de Leicester City F.C., el rival del club londinense esa tarde. Con marcador todavía en blanco, los dos defensores se lanzaron a despejar un centro rival con voraz presteza, decidida impericia y, por supuesto, pésima suerte. La pareja alcanzó la pelota en el mismo instante para armar un ridículo sándwich de pie que mandó el esférico derechito hacia la red del arco que defendía su sorprendido compañero escocés John Anderson. Chelsea se impuso ese día por 3 a 1, mas el bronce quedó para la apertura del marcador: el único gol de la historia anotado por dos jugadores distintos y, encima, ¡en contra!

Los primeros

Gershom Cox, defensor de Aston Villa F.C., quedó inmortalizado como el autor del gol inaugural de la liga inglesa, el 8 de septiembre de 1888. Ese día, el club de Birmingham visitó en el estadio Dudley Road a Wolverhampton Wanderers F.C. para abrir el primer campeonato «todos contra todos» de la historia del futbol, ya que hasta entonces sólo se disputaba la Football Association Cup, con partidos de eliminación directa. Desafortunadamente, ese tanto no fue a favor de los «villanos»... sino de Wolverhampton. A través de un rechazo defectuoso, Cox venció a su compañero Jimmy Warner, quien así se convirtió en el primer arquero vencido de la novel liga. El delantero Albert Allen igualó el match y alivió, de alguna manera, las penas de sus compañeros.

La FIFA reconoce el fatídico tanto de Cox como el primer gol en contra «oficial». Sin embargo, existen registros que afirman que la «hazaña» del zaguero de Aston Villa tiene, al menos, un precedente. Luego de ganar la F.A. Cup de la temporada 1875/76, al derrotar en la final a Old Etonians F.C. 3-0, el portero escocés William Greig se retiró de Wanderers F.C., un equipo amateur londinense. Para cubrir ese vacío, los jugadores invitaron a incorporarse al equipo a otro escocés, Arthur Kinnaird. Este futbolista no sólo había jugado ya para Wanderers, sino que había marcado uno de los dos tantos con los que este club había obtenido la F.A. Cup en la final de 1873, frente a Oxford University AFC, el seleccionado de futbol de la famosa institución de altos estudios. Aunque se había desempeñado toda su carrera como delantero, Kinnaird aceptó reemplazar a su compatriota Greig en el arco. Quiso el destino que Wanderers se clasificara otra vez para la final de la F.A. Cup y que su rival en ese match culminante fuera, de nuevo, Oxford University. El duelo se desarrolló el 24 de marzo de 1877, ante unas 3.000 personas que llegaron al estadio Kennington Oval de la capital británica, a pesar de la persistente lluvia. A los 15 minutos, un córner a favor de Oxford fue cabeceado por el defensor Evelyn Waddington. Kinnaird voló, atrapó el balón y cayó al césped a centímetros de la línea de gol. Al tratar de incorporarse, resbaló sobre la hierba mojada por el aguacero y volvió a desplomarse, con tanta desgracia que terminó dentro del arco y con la pelota todavía atenazada por sus manos. Cuando parecía que el triunfo quedaba en poder de Oxford, el full-back William Lindsay igualó el marcador a solamente cuatro minutos del final. En el alargue, el atacante Jarvis Kenrick consiguió el gol que selló la victoria de Wanderers 2-1 y, al mismo tiempo, salvó el honor del desventurado Kinnaird.

El primer tanto en contra en un partido internacional lo marcó el galés William Bell ante Escocia, el 14 de marzo de 1881 en Wrexham, con una particularidad: ese día, su compañero John Morgan anotó otro unos minutos más tarde, para contribuir a un aplastante 1-5 en favor de los visitantes.

A nivel mundialista, el debut del «autogol» llegó recién en la tercera edición, Francia 1938. El 9 de junio de 1938 en el Parc des Princes de París, el suizo Ernst Loertscher venció accidentalmente a Willy Huber, el guardameta helvético, ante Alemania. Ambas escuadras habían igualado cinco días antes 1-1 en octavos de final, la primera instancia del torneo que, en ese momento, se disputaba a través de un cuadro de eliminación directa. En la revancha, Loertscher puso el 2-0 para los germanos a los 22 minutos —Willhelm Hahnemann había abierto la cuenta a los 8—, pero Suiza logró recuperarse y dio vuelta la historia 4-2 para avanzar a la siguiente ronda.

«Hat-tricks» fatales

C.A. Boca Juniors y C.A. San Lorenzo de Almagro se enfrentaron por primera vez el 7 de noviembre de 1915, en la cancha que los «xeneizes» tenían en esa época en la localidad bonaerense de Wilde, partido de Avellaneda. Esa edición inaugural del que, años después, sería uno de los clásicos más importantes del futbol argentino, tuvo al jugador visitante José Coll como el máximo goleador de la tarde, con tres tantos. Lamentablemente para Coll, quien actuaba como arquero en el cuadro de Boedo, las tres anotaciones ingresaron por el mismo marco que trataba de proteger. A los 30 minutos del primer tiempo, con el marcador en blanco, el guardameta desvió hacia la red un potente centro enviado por el puntero local Luis Ruggiero, quien debutaba ese mismo día. Ya en la segunda etapa, con Boca adelante 3-0 —habían aumentado los delanteros Adolfo Taggino y Antonio Galeano, a los 35 y 42 minutos respectivamente—, el portero salió a cortar un nuevo avance rival pero, tras una serie de rebotes que culminó en una de sus piernas, la pelota terminó entre las mallas. Minutos después, sumamente perturbado por su nefasta actuación, Coll atrapó la pelota y la mandó ex profeso al fondo del arco, hecho que determinó el quinto y último gol del match que sirvió como puntapié inicial del hoy tradicional duelo entre «xeneizes» y «cuervos».

Uno de los encuentros más extraños de la Bundesliga se produjo el 14 de diciembre de 2009, cuando se enfrentaron Borussia VFL 1900 Mönchengladbach y Hannoverscher Sportverein von 1896. Esa tarde, en Borussia-Park, hubo una catarata de goles: el tunecino Karim Haggui, del equipo visitante, abrió el marcador; luego marcaron el canadiense Rob Friend (Borussia), los marfileños Didier Ya Konan y Constant Djapka (Hannover), el estadounidense Michael Bradley (para el local), otra vez Ya Konan, el alemán Christian Schulz (Hannover) y nuevamente el tunecino. Así leído, Hannover se impuso por goleada, 2-6. Empero, los dos tantos de Haggui y el de Djapka fueron en contra, de modo que Borussia ganó el duelo 5-3. La Deutscher Fußball-Bund (la Federación Alemana de Futbol) inició una investigación para determinar si en ese match había ocurrido alguna anormalidad, como un eventual soborno o algún arreglo vinculado a las mafias de las apuestas ilegales. La única conclusión a la que se arribó es que Haggui y Djapka habían actuado incentivados... por su propia torpeza.

Otra calamidad equivalente padecieron los jugadores e hinchas de Sheffield Wednesday F.C., el 26 de diciembre de 1952. Los integrantes del equipo del centro de Inglaterra anotaron siete tantos, pero cayeron 4-5 ante West Bromwich Albion, que se benefició con la generosa tripleta.

Según los «libros de historia», a nivel profesional habría sólo tres jugadores «de campo» (para exceptuar al ya citado arquero José Coll) responsables de una vergonzosa «tripleta» en propia meta: uno es el argentino Jorge Ninjo, quien con su mala puntería ayudó a Clube Atlético Mineiro a derrotar 5-1 a Esporte Clube Democrata por el campeonato estadual de Minas Gerais de 1982.

Igual de deshonroso, aunque más frustrante, es el caso del belga Stan van den Buys, del desaparecido club Germinal Ekeren F.C. (en 1999 se fusionó con otra escuadra, Beerschot A.C., para formar Koninklijke Beerschot Antwerpen Club). El 22 de enero de 1995, Van den Buys contribuyó con su «hat-trick» para que su equipo cayera ante Anderlecht... ¡2-3! En síntesis, el conjunto de Amberes perdió aunque los cinco tantos del match fueron obra de sus propios hombres.

En 1958, en la ciudad colombiana de Manizales, Club Atlético Bucaramanga vencía 3-4 al equipo local, Deportes Caldas (hoy Once Caldas). Las tres anotaciones de la escuadra dueña de casa habían sido conseguidas por el mismo jugador, Orlando «Choclo» Martínez, quien vestía la camiseta de... ¡Bucaramanga! A sólo un minuto del final, el referí marcó un tiro de esquina para Caldas. Al entender que sus compañeros se distribuían de forma desordenada dentro del área para rechazar el ataque local, el delantero argentino Miguel Zazzini corrió hacia ellos y, a los gritos, ordenó a sus defensores:

«Por favor, marquen al "Choclo"». Con Martínez bien contenido, Bucaramanga logró mantener la victoria a pesar de la fatal jornada.

Atacando para el otro lado

Al menos en tres oportunidades, absurdos intentos por «mejorar» los reglamentos de las competencias provocaron que un equipo intentara hacerse un gol en contra para mejorar su situación y su rival, por el contrario, luchara por impedir esa conquista. En la edición de 1994 de la Shell Caribbean Cup, Barbados superaba a Grenada por 2 a 1, pero necesitaba un triunfo por dos goles de diferencia para pasar de ronda. Como el reglamento precisaba que, en caso de igualdad, debía jugarse una serie de penales, que otorgaba al vencedor un marcador final de 2-0, los muchachos de Barbados, apremiados, se hicieron un tanto en contra para alcanzar su objetivo desde los once pasos. Sus rivales de Grenada, que con la diferencia mínima pasaban de ronda, intentaron copiar la estratagema y trataron de vulnerar su propia portería. Ahí se desmadró todo: el referí y los espectadores miraban asombrados cómo un equipo intentaba autogolearse y el otro, por el contrario, trataba de impedirlo. Barbados pudo finalmente evitar el tanto en contra de sus oponentes y llegó a la tanda de penales, donde consiguió la victoria 2-0 y la clasificación.

Un esperpento similar se vivió en la Tiger Cup asiática de 1998 entre las selecciones de Tailandia e Indonesia. En este caso, ambos equipos, ya clasificados, querían perder para no enfrentar a Vietnam, el país anfitrión, en la semifinal. En el estadio de la Ciudad Ho Chi Minh (antigua Saigón), Tailandia se impuso por 3 a 2 porque no pudo impedir que el jugador indonesio Mersyid Effendi batiera a su propio arquero, Yusuf Ekodon, en el último minuto. Como se preveía, la selección tailandesa fue vapuleada luego 3-0 por los dueños de casa. Pero la maniobra no fue tampoco positiva para Indonesia, que también perdió, con Singapur, 2-1. Posteriormente, los dos equipos fueron sancionados por la Asociación del Sudeste Asiático a pagar una multa de 20.000 dólares (Indonesia) y 10.000 dólares (Tailandia). También fueron suspendidos Ekodon y Effendi.

En Argentina, la cita tuvo lugar en el Campeonato Argentino de 1962, entre Mar del Plata y Necochea. El 29 de julio, en el estadio General San Martín, las dos escuadras bonaerenses jugaban la final de la Zona F. El equipo visitante se había impuesto en el match de ida por 3 a 1, y a pesar de que la vuelta terminó 2-2, no se clasificó: increíblemente, el reglamento de la competencia determinaba que no podía haber empates, y si los 90 minutos pasaban con el marcador igualado, debían jugarse otros 30 con gol de oro, luego una tanda de cinco penales (que sumaba cada tanto al marcador global) y, si todo seguía sin modificaciones, tirar una moneda. ¡De locos! Al iniciarse el suplementario, los de Necochea quisieron hacerla fácil: mandarse un gol en contra para quedar arriba 5-4 en el marcador global y que todo acabara allí. En cuanto los marplatenses advirtieron la maniobra, se desató una batalla a trompadas y patadas entre jugadores, auxiliares e hinchas que habían ingresado a la cancha. El partido fue suspendido y los dirigentes acordaron que el suplementario se jugara a puertas cerradas y que, si Mar del Plata hacía un gol, todo se definiera en un tercer encuentro en Tandil. Y fue así nomás: ganó Mar del Plata y en Tandil el desempate terminó 1-1 en los 90 minutos y 4-4 en la serie de penales. Sí, entendió bien: la serie de penales culminó igualada y no se ejecutaron más disparos, sino que se arrojó una moneda a «cara o ceca». La «justicia divina» favoreció a Necochea, que casi queda afuera a pesar de sumar un triunfo y un empate en el «ida y vuelta» regular.

En los dos arcos

Muchos futbolistas protagonizaron una jornada agridulce al marcar dos tantos en un mismo partido, uno a favor, otro en contra. Sólo uno lo consiguió en una Copa del Mundo: el holandés Ernstus «Ernie» Brandts. El 21 de junio de 1978, en el estadio de C.A. River Plate, la jornada que cerraba el Grupo semifinal A empezó terrible para el defensor de la «naranja mecánica», que esa tarde vistió camiseta blanca. A los 18 minutos, Brandts intentó desactivar un ataque comandado por Marco Tardelli y, al barrer, no sólo mandó la pelota al fondo de su arco, sino también fracturó a su arquero Piet Schrijvers. A los 5 minutos del segundo tiempo, Brandts, decidido a lavar su honor, se fue al ataque y, tras un rebote fuera del área «azzurra», clavó un feroz zapatazo en el ángulo derecho del portero rival Dino Zoff. Arie Haan, con otro tremendo disparo de 30 metros que entró junto al poste izquierdo, le dio a Holanda la victoria y la clasificación para la final ante Argentina.

El sábado 25 de septiembre de 1976, por la Segunda División inglesa, Sheffield United F.C.-Blackburn Rovers F.C. y Plymouth Argyle F.C.-Bolton Wanderers F.C. finalizaron 1-1. En ambos casos, los dos tantos provinieron de un mismo hombre, curiosamente del equipo local: Colin Franks y Paul Mariner, respectivamente.

Con alguna variante en el tanteador, esta particular coincidencia ocurrió en la fecha 14 del Campeonato Clausura argentino de 1997: en los encuentros C. Gimnasia y Esgrima La Plata 3-C. A. Gimnasia y Esgrima de Jujuy 2 y C.A. Banfield 2-C.A. Platense 2, Guillermo Sanguinetti y Néstor Craviotto —también jugadores de las escuadras locales— anotaron en los dos arcos, con una particularidad extra: ambos actuaban en el mismo puesto, marcador lateral derecho, y con el mismo número en la espalda, el «4».

De vuelta en Inglaterra, el 5 de octubre de 1974, el estadio londinense White Hart Lane fue escenario de una situación desopilante. En apenas 20 minutos, el capitán de Tottenham Hotspur F.C., Mike England, venció dos veces a su propio arquero, Pat Jennings, en favor de su rival, Burnley F.C.: primero, al empujar a la red un centro de Ian Brennan; luego, al desviar un disparo de Paul Fletcher. El equipo local descontó mediante John Pratt y, a ocho minutos del final, el avergonzado England fue hasta el área rival, cabeceó un córner de Jimmy Neighbour e igualó el duelo. Pero la suerte estaba echada y lo que había comenzado como una tarde aciaga para Tottenham terminó en una verdadera pesadilla. En la última jugada, el delantero visitante Leighton James disparó su último cartucho hacia el arco de Jennings: la pelota cambió su trayectoria al pegar en John Pratt y terminó dentro del arco, para regalarle la victoria a Burnley. Un infausto match de Tottenham, que marcó cinco goles para caer 2-3.

Sin embargo, en esta categoría, la medalla de oro la ganó el norirlandés Chris Nicholls, de Aston Villa F.C., quien el 20 de marzo de 1976, por la Primera División inglesa ante Leicester City F.C., metió cuatro goles. El encuentro terminó... ¡2-2!

Los más rápidos

El defensor inglés Pat Kruse, del club Torquay United F.C., se adjudicó una extraña marca: haber convertido el gol en contra más rápido en la historia del futbol profesional en todo el mundo. La desafortunada «hazaña» fue alcanzada el 3 de enero de 1977, día en el que Torquay recibió en su estadio, Plainmoor, a Cambridge United F.C., por la Cuarta División inglesa. Kruse doblegó a su propio arquero al cabecear hacia atrás un centro enviado por un jugador rival a sólo seis segundos del pitazo inicial. El zaguero tuvo suerte: sus compañeros se esmeraron y, a pesar del madrugón, alcanzaron un respetable 2-2.

En la Copa del Mundo, el récord está en poder del paraguayo Carlos Gamarra. El 10 de junio de 2006, en Frankfurt (Alemania), el defensor guaraní venció a su compañero Justo Villar a los 2 minutos 45 segundos, al peinar para atrás un centro desde la izquierda de David Beckham. A diferencia de Kruse, a Gamarra no lo socorrió nadie y la escuadra guaraní cayó por 1-0.

Negativos

No hay registros confiables respecto de quién es el futbolista profesional con la mayor cantidad de autogoles en todo el mundo, debido a que muchas veces los tantos son adjudicados al último atacante en disparar a la portería. Empero, en Inglaterra señalan al jamaiquino Frank Sinclair como el presunto dueño de esta negra marca. A Sinclair —quien visitó las camisetas de Chelsea F.C., West Bromwich Albion F.C. y Leicester City F.C. en la Premier League, antes de proseguir varios años en categorías de ascenso— se le atribuyen, al menos, 26 anotaciones en contra en 22 años, algunas de ellas con la selección caribeña. Si se tiene en cuenta que este defensor consiguió sólo 15 tantos «positivos», su registró goleador es de... ¡menos 11! Este récord eclipsó el de Billy Balmer, quien en 293 partidos con Everton —entre 1897 y 1908— logró 8 en contra y sólo uno a favor, mediante un tiro penal.

Pelotazo en contra

El duelo se moría. Esa tarde, 17 de diciembre de 1955, Blackpool F.C. había sido poca cosa en Highbury, feudo del poderoso Arsenal F.C. londinense. Jimmy Bloomfield, Vic Groves, Cliff Holton y Derek Tapscott habían marcado los tantos de una paliza 4-0 que estaba a punto de concluir. En esos últimos instantes, el hábil defensor local Denis Evans recuperó una pelota casi en la media cancha y, por efecto de la jugada, quedó de frente a su portero, Con Sullivan. Sonó el silbato y Evans, tal vez goleador frustrado de la jornada, sacó un fuerte disparo de casi 35 metros que se clavó junto al travesaño de su propio arco. Sullivan voló para rechazar el pelotazo, pero nada pudo hacer para evitar el descuento del equipo visitante. ¿Cómo «descuento»? Ocurrió que el pitazo escuchado por Evans no provino del árbitro, sino de un chistoso sentado en la tribuna. El referí convalidó el tanto y, un segundo después, volvió a soplar su silbato para dar por terminado el encuentro. Evans pudo quitarse el mal sabor al año siguiente, al ser designado para ejecutar los penales. Así, consiguió 12 goles «a favor» en 189 presentaciones con la camiseta de los «gunners».

Como con la mano

Después de 16 años, el estadio St. Andrews era otra vez escenario del clásico de la ciudad de Birmingham: Birmingham City F.C.-Aston Villa F.C., uno de los duelos más fogosos de Inglaterra. Ese 16 de septiembre de 2002, los dueños de casa, que habían deambulado por la Segunda y hasta la Tercera División antes de retornar al círculo de honor, y habían sufrido durante una década y media las ácidas bromas de sus rivales, abrieron el marcador a los 31 minutos gracias a un disparo de Clinton Morrison. Pero la gran revancha para «los azules» llegaría en la segunda mitad, a los 77: el lateral derecho de Aston Villa, el sueco Olof Mellberg, realizó un saque lateral hacia su arquero, el finlandés Peter Enckelman. El portero, tal vez confiado, quizá nervioso porque la igualdad no llegaba, intentó detener el balón con su pie izquierdo, pero el esférico se escurrió por debajo de su suela y terminó dentro del arco. Tras el partido, Enckelman aseguró no haber tocado la pelota —las imágenes de la televisión parecen darle la razón—, por lo que el referí David Elleray debió haber anulado el tanto y, como indica el reglamento —«si el balón entra en la meta del ejecutor directamente de un saque de banda, el árbitro deberá conceder un saque de esquina»—, marcado un tiro desde el córner para el conjunto anfitrión. «Traté de controlar el balón, pero pasó por debajo de mi pie sin que yo lo tocara», explicó el finés, quien admitió que ése fue «el peor momento de mi carrera». La bizarra situación fue coronada por un hincha de Birmingham City, que saltó a la cancha —como en la mayoría de los campos de Europa, no había alambrada olímpica— para burlarse del infeliz arquero con gestos groseros y hasta una cachetada socarrona. Aston Villa perdió ese día 3-0, pero para Enckelman, al menos, hubo una pequeña revancha: el fanático que se había mofado de él, Michael Harper, fue condenado por un juez de Birmingham a cuatro meses de prisión y seis años sin poder acudir a un partido de futbol. Peor es nada.

Regreso del infierno

¿Qué otra cosa se puede decir del delantero inglés de Stoke City F.C. Jonathan «Jon» Walters? El sábado 12 de enero de 2013, Walters vivió una pesadilla ante Chelsea F.C.: en apenas 90 minutos, ¡marcó dos goles en contra y erró un penal! Con tanta ayuda (involuntaria), el equipo londinense no tuvo ningún problema para imponerse por 0-4. Pero el futbol —afirma uno de los axiomas tribuneros— siempre da revancha y el infausto goleador la tuvo: tres días más tarde, por la cuarta ronda de la F.A. Cup, Stoke derrotó a Crystal Palace F.C. 4 a 1. Los primeros 90 minutos de este encuentro —que, al igual que el duelo con Chelsea, se disputó en el estadio Britannia—, habían finalizado 1-1. En el tiempo extra, Walters marcó dos tantos, que sellaron la victoria local y disiparon los negros nubarrones del fin de semana.

El descuido

El arquero galés de Leeds United AFC, Gary Sprake, descolgó el centro enviado desde la esquina e intentó lanzar rápidamente el balón, con su mano derecha, hacia su compañero Terry Cooper, para iniciar un eficaz contragolpe. Pero, cuando ya había iniciado el movimiento para pasar la pelota, el portero notó que Cooper era marcado por el extremo izquierdo de Liverpool F.C. Ian Callaghan. Sprake intentó, a la desesperada, frenar el envío, mas su esfuerzo fue inútil: al plegar el brazo, la pelota se le escapó de la mano, hacia atrás, y terminó... ¡dentro de su arco! Un gol en contra insólito que provocó carcajadas a los 40.000 hinchas «rojos» que, esa tarde de diciembre de 1967, colmaban Anfield Road. Ese tanto, marcado a los 44 minutos, cerró la primera mitad con un 2-0 para la escuadra local.

En el entretiempo, mientras el entrenador Don Revie y el resto de los jugadores de Leeds intentaban calmar al desconsolado Sprake, el cruel encargado de la locución y el sonido del estadio hizo sonar, desde su tocadiscos, la canción «Careless hands» («Manos descuidadas») de Des O'Connor. Desde entonces, cada vez que el galés salió a la cancha —las siguientes seis temporadas con Leeds y otras dos con Birmingham City F.C.—, las hinchadas rivales lo recibieron entonando las estrofas de «Careless hands».

¿Para qué viniste?

En 1884, se puso en juego por primera vez la Football Association Amateur Cup (Copa Amateur de la Asociación de Futbol), un certamen que no permitía la participación de clubes o futbolistas profesionales y que convocó, en general, equipos de escuelas secundarias o universidades. A su primera final llegaron Old Carthusians Football Club —un equipo conformado por estudiantes del Charterhouse School del condado de Surrey— y Casuals Football Club, que era integrado mayormente por muchachos de dos colegios de Londres: Eton y Westminster. Old Carthusians arribó al match culminante tras derrotar en semifinales a Bishop Auckland 5-1, mientras que Casuals había vencido 1-0 a Sherwood Foresters.

El 7 de abril, en el Richmond Athletic Ground, los dos equipos se presentaron puntualmente para iniciar el duelo, pero uno de ellos, Casuals, sólo tenía diez hombres: el que faltaba, Lewis Vaughan Lodge, había perdido su tren desde la capital inglesa, distante a unos 10 kilómetros. El árbitro tuvo la amabilidad de esperar 20 minutos, pero como Lodge no aparecía y los 3.500 espectadores se impacientaban, ordenó el inicio del match. A pesar de la desventaja, fue Casuals el que abrió el marcador, por intermedio de su «fullback», Charles Hatton, a los 9 minutos. Poco después, Lodge apareció, se cambió e ingresó a la cancha para completar su equipo, que continuaba al frente. Tal vez porque estaba frío, posiblemente alterado por su impuntualidad, la primera pelota que tocó Lodge terminó dentro del arco... de Casuals. Old Carthusians se impuso finalmente 2-1 y se consagró como el primer campeón de la F.A. Amateur Cup. Los compañeros de Lodge, en tanto, se ducharon, cambiaron y enfriaron sus cabezas antes de preguntarle al demorado futbolista «¿por qué demonios no te quedaste en casa?».

A las corridas

Todo lo que sea programático en el mundo de la acción, donde aparece lo inesperado, no tiene mucho sentido. Vos elaborás una táctica para tu día, pero te aparece algo imprevisto y a la mierda la táctica.

César Menotti

A todos nos ha pasado. Un inoportuno retorcijón primero incomoda, luego fastidia y finalmente se vuelve insoportable. Nada se puede hacer ante semejante flagelo. Mucho menos, jugar al futbol. El 12 de abril de 1999, Fabián Binzugna, arquero del Club Deportivo Morón, le solicitó al árbitro Rubén Favale que suspendiera provisoriamente el partido ante CSD Defensa y Justicia, por la B Nacional argentina, porque los dolores de intestino lo tenían a maltraer. A los 25 minutos del segundo tiempo, el club del oeste del conurbano bonaerense ya había realizado los tres cambios y el inodoro más cercano estaba en el vestuario, a unos 100 metros de la meta local. «Si tiene que ir al baño lo esperamos, es el arquero», explicó Favale, piadoso frente a los cólicos que atormentaban a Binzugna. El juego se detuvo, pero no los pies del golero, que huyó hacia los sanitarios. Camino a los camarines, Binzugna fue asistido por el preparador físico del equipo, que lo ayudó a quitarse los guantes y el buzo. Pero, cuando nada parecía interponerse con el alivio, Binzugna descubrió con pavor que los tres inodoros del vestuario estaban ocupados por quienes habían sido reemplazados minutos antes: los zagueros Gonzalo Martínez y Luciano Kirokián, y el delantero Fernando Rodríguez. Al enterarse del apremio de su compañero, Rodríguez, el menos urgido, le dejó su lugar a Binzugna, quien se quitó rápidamente de encima el problema y retornó a la cancha. Más atenuado, el guardavallas opinó al término del encuentro que su necesidad habría sido producto de una intoxicación alimenticia grupal, porque la indisposición había alcanzado también, al menos, a sus tres camaradas de retrete. Uno que la ligó de rebote fue el pobre utilero de Morón, que debió soportar en carne propia (en sus pies, en verdad) el malestar de Martínez, porque el defensor no tuvo la suerte de llegar a tiempo al excusado.

Dos años antes, casualmente en la misma cancha, el arquero de C.A. Belgrano de la provincia de Córdoba, Darío Sala, padeció inaguantables retorcijones mientras se disputaba el primer tiempo ante Deportivo Morón, también por la segunda división de ascenso. Cada minuto que pasaba parecía interminable y los latigazos castigaban con más fuerza ese abdomen maltrecho. Llegó el final de la primera etapa y el desahogo, tras una rápida carrera hasta el vestuario. Pero al promediar la segunda mitad los rebeldes ravioles del mediodía que no habían querido dejar los intestinos del infortunado Darío reventaron, y ya no hubo forma de aguantar hasta el pitazo final. El espeso sufrimiento se liberó y escapó por una de las mangas del pantaloncito, justo arriba del punto del penal, que de blanco se volvió marrón. Sala se tiró al piso y actuó una lesión que ganó el Oscar gracias a la intervención «de reparto» del médico cordobés, los camilleros y el suplente Bernardo Ragg, quien entró en escena por el desventurado portero. En el último minuto, con el encuentro 4 a 2 para los visitantes, pasó lo que tenía que pasar: penal para Morón. Un valiente hombre del «gallito» se animó a colocar la pelota sobre la «montañita» y pateó decidido («total, los botines los lava el utilero», habrá pensado). El que no quiso saber nada fue Ragg, un portero de «guantes blancos»: se tiró para el otro palo. El triunfo ya estaba asegurado y, a esa altura, otro gol apenas significaba «una mancha más al tigre».

Fuerza mayor

Al club colombiano Once Caldas se lo conoce como «el blanco blanco» o «el equipo albo» por su uniforme tradicional. Por eso, fue una suerte para Jhon Viáfara que, para la primera final de la Copa Libertadores de 2004 ante Boca Juniors, jugada en La Bombonera de Buenos Aires el 23 de junio, la escuadra de Manizales hubiera elegido una vestimenta alternativa. Apenas sonó el silbato que dio comienzo al juego, Viáfara comenzó a sentir un malestar intestinal que, con el correr de los minutos, se volvió intolerable. «Deben ser las bebidas energéticas», pensó el mediocampista, que pidió al árbitro uruguayo Gustavo Méndez que detuviera el juego y le permitiera descomprimir su dolencia en el vestuario. Mas el juez se negó: esa licencia sólo está contemplada para el arquero. Viáfara no quería salir y dejar su equipo varios minutos con un hombre menos, en el encuentro más importante de su historia. Por ello, a los 30 minutos, decidió descargar sus tripas... ¡de pie y en medio del trascendental duelo! Fue una suerte para Jhon Viáfara que, esa noche, Once Caldas haya salido a la cancha con un conjunto completamente negro. Ni el implacable ojo de la televisión ni los hinchas notaron alguna anormalidad en el volante. Los que sí notaron que algo infrecuente ocurría fueron los jugadores locales, que debieron contener la respiración cada vez que les tocó marcar al aromático rival. En el entretiempo, el colombiano se quitó el problema —y la ropa original— de encima y su trabajo fue fundamental para que ese match terminara sin goles. Ocho días después, Viáfara abrió el marcador de la revancha, que terminó 1-1 y le permitió al club de Manizales obtener su primer título continental a través de una definición por penales. Ese glorioso día, Once Caldas sí lució su característico uniforme blanco, pero al goleador no le importó: su problema había quedado atrás.

Cábalas

Enrique Omar Sívori, un notable delantero que actuó en C.A. River Plate de Argentina y Juventus F.C. de Italia, cumplía religiosamente un rito: sentarse en un inodoro del vestuario antes de enfilar hacia la cancha, aun sin sentir la más ligera necesidad. Una tarde, contó el mismo Sívori, se replanteó la anormal situación: «No puede ser que me deje dominar por una cábala». Como no tenía ganas, salió a enfrentar su destino sin pasar por el retrete. No hubo nada que hacer. «No agarré una pelota en todo el primer tiempo. Cuando el referí pitó el final, salí corriendo y me metí en el baño. En el segundo tiempo la rompí».

El trascendental duelo de cuartos de final del Mundial de Italia 1990 entre Argentina y Yugoslavia había acabado sin goles después de 120 minutos de tensión. El encuentro debía definirse mediante disparos desde el punto del penal, mas el arquero sudamericano, Sergio Goycochea, no estaba en las mejores condiciones: tanta ansiedad y tantos minutos en el césped habían llenado su vejiga casi al punto de explotar. «Goyco» no tenía tiempo de correr hasta el vestuario del estadio Comunale di Firenze (que en 1993 fue bautizado Artemio Franchi), por lo que solicitó a sus compañeros que lo rodearan para cubrirlo de los ojos de los hinchas y las cámaras de televisión y poder descargarse sobre el mismo césped. Más distendido, el portero argentino desplegó una actuación extraordinaria y, con dos disparos atajados, le dio la clasificación a la escuadra albiceleste para la semifinal. En esa instancia, jugada en la ciudad de Nápoles, Argentina se cruzó con el país anfitrión y volvió a igualar otra vez tras 90 minutos y el alargue de 30, aunque 1-1. Antes de que comenzara la serie de penales, alguien le recordó a Goycochea lo que había ocurrido en Florencia (el entrenador argentino, Carlos Bilardo, era un supersticioso de diván que solía ordenar a sus dirigidos repetir determinadas situaciones que suponía promotoras de una victoria anterior), de modo que, por cábala, el portero fue rodeado otra vez por sus colegas y, aunque no estaba tan apremiado, se aligeró de nuevo sobre la hierba. Créase o no, Goycochea volvió a parar dos remates y Argentina llegó a la final. En ese encuentro culminante no hubo definición por penales, pero sí una polémica «pena máxima» para Alemania a solamente cinco minutos del final. Goyco no tuvo tiempo de repetir su conjuro. Pateó Andreas Brehme y anotó el único tanto del partido que consagró a la selección germana como campeona del mundo.

En 1993, por recomendación de un brujo, cuatro jugadores del club Tongogara F.C. repitieron la cábala de Goycochea en un estadio de Harare, la capital de Zimbabue. Pero, aquí, la suerte no acompañó: Tongogara perdió 2 a 0 y los cuatro muchachos fueron suspendidos «de por vida» por la Asociación de Futbol local, porque habían hecho sus necesidades, despreocupados, «de cara» a una tribuna repleta de hinchas rivales.

Epidemia

C.A. Platense había sido imparable. El equipo «marrón» le había dado un tremendo baile a C.A. Estudiantes, en su cancha de La Plata, durante el primer tiempo del encuentro disputado el 10 de mayo de 1942. El club visitante se había ido a descansar con un inapelable 0-3 a favor que había espantado del estadio a gran parte de los hinchas del «león». Durante el descanso, los jugadores visitantes brindaron por su notable rendimiento con mate cocido, una infusión muy popular en Argentina. Sólo que esta vez, en lugar de la yerba tradicional, que no pudo conseguirse, se utilizó una de origen brasileño para preparar la bebida. Al retornar al césped, los muchachos de Platense sintieron una inmediata descompostura intestinal que destruyó su resistencia. Con excepción de José Roberto Toledo, quien se había abstenido de beber el mate, diez «calamares» apenas si podían sostenerse en pie. Sin posibilidad de realizar cambios, no permitidos aún por el reglamento, el buen juego de Platense se diluyó y Estudiantes se impuso por un sorprendente 7 a 3. Aunque el pitazo final sonó a las 17, el micro con los futbolistas derrotados recién pudo salir a las 20: los inodoros del vestuario habían sido harto insuficientes. Los casi 60 kilómetros desde La Plata a la ciudad de Buenos Aires fueron interminables. El ómnibus debió efectuar varias paradas «técnicas» en bares linderos al camino. El mate cocido no volvió a prepararse para el entretiempo «calamar».

El 11 de octubre de 1992, la selección de Etiopía llegó a la ciudad de Casablanca con grandes esperanzas de obtener un buen resultado ante Marruecos, en el partido inaugural de la clasificación africana para el Mundial de Estados Unidos de 1994. Pero, con el correr de los minutos, la escuadra visitante comenzó a perder jugadores, afectados por una brutal diarrea que habría sido generada por un almuerzo con alimentos en mal estado. El técnico se vio obligado a realizar los dos cambios permitidos en muy pocos minutos, mas la epidemia prosiguió y los «waliya boyz» siguieron cayendo como moscas. El partido fue suspendido a los 55 minutos, con el marcador 5-0 y sólo seis etíopes en la cancha. El resto de los muchachos se peleaba por ocupar uno de los tronos del camarín.

Otra complicación alimentaria —en este caso, por pescado putrefacto— diezmó a Stoke City F.C. cuando se presentó en el estadio Anfield Road de Liverpool F.C., el 4 de enero de 1902. Stoke terminó el juego con sólo siete jugadores en la cancha y un 7-0 adverso en el marcador. El gran beneficiado de la tarde fue Andy McGuigan, quien se aprovechó de la desgracia ajena para convertirse en el primer futbolista de Liverpool en anotar cinco goles en un solo match.

C.A. Ciclón, de la ciudad boliviana de Tarija, directamente no se presentó a enfrentar a Atlético Pompeya en el estadio Yoyo Zambrano de Trinidad, por la semifinal de la Copa Simón Bolívar de 1999 que otorgaba el ascenso a Primera División. Todos los futbolistas de Ciclón habían quedado perturbados por una aguda diarrea general. En este caso, los dirigentes de Ciclón denunciaron a la prensa que sospechaban de alguna maniobra perpetrada por «gente vinculada» a la institución rival. Atlético Pompeya pasó de ronda y luego ascendió al vencer a Mariscal Braun.

Gol dorado

Cuando se pelean instancias importantes, donde todo se define en un duelo «a todo o nada», los partidos suelen extenderse más de la cuenta. Y, entre tanto cambio de lado, no hay tiempo para nada. En abril de 2000, Surnadal Idrettslag (de la Tercera División) y Sunndal Fotball (de la Segunda) no se sacaban diferencias en el estadio Syltøran, donde se enfrentaban por la Copa Nacional de Noruega. Pasados los 90 minutos y el primer alargue de 15, el marcador continuaba en blanco. Con tanto nervio, el arquero local, Olav Fiske, impedido de correr hasta el vestuario, decidió eliminar algo de la «tensión» detrás de su portería. Pero el juez no se dio cuenta de esta circunstancia y silbó para permitir que Sunndal sacase desde el centro. El avezado centrocampista Oddvar Torve notó que Fiske continuaba en su asunto y lo aprovechó: lanzó directamente desde el círculo central y la pelota se introdujo mansamente en el arco. «Esta situación me causó una gran vergüenza», aseguró el humillado portero a la prensa después del singular match. Sunndal avanzó hacia la siguiente ronda, y los dirigentes del Surnadal reclamaron la anulación del encuentro y su reprogramación, no por la «macana» de su guardameta, sino por considerar que el referí autorizó la reanudación sin advertir que Fiske no estaba preparado. Su queja fue desestimada por la Federación escandinava, que tomó como legítimo un gol que, más que de «de oro», había sido «dorado».

Los hermanos no sean tan unidos...

Al término del encuentro entre Instituto Atlético Central Córdoba y C.A. Unión de Santa Fe, jugado en el estadio mundialista de Córdoba el 5 de julio de 1981, el volante local Raúl de la Cruz Chaparro concurrió al baño del vestuario para someterse al control antidóping. Como el pequeño jugador se demoraba, el médico Christian Quijano, responsable del procedimiento, se acercó al cubículo para verificar lo que ocurría. Allí, el facultativo descubrió que Raúl había pasado el frasco a su hermano Rolando, también futbolista de Instituto, para que cumpliera con el trámite en su lugar. Según un comunicado de la AFA difundido el miércoles siguiente, Quijano impidió la maniobra y reclamó a Raúl que actuara de acuerdo con el reglamento. Esta acción fue negada por Raúl, quien reconoció que tanto Rolando como otro compañero, Juan José Meza, habían ingresado a ese cuarto «porque era el único baño que había».

La ayuda

La intención del árbitro Thomas Essbach, de la desaparecida República Democrática Alemana, no era mala. La situación del jugador Carsten Saenger —18 veces integrante de la selección del ex Estado socialista— le daba pena: llevaba casi una hora y no podía cumplir con el control antidóping porque el pis no venía. Saenger tomaba agua a mares, pero la deshidratación sufrida durante el encuentro por la liga local no aflojaba. «A ver, pibe, yo te ayudo», le dijo cómplice Essbach, y llenó el tarrito por el «seco» futbolista mientras los responsables de la prueba miraban para otro lado. La trapisonda saltó dos días después, cuando la muestra de orina dio «positivo». El referí había olvidado que se había tratado contra un resfrío con un medicamento que contenía sustancias que figuraban en la lista de productos prohibidos por la FIFA. Saenger y Essbach admitieron finalmente la travesura y ambos fueron sancionados. El saber popular afirma que, a veces, «es peor el remedio que la enfermedad».

El pis de Dios

En 2003, 12 años después de la salida de Diego Maradona del club italiano SSC Napoli, el ex presidente de esa institución Corrado Ferlaino lanzó una bomba... de orina. En una entrevista con el diario napolitano *Il Mattino*, Ferlaino aseguró haber «salvado por lo menos diez veces» a Diego Maradona de dar positivo en el control antidóping. Precisó que solía entregarle al «10» una botellita de goma rellena de orina limpia, de otra persona, para eludir los análisis. El ex dirigente describió que, en el vestuario, Maradona recibía el envase, lo escondía en el pantalón y, cuando estaba dentro de la habitación destinada al procedimiento, en vez de orinar dentro del frasco, volcaba en él el contenido del recipiente. Cuando trascendieron las palabras de Ferlaino, varios ex jugadores reconocieron en distintos medios de prensa que, en esa época, generalmente estaban solos dentro del cuarto al momento de cumplir con el test antidrogas. Lo curioso de la confesión del napolitano fue su comentario para el resultado positivo del test realizado a Maradona luego del partido con Associazione Sportiva Bari, el 17 de marzo de 1991, en el que se detectaron restos de cocaína. Ferlaino explicó: «Pese al truco, Diego ese día dio positivo. Luciano Moggi (en ese momento director deportivo de Napoli) le había preguntado si estaba en condiciones y él respondió: "Sí lo estoy, va todo bien". El hecho es que los cocainómanos se mienten a sí mismos». Un tránsfuga. Sin embargo, el abogado de Maradona, Giovanni Verde, le hechó tierra encima a su propio cliente, al declarar que el «10» fue víctima de «una conspiración. Estoy convencido de que Diego fue traicionado. El creía que nunca lo podrían sorprender en el antidóping. Le tendieron una trampa para hacerle rescindir el contrato, que incluía una cláusula así en caso de una suspensión por doping», denunció. Verde, otro mamarracho, omitió, claro, que la emboscada habría sido inútil si la orina de Diego hubiera salido limpia de drogas.

Copa de la que no has de beber...

A diferencia de la mundialista o la Libertadores, la Copa de Italia tiene forma de vaso. Como sagrado cáliz, cada año el trofeo es llenado de champagne (o «prosecco», el delicioso espumante local) por el equipo campeón, para que todos los futbolistas beban, literalmente, el néctar de la victoria. Esta tradición de brindar con burbujas por el triunfo es común en todos los torneos italianos, por lo cual el galardón siempre tiene forma de copa. Por eso, resultó asquerosa la manera que encontró el jugador Antonio Bassi para destilar su bronca por la derrota. El 6 de julio de 2008, A.S. Polisportiva Bellani venció a U.S. Limite e Capraia en la final del certamen toscano Memorial Trapassi, reservado para chicos de 17 años, jugada en el Campo Sportivo Comunale de la ciudad de Montecalvoli. Terminado el duelo, Bassi, uno de los muchachos vencidos, se acercó al trofeo y, mientras sus rivales, el público y los directivos se encontraban distraídos por la «vuelta olímpica»... ¡orinó dentro de la copa! El irrespetuoso futbolista fue suspendido por cuatro meses y su club, castigado con una multa de 300 euros. La ceremonia de premiación, desde luego, debió ser postergada. El trofeo fue entregado unos días después, bien lavadito. Pero, por las dudas, nadie se atrevió a brindar con él.

Celebraciones célebres

El futbol es libertad.

Bob Marley

«Los actos extravagantes de júbilo no deben ser sentenciados como corrupción de nuestro deporte. ¿No es justamente la alegría ante el gol obtenido, el júbilo incontenible por la victoria, la emoción exuberante (la cual, gran parte de los seres de nuestra época sólo es capaz de expresar en los estadios) que aportan la mayor parte del éxito mundial del futbol? La alegría del goleador es uno de los aspectos más naturales del deporte, una culminación repetitiva para cada futbolista, un clímax emocional que puede gozar sólo si lo puede compartir con los espectadores. Las emociones positivas como júbilo espontáneo no deben ser deslustradas con un acto de punición. Sancionar el entusiasmo con tarjetas amarillas no corresponde al espíritu de nuestro juego. Los goles deben ser festejados como vienen. Continuemos regocijándonos libremente por la alegría en los goles y por el placer en el futbol». Es seguro que, si se le pregunta al lector quién ha sido el autor de estas declaraciones, no acertará el nombre correcto aunque cuente con decenas de oportunidades para responder. Estos conceptos corresponden al presidente de la FIFA, Joseph Blatter, y fueron publicadas en la revista *FIFA Magazine* de diciembre de 1984, cuando el suizo ocupaba la secretaría general de la entidad rectora del futbol. Años después, estas declaraciones son una curiosidad en sí mismas, porque es exactamente la FIFA la que ha puesto límites a esos mismos «actos extravagantes» ponderados por Blatter. La regla 12 del código futbolero, referida a «faltas e incorrecciones», advierte que «por más que esté permitido que un jugador exprese su alegría cuando marca un gol, la celebración no deberá ser excesiva. Se permiten celebraciones razonables. Sin embargo, no se deberá alentar la práctica de celebraciones coreografiadas si éstas ocasionan una pérdida de tiempo excesiva. En dicho caso, los árbitros deberán intervenir. Se deberá amonestar a un jugador si, en opinión del árbitro, hace gestos provocadores, irrisorios o exaltados; se trepa a las vallas periféricas para celebrar un gol; se quita la camiseta por encima de su cabeza, o se cubre la cabeza con la camiseta; se cubre la cabeza o cara con una máscara o artículos similares». Se aclara que «el hecho de salir del campo para celebrar un gol no es en sí una infracción sancionable con amonestación, pero es esencial que los jugadores regresen al terreno de juego tan pronto como sea posible. Se pretende que los árbitros actúen de forma preventiva y utilicen el sentido común al encarar las celebraciones de gol». Estas normas son generalmente acatadas. Pero, siempre hay algún vivaracho que, sobrepasado por el éxtasis, desencadena su frenesí sin pensar en las consecuencias.

El abrazo partido

En enero de 1989, el campeón venezolano Club Sport Marítimo igualaba como local 1-1 con Arroceros de Calabozo F.C., en ese momento el conjunto más modesto de la Primera División de la nación caribeña. Cuando el match parecía consumirse en tablas, el delantero brasileño Edilberto consiguió el tanto que le otorgó el triunfo a Marítimo. La conquista desató la euforia de Edilberto, quien, feliz con su puntería, se abrazó con el primero que se cruzó en su alocada carrera. Y el primero fue, vaya destino, el árbitro Antonio López. Cuando se recuperó de la inesperada muestra de afecto, el referí extrajo su tarjeta roja y echó al cariñoso goleador. Un insensible, don López.

Festejo interrumpido

En 1998, los jugadores de C.A. Talleres de la localidad de Remedios de Escalada —en el sur del conurbano de la ciudad de Buenos Aires— recurrían cada sábado a graciosas e innovadoras galas para celebrar los tantos. El delantero Sergio Bonassiolle era uno de los promotores del show: de sus medias salió todo tipo de cotillón, como anteojos de goma, y hasta cartas españolas para jugar al «truco» con sus compañeros. La máxima producción la cristalizaron con los cartelitos que se utilizaban para anunciar los cambios: en sus reversos escribieron letras para formar la frase «qué golazo» después de una conquista. El ingenio fue avanzando proporcionalmente con la cantidad de tarjetas amarillas que se cargaban a la cuenta de los artilleros de Talleres, hasta que una tarde, poco antes de salir por el túnel, un árbitro les advirtió que, si se les iba la mano con la alegría amonestaría tanto al goleador como a quienes se sumasen a la fiesta. ¡Justo ese día habían escondido al costado de la cancha once enormes sombreros de copa con los colores rojo y blanco tradicionales del club! Los gorros quedaron bien guardados.

Con la ayuda de mis amigos

El superclásico C.A. Boca Juniors-C.A. River Plate es, sin lugar a dudas, el partido más caliente de la temporada del futbol argentino. El que se disputó el 12 de marzo de 1972, en cancha del equipo «millonario», por el Campeonato Metropolitano, fue más fervoroso aún. Los goles visitantes cayeron unos tras otros de la mano —o los pies— de Ramón Ponce y Hugo Curioni, condimentados con festejos interminables que incluían corrosivas burlas hacia los rivales e hinchas locales. Las desmedidas muestras de alegría fueron advertidas por el referí Juan Carlos Rodríguez, quien llamó al capitán xeneize, Silvio Marzolini, y le advirtió que no toleraría otra celebración desmesurada. Boca marcó el cuarto, y Marzolini poco pudo hacer para impedir que sus compañeros dieran, otra vez, rienda suelta al alborozo. El árbitro, hastiado de tanto carnaval, expulsó al desventurado capitán, que tuvo que pagar por la locura de sus camaradas.

En bolas

Para algunos casos, las amonestaciones y expulsiones se quedan cortas y, más que enviarlos a las duchas, a los efusivos celebradores habría que conseguirles una cita con el psicólogo. En diciembre de 1995, en el departamento paraguayo de Guairá, el centrodelantero de la selección de Villarrica, Carlos Román, no encontró mejor forma para festejar su gol que bajarse los pantalones hasta las rodillas. «No sé qué me pasó. Eludí al arquero, entré al arco con la pelota en mis pies y me emocioné», intentó explicar el desenfadado atacante, que fue expulsado inmediatamente. A pesar de continuar con diez hombres la mayor parte del encuentro —Román fue echado a los 38 minutos de la primera parte—, el combinado de Villarrica superó al representativo de San José por 3 a 0.

Más que la derrota, a los aficionados de F.C. Mragovia, equipo de una liga regional polaca, les cayó muy mal que el goleador de LKS Reduta Bisztynek, Zbigniew Romanowski, mostrara el pene después de cada conquista. Al día siguiente del partido —que se jugó en abril de 1998—, los ofendidos hinchas enviaron una carta de protesta al periódico *Gazeta Olsztynska* porque debieron tolerar las groserías de Romanowski y la complacencia del árbitro, que no sancionó al maleducado delantero.

En abril de 2000, un futbolista iraní fue suspendido «de por vida» por una corte de ese país islámico por bajarse los pantalones y dar una «vuelta olímpica en calzoncillos» mientras gritaba su gol. Mohsen Rassuli, joven atacante del club Saypa F.C. de Teherán, marcó en el minuto 119 el tanto que le dio la victoria a su equipo en las semifinales de la Copa de Irán, frente al PAS F.C., su rival tradicional. La exagerada muestra de exaltación no sólo fue vista por la multitud que colmaba el estadio: el match era transmitido en directo por la televisión estatal, que generalmente corta este tipo de escenas en partidos internacionales. El caso de Rassuli fue considerado de tal gravedad que fue trasladado directamente a la justicia nacional antes de ser evaluado por el Comité Disciplinario de la Federación Iraní de Futbol. A la dura pena se le añadió una multa equivalente a 33.000 dólares, que el deportista pagó mitad en efectivo y mitad en cuotas.

Muchos goleadores suelen quitarse la camiseta y revolearla sobre sus cabezas para celebrar una importante conquista, aunque el desborde cueste una amarilla. En abril de 2001, el brasileño William, del club Ponta Porã Sociedade Esportiva de Mato Grosso, se sumó a la moda del «helicóptero» después de abrir el marcador ante Nova Andradina F.C., pero decoró el popular festejo con un original toque: en lugar de utilizar como «aspas» su remera, empleó su pantalón. William fue echado al instante, su diezmado equipo finalmente perdió y, para empeorar el cuadro, la policía se llevó preso al atrevido goleador por «exhibición obscena» y «molestia pública». No obstante, como «no hay mal que por bien no venga», entre tanta adversidad surgió un fresco aire de revancha cuando el eufórico William fue contratado para participar en... ¡una publicidad de ropa interior!

Con bolas

El estadio Palogrande es un escenario difícil para los conjuntos visitantes. Situado en la ciudad de Manizales, a 2.160 metros de elevación sobre el nivel del mar, en la cordillera colombiana, este coliseo es un hueso muy duro de roer para los rivales de Once Caldas. El 25 de noviembre de 1999, Palogrande se tornaba un sólido escollo para Millonarios F.C., que perdía 1-0 en una atmósfera agobiante por la altura y el calor que imprimían más de 30.000 hinchas locales. En el segundo tiempo, el centrodelantero visitante, el argentino Daniel Tílger, consiguió la igualdad mediante una «palomita» que se clavó en el ángulo del arquero Juan Carlos Henao. Feliz por la conquista, Tílger se reincorporó y efectuó un bailecito burlón frente al indignado Henao, quien respondió con un empujón. El delantero visitante se tomó el rostro y se dejó caer, en pos de persuadir al árbitro de haber recibido una trompada que motivara la expulsión del portero. Pero, al ver que su actuación no convencía al juez, el goleador volvió a pararse, le manoseó los genitales a Henao y corrió a una esquina a celebrar el tanto frente a la hinchada oponente, donde volvió a toquetear testículos, en este caso los suyos, en un gesto excesivamente provocador. Tílger fue expulsado de inmediato y luego recibió una suspensión por nueve partidos de parte de la División Mayor del Futbol Colombiano. Pasado el incidente, el atacante argentino del equipo bogotano pidió disculpas por su bochornoso comportamiento y aseguró en una conferencia de prensa no tener «ningún problema» personal con Henao. «No tendría inconvenientes en ir a comer a su casa», afirmó. No aclaró si los huevos los prefiere fritos, duros o hervidos.

Amigos son los amigos

En septiembre de 1996, causó conmoción en Chile el vehemente festejo que el arquero Leonardo Canales y el defensor Carlos Soto realizaron cuando Héctor Cabello consiguió el gol del triunfo para

Club de Deportes Coquimbo Unido. Especialmente porque el guardameta y el zaguero integraban la formación de... Club Deportivo Provincial Osorno, ¡el rival de Coquimbo esa tarde! Los dos jugadores fueron separados inmediatamente del plantel y sometidos a una rigurosa investigación. Buscados vivos o muertos por los furiosos hinchas de Osorno, Canales y Soto debieron escapar de la ciudad entre gallos y medianoches. Pero, antes de fugarse, se justificaron por su insusitada reacción: aseguraban que mantenían una férrea amistad con Cabello, nacida cuando los tres habían compartido otros equipos.

Júbilo roto

Quizá para darle la razón a la FIFA, situaciones como las que vivió el portugués Paulo Diogo deberían hacer recapacitar a los efusivos goleadores. En un capítulo anterior se precisó que, hace pocos años, se agregó una disposición a la normativa relacionada con la vestimenta de los futbolistas para que no utilizaran «ningún objeto que sea peligroso para ellos mismos o para los demás jugadores (incluido cualquier tipo de joya)». El 5 de diciembre de 2004, cuando todavía no se había oficializado esta disposición, Servette Football Club Genève, último de la Primera División suiza, derrotaba en casa 2-1 a Fussballclub Schaffhausen, el penúltimo, y lo pasaba en tabla. Se trataba de un partido muy reñido que podía definir un descenso, aunque el equipo visitante no se rendía y atacaba en pos de la igualdad que le diera aire a sus aspiraciones de permanencia. A los 88 minutos, el veloz atacante local Diogo se escapó, enfrentó al arquero rival y con un preciso derechazo definió el trascendental encuentro. El portugués corrió hacia su hinchada y se colgó del alambre perimetral para unirse al delirio de los fanáticos. Pero, al bajar, su alianza matrimonial —se había casado pocos días antes— se enganchó en la trama metálica y le seccionó el dedo. El goleador fue trasladado a un hospital de Zurich, donde los médicos intentaron en vano reimplantarle el apéndice anular. Como si la definitiva amputación no hubiese significado suficiente castigo, el portugués, encima, fue amonestado por excederse en su celebración.

Se suele decir que «la venganza será terrible». Probablemente Thierry Henry pueda dar cátedra sobre el tema. El 6 de mayo de 2000, el delantero galo marcó dos tantos con la camiseta de Arsenal F.C. ante Chelsea F.C., en uno de los clásicos de Londres. Luego de señalar la segunda conquista, Henry corrió hasta el córner y «celebró» pateando el banderín: la flexible varilla, como un feroz chicotazo, rebotó y volvió con fuerza para ¡golpearlo en la cara! El francés fue atendido por los médicos de los «gunners» y continuó en la cancha, aunque algo disminuido por un mareo. Lo positivo del caso fue que esos dos goles alcanzaron para un vital triunfo por 2 a 1. Lo negativo, que además de la dolorosa magulladura, Henry recibió una tarjeta amarilla del inclemente árbitro Mike Reed.

Uno que padeció un festejo maldito sin haber tenido ninguna responsabilidad fue el argentino Martín Palermo. El 29 de noviembre de 2001, Palermo, quien vestía la camiseta de Villarreal C.F., marcó de zurda el tanto del empate ante Levante Unión Deportiva por la Copa del Rey. El rubio atacante se acercó a compartir su alegría con un puñado de hinchas del «submarino amarillo» que habían viajado hasta el estadio Ciudad de Valencia, cuando ocurrió lo imprevisto: el muro que separaba la tribuna de la cancha se derrumbó sobre la pierna derecha de Palermo para causarle una doble fractura de tibia y peroné. La pared por poco alcanza a otros jugadores de Villarreal que se habían acercado al argentino para felicitarlo. «Si se hubieran juntado 3.000 personas contra esa valla, la tragedia habría sido mucho mayor», indicó el delantero rumano Gheorghe Craioveanu, quien se salvó por un pelo. A causa de este percance, Palermo estuvo inactivo más de cuatro meses.

Amores que matan: el 18 de abril de 1993, Arsenal F.C. y Sheffield Wednesday F.C. igualaban 1-1 en el estadio de Wembley, distinguido escenario de la final de la Football League Cup. A los 68 minutos, el inglés Paul Merson escapó por la izquierda y lanzó un centro que el norirlandés Stephen Morrow empujó a la red para destruir la paridad. El tanteador no se modificó y, con el pitazo del referí Allan Gunn, Arsenal celebró un nuevo título. Mientras Morrow festejaba de cara a sus fanáticos, el gigantesco zaguero Tony Adams, capitán de los «gunners», corrió unos 50 metros y trató de alzar al héroe sobre sus hombros con mucha fuerza... y mucha ineptitud. El goleador cayó hacia atrás y se fracturó el brazo derecho. Morrow se perdió el resto de la temporada pero no la celebración, puesto que exigió a los médicos del equipo a que le aplicaran un cabestrillo para no perderse la «vuelta olímpica».

En Brasil, Saulo, arquero de Sport Club do Recife, no se sentía satisfecho con el magro 1-1 que, la noche del 31 de enero de 2011, se conseguía en casa, Ilha do Retiro, frente a Associação Acadêmica e

Desportiva Vitória das Tabocas, el peor equipo del Campeonato Pernambucano. Ya en tiempo agregado, el árbitro Emerson Sobral otorgó un tiro libre a Recife, casi en la esquina derecha del área rival. El portero salió como una flecha hacia el rectángulo de enfrente e hizo valer sus 1,98 metros de altura para cabecear a la red un preciso centro de Carlinhos Bala. Mientras unas 20.000 personas se desahogaban, Saulo corrió a sumarse a la alegría de sus hinchas, pero pisó mal y cayó con torpeza detrás del arco vulnerado. El mal paso destruyó el ligamento cruzado anterior de su rodilla derecha y lo marginó seis meses de las canchas. Mientras el arquero era retirado en camilla, su puesto bajo los tres palos quedó en manos de Carlinhos Bala, un chiquitín de apenas 165 centímetros de altura. El pequeño volante demostró ser tan hábil con sus manos como con sus pies y, con un par de bravos revolcones, mantuvo su valla invicta hasta el final.

Otro badulaque que mutiló los ligamentos de su rodilla fue el bermudeño Leonard Shaun Goater. En octubre de 2002, en el estadio St. Andrew's de Birmingham City F.C., el moreno delantero no tuvo mejor idea que celebrar un tanto de su compañero Nicolas Anelka con una patada a un cartel de publicidad. Mas el muchacho caribeño calculó mal su zapatazo y su rodilla se reventó contra el duro bastidor de aluminio del aviso. Goater pagó su tontería con dos meses de convalecencia, una multa harto barata para un reincidente: unos años antes, en 1998, el atacante había decorado un gol con una intrépida voltereta que culminó con la fractura de un brazo.

Algo más espectacular, aunque en la misma sintonía, resultó la intrépida pirueta de Celestine Babayaro. En 1997, el nigeriano festejó un gol de Chelsea F.C. en un inocuo partido de pretemporada ante el débil Stevenage F.C. con un innecesario salto mortal que derivó en una mala caída y una fractura que lo tuvo «parado» varios meses.

Sin embargo, la corona de olivos de esta clasificación se la llevó el argentino Fabián Espíndola, del club estadounidense Real Salt Lake. El 7 de septiembre de 2008, a los cinco minutos de un partido de liga ante Los Ángeles Galaxy, que todavía no había ofrecido goles a los espectadores que habían llegado al estadio Rio Tinto de Utah, Espíndola sacó un derechazo potente que se clavó junto al poste izquierdo del arquero visitante Steve Cronin. Feliz por su logro, el argentino ensayó un arriesgado salto mortal que finalizó en un pésimo aterrizaje. El golpe le provocó un severo esguince en el tobillo izquierdo, que lo mantuvo dos meses fuera de las canchas. Espíndola abandonó el juego de inmediato, reemplazado por el armenio Yura Movsisyan, y mientras era asistido por los médicos a centímetros de la línea de cal, se enteró de que, a raíz de una posición adelantada de su compañero Kyle Beckerman, su bella conquista había sido anulada.

Como el traste

Los iraníes Mohammad Nosrati y Sheys Rezaei fueron dos tipos audaces. El 29 de octubre de 2011, luego de que Vashid Hashemian abriera el marcador para Persepolis F.C. ante Damash Gilan, su rival en la Copa del Golfo Pérsico, Nosrati no tuvo mejor idea que acercarse al ramillete de abrazos que habían formado sus compañeros y pellizcarle la cola a Rezaei. El juego, que se desarrollaba en el estadio Sardar Jangal, la casa de Sports Club Damash Gilan, se emparejó con otros tres tantos. A tres minutos del final, cuando el duelo parecía que finalizaba igualado en dos conquistas por bando, Mohammad Nouri clavó el gol de la victoria visitante y todos los muchachos de Persepolis festejaron con una pila humana junto al banderín del córner. Allí, Rezaei devolvió el cariñoso pellizco en la nalga a Nosrati. Pocas horas después de terminado el encuentro, la alegría de los futbolistas de Persepolis se desvaneció, en especial la de los traviesos manilargos: una corte de Teherán evaluó con excesivo rigor la conducta de los escandalosos jugadores y los condenó por «conducta inapropiada» a una pena de dos meses de prisión y 74 latigazos en público, informó la agencia de noticias semioficial iraní Fars. Para el tribunal, el proceder de Nosrati y Rezaei fue «considerado como una violación de la castidad pública». «El castigo de este crimen es de hasta dos meses de prisión y 74 latigazos», destacó uno de los magistrados, quien sostuvo que el episodio fue «muy grave porque sus acciones tuvieron lugar ante los ojos de miles de espectadores y las cámaras de televisión». Hasta la primera edición de este libro, los dos futbolistas no habían vuelto a jugar en la liga profesional local. Un castigo exagerado y retrógrado que, sin dudas, a los ojos occidentales, fue exorbitante.

A los tortazos

Goodison Park era una caldera. La cuarta ronda de la F.A. Cup había formado el clásico de Liverpool y, ese 24 de enero de 1981,

Everton hacía pesar su condición de local y se imponía 1-0. A los 15 minutos de la segunda mitad, el veloz delantero local Eamon O'Keefe escapó hacia la izquierda y lanzó un preciso centro para que Imre Varadi definiera cómodo entre los desesperados defensores y el arquero Ray Clemence. Varadi corrió hacia la tribuna lateral (que en ese momento estaba separada del campo de juego por una alambrada) para celebrar con su parcialidad, sin recordar que, para ese fogoso match, ese sector había sido asignado a los partidarios de Liverpool F.C., que ardían de bronca por la derrota que eliminaba a su amado club de la competencia. El gesto, aunque involuntario, echó nafta al fuego. Varadi sólo notó su error cuando su rostro estuvo a centímetros de la valla, lo suficientemente tarde para eludir un «pie», un pequeño pastel de carne y masa similar a la empanada, que le lanzó un furioso hincha «rojo». «Estaba tan eufórico que corrí hacia la tribuna que estaba llena de aficionados de Liverpool. Alguien me lanzó un pastel que me golpeó de lleno en la cara. Todavía puedo saborearlo», recordó Varadi años después, con una sonrisa y algo de nostalgia por tan delicioso festejo.

La camiseta

Esta es la única historia de este libro que no fue rigurosamente chequeada a través de fuentes bibliográficas o testimoniales. Me la contaron en un bar de la Ciudad Vieja de Montevideo, entre sorbos de cerveza helada y bocados de sabrosos «frankfurter» con mostaza artesanal. Dos dirigentes del Club Nacional de Football que consulté no pudieron asegurarme su veracidad, mas considero que, por las características fantásticas del supuesto suceso, merece un espacio. A principios de la década de 2000, un equipo juvenil de Club Nacional de Football se enfrentaba a otro equipo por un torneo realizado en la capital uruguaya. Nacional actuaba con sólo siete jugadores, producto de cuatro expulsiones, pero lograba consolidar una épica igualdad ante un oponente que mantenía intacta su alineación. A minutitos del final, y a pesar del dominio de la escuadra más numerosa, un «botija» del Nacional robó una pelota, eludió varios oponentes y, al quedar «mano a mano» con el arquero rival, sacó un zapatazo que transformó el empate en un triunfo antológico. Pero el héroe, borracho de gloria, festejó en demasía su descomunal conquista, quitándose la camiseta sin recordar que ya estaba amonestado por una infracción anterior. El árbitro, como bien establece el reglamento, volvió a mostrarle la amarilla al pibe, en este caso por su excesiva celebración, y luego le mostró la roja. Así, Nacional quedó con sólo seis hombres y perdió el encuentro por no tener el número mínimo de futbolistas para afrontar el match. De la victoria al fracaso, por un camisetazo.

Éxtasis

Genoa CFC, el equipo ligur azul y rojo, luchaba por el ascenso a la Serie A italiana, y en casa, frente a Atalanta de Bergamo, uno de los punteros del campeonato de Segunda División, había que ganar o ganar esa tarde del 28 de abril de 2000. El choque, cargado de roces, nervios y pierna fuerte, se acababa igualado en un tanto, hasta que el veloz y rubio delantero Davide Nicola trazó una diagonal fulminante que definió con maestría ante la salida estéril del arquero visitante Alberto Fontana. Mientras el estadio Luigi Ferraris explotaba de júbilo, el goleador extendió su alocada carrera hasta un costado del campo, donde estaba sentado un grupo de policías, y se arrojó sobre una bella agente del orden, a quien besó vehementemente en la boca. Era —reconoció luego el codiciado futbolista— una «amiga» que había «caído en su red» de hábil pescador de ninfas. Nicola no fue castigado por tan apasionado festejo, pero quien sí vio la tarjeta roja fue la chica: su esposo, que miraba el partido «en directo» por televisión, la llamó de inmediato al celular y la expulsó del terreno conyugal. Por lo visto, el despechado marido no se había enterado de las recomendaciones de Blatter.

Agradecimientos

A José Luis Cutello, por sus consejos.

A Ignacio Iraola y Paula Pérez Alonso, por confiar siempre en mis proyectos.

Bibliografía

Ash, Russell, y Morrison, Ian; *Top Ten of Football*. Hamlyn, Londres, 2010.

Baingo, Andreas; *100 moments forts de la Coupe du Monde de football*. Chantecler, Aartselaar, 1998.

Ball, Phil; *Morbo: The Story of Spanish Football*. WSC Books Limited, Londres, 2003.

Biblioteca total del futbol, el deporte de los cinco continentes. Editorial Océano, Madrid, 1982.

Biblioteca total del futbol, de los orígenes al Mundial. Editorial Océano, Madrid, 1982.

Carlisle, Jeff; *Soccer's Most Wanted II*. Potomac Books, Virginia, 2009.

Copa Libertadores de América – 30 años. Confederación Sudamericana de Futbol, Buenos Aires, 1990.

Crossan, Rob; *Football Extreme*. John Blake Publishing Ltd., Londres, 2011.

Dély, Renaud; *Brèves de football*. François Bourin Editeur, París, 2010.

El libro del futbol. Editorial Abril, Buenos Aires, 1976.

Escobar Bavio, Ernesto; *Alumni, cuna de campeones*. Editorial Difusión, Buenos Aires, 1953.

Etchandy, Alfredo; *El mundo y los mundiales*. Ediciones del Caballo Perdido, Montevideo, 2008.

Foot, John; *Calcio, A History of Italian Football*. Harper Perennial, Londres, 2007.

Fucks, Diego; *Duelo de guapos*. Distal, Buenos Aires, 2005.

Galeano, Eduardo; *El futbol a sol y sombra*. Catálogos, Buenos Aires, 1995.

Galvis Ramírez, Alberto; *100 años de futbol en Colombia*. Planeta, Bogotá, 2008.
Glanville, Brian; *Historia de los Mundiales de futbol*. TyB Editores, Madrid, 2006.
Goldblatt, David; *The Ball is Round*. Penguin Books, Londres, 2006.
Hesse-Lichtenberger, Ulrich; *Tor! The Story of German Football*. WSC Books, Londres, 2003.
Hirshey, David, y Bennett, Roger; *The ESPN World Cup Companion*. Ballantine Books, Nueva York, 2010.
Historia del futbol argentino. Editorial Eiffel, Buenos Aires, 1955.
Historia El Gráfico *de la selección argentina*. Revista *El Gráfico*, Buenos Aires, 1997.
Historia del futbol argentino. Diario *La Nación*, Buenos Aires, 1994.
Hofmarcher, Arnaud; *Carton rouge*. Le Cherche Midi, París, 2010.
Iwanczuk, Jorge; *Historia del futbol amateur en la Argentina*. Jorge Iwanczuk, Buenos Aires, 1992.
Lauduique-Hamez, Sylvie; *Les incroyables du football*. Calmann-Levy, París, 2006.
Les miscellanées du foot. Éditions Solar, París, 2009.
Lowndes, William; *The Story of Football*. The Sportsmans Book Club, Londres, 1964.
Ludden, John; *Los partidos del siglo*. TyB Editores, Madrid, 2010.
Mas, Sergi; *Anécdotas de futbol*. Libros Cúpula, Barcelona, 2009.
Matthews, Tony; *Football Oddities*. The History Press, Stroud, 2009.
Moore, Kevin; *Museums and Popular Culture*. Continuum International Publishing Group, Londres, 2000.
Murray, Colin; *A Random History of Football*. Orion Books, Londres, 2010.
Palermo, Martín; *Titán del gol y de la vida, mi autobiografía*. Planeta, Buenos Aires, 2011.
Phythian, Graham; *Colossus*. Tempus Publishing Ltd., Stroud, 2005.
Radnedge, Keir; *Histoire de la Coupe du Monde*. Gründ, París, 2006.
Relaño, Alfredo; *366 historias del futbol mundial que deberías saber*. Ediciones Martínez Roca, Madrid, 2010.
Rey, Alfonso, y Rojas, Pablo; *El futbol argentino*. Ediciones Nogal, Buenos Aires, 1947.
Rice, Jonathan; *Curiosities of Football*. Pavilion Books, Londres, 1996.
Risolo, Donn; *Soccer Stories*. University of Nebraska Press, Lincoln, 2010.

Roland, Thierry; *La fabuleuse histoire de la Coupe du Monde*. Minerva, París, 2002.
Seddon, Peter; *The World Cup's Strangest Moments*. Portico, Londres, 2005.
Sharpe, Graham; *500 Strangest Football Stories*. Racing Post Books, Compton, 2009.
Snyder, John; *Soccer's Most Wanted*. Potomac Books, Virginia, 2001.
Southgate, Vera; *The Story of Football*. Ladybird Books, Londres, 2012.
Thomson, Gordon; *The Man in Black*. Prion Books Limited, Londres, 1998.
Ward, Andrew; *Football's Strangest Matches*. Portico, Londres 2002.
Wernicke, Luciano; *Curiosidades futboleras*. Editorial Sudamericana, Buenos Aires, 1996.
Wernicke, Luciano; *Curiosidades futboleras II*. Editorial Sudamericana, Buenos Aires, 1997.
Wernicke, Luciano; *Futbol increíble*. Ediciones de la Flor, Buenos Aires, 2001.
Wernicke, Luciano; *Nuevas curiosidades futboleras*. Ediciones Al Arco, Buenos Aires, 2008.

Diarios

Argentina: *Clarín*, *La Nación*, *Olé*, *Diario Popular*, *Crónica*, *La Prensa*, *La Razón*, *Uno*, *Libre*, *Página/12*.
Brasil: *O Estado*, *Lance*, *Folha de Sao Paulo*.
Colombia: *El Tiempo*.
Costa Rica: *La Nación*.
Ecuador: *Hoy*.
España: *As*, *Marca*, *El Mundo*, *El País*, *La Vanguardia*, *Mundo Deportivo*, *ABC de Sevilla*.
Estados Unidos: *New York Times*, *New York Post*, *Los Angeles Times*, *Los Angeles Sentinel*.
Italia: *Corriere Della Sera*, *La Repubblica*.
Perú: *El Comercio*.
Reino Unido: *Daily Mail*, *The Times*, *The Guardian*, *Evening Stardard*, *Daily Telegraph*, *Daily Mirror*, *The Independent*, *Herald Scotland*, *WalesOnLine*.
Rumania: *Gazeta Sporturilor*.

Revistas

El Gráfico (Argentina)
Un Caño (Argentina)
Campeón (Argentina)
Mundo Deportivo (Argentina)
Sports Illustrated (Estados Unidos)
Guerin Sportivo (Italia)
Four Four Two (Reino Unido)
Total Football (Reino Unido)

Agencias de Noticias

Diarios y Noticias (DyN-Argentina)
Télam (Argentina)
Reuters (Reino Unido)
Deutsche Presse Agentur (DPA-Alemania)
EFE (España)
Agence France Press (AFP-Francia)
Agenzia Nazionale Stampa Associata (ANSA-Italia)
United Press International (UPI-Estados Unidos)
Asociated Press (AP, Estados Unidos)

Índice

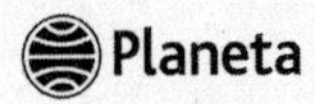

España
Av. Diagonal, 662-664
08034 Barcelona (España)
Tel.: (34) 93 492 80 00
Fax: (34) 93 492 85 65
Mail: info@planetaint.com
www.planeta.es

Paseo Recoletos, 4, 3.ª planta
28001 Madrid (España)
Tel.: (34) 91 423 03 00
Fax: (34) 91 423 03 25
Mail: info@planetaint.com
www.planeta.es

Argentina
Av. Independencia, 1682
1100 C.A.B.A.
Argentina
Tel.: (5411) 4124 91 00
Fax: (5411) 4124 91 90
Mail: info@eplaneta.com.ar
www.editorialplaneta.com.ar

Brasil
Av. Francisco Matarazzo,
1500, 3.º andar, Conj. 32
Edificio New York
05001-100 São Paulo (Brasil)
Tel.: (5511) 3087 88 88
Fax: (5511) 3087 88 90
Mail: ventas@editoraplaneta.com.br
www.editoraplaneta.com.br

Chile
Av. 11 de septiembre, 2353, piso 16
Torre San Ramón, Providencia
Santiago (Chile)
Tel.: Gerencia (562) 652 29 43
Fax: (562) 652 29 12
www.planeta.cl

Colombia
Calle 73, 7-60, pisos 7 al 11
Bogotá, D.C. (Colombia)
Tel.: (571) 607 99 97
Fax: (571) 607 99 76
Mail: info@planeta.com.co
www.editorialplaneta.com.co

Ecuador
Whymper, N27166,
y Francisco de Orellana
Quito (Ecuador)
Tel.: (5932) 290 89 99
Fax: (5932) 250 72 34
Mail: planeta@acces.net.ec

México
Masarik 111, piso 2.º
Colonia Chapultepec Morales
Delegación Miguel Hidalgo 11560
México, D.F. (México)
Tel.: (52) 55 3000 62 00
Fax: (52) 55 5002 91 54
Mail: info@planeta.com.mx
www.editorialplaneta.com.mx
www.planeta.com.mx

Perú
Av. Santa Cruz, 244
San Isidro, Lima (Perú)
Tel.: (511) 440 98 98
Fax: (511) 422 46 50
Mail: rrosales@eplaneta.com.pe

Portugal
Planeta Manuscrito
Rua do Loreto, 16-1.º Frte.
1200-242 Lisboa (Portugal)
Tel.: (351) 21 370 43061
Fax: (351) 21 370 43061

Uruguay
Cuareim, 1647
11100 Montevideo (Uruguay)
Tel.: (5982) 901 40 26
Fax: (5982) 902 25 50
Mail: info@planeta.com.uy
www.editorialplaneta.com.uy

Venezuela
Final Av. Libertador con calle Alameda,
Edificio Exa, piso 3.º, of. 301
El Rosal Chacao, Caracas (Venezuela)
Tel.: (58212) 952 35 33
Fax: (58212) 953 05 29
Mail: info@planeta.com.ve
www.editorialplaneta.com.ve

Grupo Planeta Planeta es un sello editorial del Grupo Planeta